中外哲學典籍大全

總主編 李鐵映 王偉光

中國哲學典籍卷

讀禮疑圖

經部禮類

〔明〕季本 著

胡雨章 點校

中國社会科学出版社

圖書在版編目（CIP）數據

讀禮疑圖 / 胡雨章點校 . —北京：中國社會科學出版社，2020. 9
（中外哲學典籍大全 . 中國哲學典籍卷）
ISBN 978 - 7 - 5203 - 5609 - 1

Ⅰ. ①讀…　Ⅱ. ①胡…　Ⅲ. ①禮儀—中國—古代②《周禮》—研究　Ⅳ. ①K224. 07

中國版本圖書館 CIP 數據核字（2019）第 255949 號

出 版 人　趙劍英
項目統籌　王　茵
責任編輯　張　潛
責任校對　郝玉明
責任印製　王　超

出　　版　中国社会科学出版社
社　　址　北京鼓樓西大街甲 158 號
郵　　編　100720
網　　址　http://www.csspw.cn
發 行 部　010 - 84083685
門 市 部　010 - 84029450
經　　銷　新華書店及其他書店

印　　刷　北京君昇印刷有限公司
裝　　訂　廊坊市廣陽區廣增裝訂廠
版　　次　2020 年 9 月第 1 版
印　　次　2020 年 9 月第 1 次印刷

開　　本　710 × 1000　1/16
印　　張　23. 75
字　　數　280 千字
定　　價　89. 00 元

凡購買中國社會科學出版社圖書，如有質量問題請與本社營銷中心聯繫調換
電話：010 - 84083683

中外哲學典籍大全

總主編　李鐵映　王偉光

顧　問（按姓氏拼音排序）

陳筠泉　陳先達　陳晏清　黄心川　李景源　樓宇烈　汝　信　王樹人　邢賁思
楊春貴　曾繁仁　張家龍　張立文　張世英

學術委員會

主　任　王京清

委　員（按姓氏拼音排序）

陳　來　陳少明　陳學明　崔建民　豐子義　馮顔利　傅有德　郭齊勇　郭　湛
韓慶祥　韓　震　江　怡　李存山　李景林　劉大椿　馬　援　倪梁康　歐陽康
龐元正　曲永義　任　平　尚　杰　孫正聿　萬俊人　王　博　汪　暉　王柯平
王　鐳　王立勝　王南湜　謝地坤　徐俊忠　楊　耕　張汝倫　張一兵　張志强
張志偉　趙敦華　趙劍英　趙汀陽

「中國哲學典籍卷」

學術委員會

主　任　陳　來　趙汀陽　謝地坤　李存山　王　博

委　員（按姓氏拼音排序）

白　奚　陳璧生　陳　静　陳立勝　陳少明　陳衛平　陳　霞　丁四新　馮顏利

干春松　郭齊勇　郭曉東　景海峰　李景林　李四龍　劉成有　劉　豐　王中江

王立勝　吴　飛　吴根友　吴　震　向世陵　楊國榮　楊立華　張學智　張志强

鄭　開

項目負責人　張志强

提要撰稿主持人　劉　豐　趙金剛

提要英譯主持人　陳　霞

編輯委員會

主　任　張志强　趙劍英　顧　青

副主任　王海生　魏長寶　陳　霞　劉　豐

委　員（按姓氏拼音排序）

陳璧生　陳　静　干春松　任蜜林　吴　飛　王　正　楊立華　趙金剛

編輯部

主　任　王　茵

副主任　孫　萍

成　員（按姓氏拼音排序）

崔芝妹　顧世寶　韓國茹　郝玉明　李凱凱　宋燕鵬　吴麗平　楊　康　張　潛

總序

中外哲學典籍大全的編纂，是一項既有時代價值又有歷史意義的重大工程。

中華民族經過了近一百八十年的艱苦奮鬥，迎來了中國近代以來最好的發展時期，迎來了奮力實現中華民族偉大復興的時期。中華民族祇有總結古今中外的一切思想成就，才能並肩世界歷史發展的大勢。爲此，我們須編纂一部匯集中外古今哲學典籍的經典集成，爲中華民族的偉大復興、爲人類命運共同體的建設、爲人類社會的進步，提供哲學思想的精粹。

哲學是思想的花朵，文明的靈魂，精神的王冠。一個國家、民族，要興旺發達，擁有光明的未來，就必須擁有精深的理論思維，擁有自己的哲學。哲學是推動社會變革和發展的理論力量，是激發人的精神砥石。哲學解放思維，净化心靈，照亮前行的道路。偉大的時代需要精邃的哲學。

一　哲學是智慧之學

哲學是什麽？這既是一個古老的問題，又是哲學永恒的話題。追問哲學是什麽，本身就是「哲學」問題。從哲學成爲思維的那一天起，哲學家們就在不停追問中發展、豐富哲學的篇章，給出一個又一個答案。每個時代的哲學家對這個問題都有自己的詮釋。哲學是什麽，是懸疑在人類智慧面前的永恒之問，這正是哲學之爲哲學的基本特點。

哲學是全部世界的觀念形態，精神本質。人類面臨的共同問題，是哲學研究的根本對象。本體論、認識論、世界觀、人生觀、價值觀、實踐論、方法論等，仍是哲學的基本問題和生命力所在！哲學研究的是世界萬物的根本性、本質性問題。人們可以給哲學做出許多具體定義，但我們可以嘗試用「遮詮」的方式描述哲學的一些特點，從而使人們加深對何爲哲學的認識。

哲學不是玄虛之觀。哲學來自人類實踐，關乎人生。哲學對現實存在的一切追根究底、「打破砂鍋問到底」。它不僅是問「是什麽」（being），而且主要是追問「爲什麽」（why），特别是追問「爲什麽的爲什麽」。它關注整個宇宙，關注整個人類的命運，關注人生。它關心柴米油鹽醬醋茶和人的生命的關係，關心人工智能對人類社會的挑戰。哲學是對一切實踐經驗的理論升華，它關心具體現象背後的根據，關心人類如何會更好。

哲學是在根本層面上追問自然、社會和人本身，以徹底的態度反思已有的觀念和認識，從價值理想出發把握生活的目標和歷史的趨勢，展示了人類理性思維的高度，凝結了民族進步的智慧，寄託了人們熱愛光明、追求真善美的情懷。道不遠人，人能弘道。哲學是把握世界、洞悉未來的學問，是思想解放、自由的大門！

古希臘的哲學家們被稱爲「望天者」，亞里士多德在形而上學一书中說，「最初人們通過好奇—驚讚來做哲學」。如果說知識源於好奇的話，那麽產生哲學的好奇心，必須是大好奇心。這種「大好奇心」衹爲一件「大事因緣」而來，所謂大事，就是天地之間一切事物的「爲什麽」。哲學精神，是「家事、國事、天下事，事事要問」，是一種永遠追問的精神。

哲學不祇是思維。哲學將思維本身作爲自己的研究對象，對思想本身進行反思。哲學不是一般的知識體系，而是把知識概念作爲研究的對象，追問「什麽才是知識的真正來源和根據」。哲學的「非對象性」的思想方式，不是「純形式」的推論原則，而有其「非對象性」之對象。哲學之對象乃是不斷追求真理，是一個理論與實踐兼而有之的過程，是認識的精粹。哲學追求真理的過程本身就顯現了哲學的本質。天地之浩瀚，變化之奥妙，正是哲思的玄妙之處。

哲學不是宣示絶對性的教義教條，哲學反對一切形式的絶對。哲學解放束縛，意味著從一切思想教條中解放人類自身。哲學給了我們徹底反思過去的思想自由，給了我們深刻洞察未來的思想能力。哲學就是解放之學，是聖火和利劍。

哲學不是一般的知識。哲學追求「大智慧」。佛教講「轉識成智」，識與智相當於知識與哲學的關係。一般知識是依據於具體認識對象而來的、有所依有所待的「識」，而哲學則是超越於具體對象之上的「智」。

公元前六世紀，中國的老子説，「大方無隅，大器晚成，大音希聲，大象無形，道隱無名。夫唯道，善貸且成」。又説，「反者道之動，弱者道之用。天下萬物生於有，有生於無」。對道的追求就是對有之爲有、無形無名的探究，就是對天地何以如此的探究。這種追求，使得哲學具有了天地之大用，具有了超越有形有名之有限經驗的大智慧。這種大智慧、大用途，超越一切限制的籬笆，達到趨向無限的解放能力。

哲學不是經驗科學，但又與經驗有聯繫。哲學從其作爲學問誕生起，就包含於科學形態之中，是以科學形態出現的。哲學是以理性的方式、概念的方式、論证的方式來思考宇宙人生的根本問題。在亞里士多德那裏，凡是研究實體（ousia）的學問，都叫作「哲學」。而「第一實體」則是存在者中的「第一個」。研究第一實體的學問稱爲「神學」，也就是「形而上學」，這正是後世所謂「哲學」。一般意義上的科學正是從「哲學」最初的意義上贏得自己最原初的規定性的。哲學雖然不是經驗科學，却爲科學劃定了意義的範圍、指明了方向。哲學最後必定指向宇宙人生的根本問題，大科學家的工作在深層意義上總是具有哲學的意味，牛頓和愛因斯坦就是這樣的典範。

哲學不是自然科學，也不是文學藝術，但在自然科學的前頭，哲學的道路展現了；在文學藝術的山頂，哲學的天梯出現了。哲學不斷地激發人的探索和創造精神，使人在認識世界的過程中，不斷達到新境界，在改造世界中從必然王國到達自由王國。

哲學不斷從最根本的問題再次出發。哲學史在一定意義上就是不斷重構新的世界觀、認識人類自身的歷史。哲學的歷史呈現，正是對哲學的創造本性的最好説明。哲學史上每一位哲學家對根本問題的思考，都在爲哲學添加新思維、新向度，猶如爲天籟山上不斷增添一隻隻黄鸝翠鳥。

如果説哲學是哲學史的連續展現中所具有的統一性特徵，那麽這種「一」是在「多」個哲學的創造中實現的。如果説每一種哲學體系都追求一種體系性的「一」的話，那麽每種「一」的體系之間都存在着千絲相聯、多方組合的關係。這正是哲學史昭示於我們的哲學多樣性的意義。多樣性與統一性的依存關係，正是哲學尋求現象與本質、具體與普遍相統一的辯證之意義。

哲學的追求是人類精神的自然趨向，是精神自由的花朵。哲學是思想的自由，是自由的思想。

中國哲學，是中華民族五千年文明傳統中，最爲内在的、最爲深刻的、最爲持久的精神追求和價值觀表達。中國哲學已經化爲中國人的思維方式、生活態度、道德準則、人生追求、精神境界。中國人的科學技術、倫理道德、小家大國、中醫藥學、詩歌文學、繪畫書法、武術拳法、鄉規民俗，乃至日常生活也都浸潤着中國哲學的精神。華夏文化雖歷經磨難而能够透魄醒神，堅韌屹立，正是來自於中國哲學深邃的思維和創造力。

先秦時代，老子、孔子、莊子、孫子、韓非子等諸子之間的百家争鳴，就是哲學精神在中國的展現，是中國人思想解放的第一次大爆發。兩漢四百多年的思想和制度，是諸子百家思想在争鳴過程中大整合的結果。魏晋之際，玄學的發生，則是儒道冲破各自藩籬，彼此互動互補的結果，形成了儒家獨尊的態勢。隋唐三百年，佛教深入中國文化，又一次帶來了思想的大融合和大解放，禪宗的形成就是這一融合和解放的結果。兩宋三百多年，中國哲學迎來了第三次大解放。儒釋道三教之間的互潤互持日趨深入，朱熹的理學和陸象山的心學，就是這一思想潮流的哲學結晶。

與古希臘哲學强調沉思和理論建構不同，中國哲學的旨趣在於實踐人文關懷，它更關注實踐的義理性意義。中國哲學當中，知與行從未分離，中國哲學有着深厚的實踐觀點和生活觀點，倫理道德觀是中國人的貢獻。馬克思説，「全部社會生活在本質上是實踐的」，實踐的觀點、生活的觀點也正是馬克思主義認識論的基本觀點。這種哲學上的契合性，正是馬克思主義能够在中國扎根並不斷中國化的哲學原因。

「實事求是」是中國的一句古話。今天已成爲深遂的哲理，成爲中國人的思維方式和行爲基準。實事求是就是解放思想，解放思想就是實事求是。實事求是毛澤東思想的精髓，是改革開放的基石。只有解放思想才能實事求是。實事求是就是中國人始終堅持的哲學思想。實事求是就是依靠自己，走自己的道路，反對一切絶對觀念。所謂中國化就是一切從中國實際出發，一切理論必須符合中國實際。

二　哲學的多樣性

實踐是人的存在形式，是哲學之母。實踐是思維的動力、源泉、價值、標準。人們認識世界、探索規律的根本目的是改造世界，完善自己。哲學問題的提出和回答，都離不開實踐。馬克思有句名言：「哲學家們只是用不同的方式解釋世界，而問題在於改變世界！」理論只有成爲人的精神智慧，才能成爲改變世界的力量。

哲學關心人類命運。時代的哲學，必定關心時代的命運。對時代命運的關心就是對人類實踐和命運的關心。人在實踐中產生的一切都具有現實性。哲學的實踐性必定帶來哲學的現實性。哲學的現實性就是强調人在不斷回答實踐中各種問題時應該具有的態度。

哲學作爲一門科學是現實的。哲學是一門回答並解釋現實的學問，哲學是人們聯繫實際、面對現實的思想。可以説哲學是現實的最本質的理論，也是本質的最現實的理論。哲學始終追問現實的發展和變化。哲學存在於實踐中，也必定在現實中發展。哲學的現實性要求我們直面實踐本身。

哲學不是簡單跟在實踐後面，成爲當下實踐的「奴僕」，而是以特有的深邃方式，關注着實踐的發展，提升人的實踐水平，爲社會實踐提供理論支撑。從直接的、急功近利的要求出發來理解和從事哲學，無異於向哲學提出它本身不可能完成的任務。哲學是深沉的反思，厚重的智慧，事物的抽象，理論的把握。哲學是人類把握世界最深邃的理論思維。

哲學是立足人的學問，是人用於理解世界、把握世界、改造世界的智慧之學。「民之所好，好之，民之所惠，惠之。」哲學的目的是爲了人。用哲學理解外在的世界，理解人本身，也是爲了用哲學改造世界、改造人。哲學研究無禁區，無終無界，與宇宙同在，與人類同在。

存在是多樣的，發展是多樣的，這是客觀世界的必然。宇宙萬物本身是多樣的存在，多樣的變化。歷史表明，每一民族的文化都有其獨特的價值。文化的多樣性是自然律，是動力，是生命力。各民族文化之間的相互借鑒，補充浸染，共同推動著人類社會的發展和繁榮，這是規律。對象的多樣性、複雜性，決定了哲學的多樣性；即使對同一事物，人們也會産生不同的哲學認識，形成不同的哲學派别。哲學觀點、思潮、流派及其表現形式上的區别，來自於哲學的時代性、地域性和民族性的差异。世界哲學是不同民族的哲學的薈萃，如中國哲學、西方哲學、阿拉伯哲學等。多樣性構成了世界，百花齊放形成了花園。不同的民族會有不同風格的哲學。恰恰是哲學的民族性，使不同的哲學都可以在世界舞臺上演繹出各種「戲劇」。即使有類似的哲學觀點，在實踐中的表達和運用也會各有特色。

人類的實踐是多方面的，具有多樣性、發展性，大體可以分爲：改造自然界的實踐，改造人類社會的實踐，完善人本身的實踐，提升人的精神世界的精神活動。人是實踐中的人，實踐是人的生命的第一屬性。實踐的社會性决定了哲學的社會性，哲學不是脱離社會現實生活的某種遐想，而是社會現實生活的觀念形態，是文明進步的重要標誌，是人的發展水平的重要維度。哲學的發展狀况，反映着一個社會人的理性成熟程度，反映著這個社會的文明程度。

哲學史實質上是自然史、社會史、人的發展史和人類思維史的總結和概括。自然界是多樣的，社會是多樣的，人類思維是多樣的。所謂哲學的多樣性，就是哲學基本觀念、理論學説、方法的異同，是哲學思維方式上的多姿多彩。哲學的多樣性是哲學的常態，是哲學進步、發展和繁榮的標誌。哲學是人的哲學，哲學是人對事物的自覺，是人對外界和自我認識的學問，也是人把握世界和自我的學問。哲學的多樣性，是哲學的常態和必然，是哲學發展和繁榮的内在動力。一般是普遍性，特色也是普遍性。從單一性到多樣性，從簡單性到複雜性，是哲學思維的一大變革。用一種哲學話語和方法否定另一種哲學話語和方法，這本身就不是哲學的態度。

多樣性並不否定共同性、統一性、普遍性。物質和精神，存在和意識，一切事物都是在運動、變化中的，是哲學的基本問題，也是我們的基本哲學觀點！

當今的世界如此紛繁複雜，哲學多樣性就是世界多樣性的反映。哲學是以觀念形態表現出的現實世界。哲學的多樣性，就是文明多樣性和人類歷史發展多樣性的表達。多樣性是宇宙之道。

哲學的實踐性、多樣性，還體現在哲學的時代性上。哲學總是特定時代精神的精華，是一定歷史條件下人的反思活動的理論形態。在不同的時代，哲學具有不同的内容和形式，哲學的多樣性，也是歷史時代多樣性的表達。哲學的多樣性也會讓我們能夠更科學地理解不同歷史時代，更爲内在地理解歷史發展的道理。多樣性是歷史之道。

哲學之所以能發揮解放思想的作用，在於它始終關注實踐，關注現實的發展；在於它始終關注著科學技術的進步。哲學本身没有絶對空間，没有自在的世界，只能是客觀世界的映象，觀念形態。没有了現實性，哲學就遠離人，就離開了存在。哲學的實踐性，説到底是在説明哲學本質上是人的哲學，是人的思維，是爲了人的科學！哲學的實踐性、多樣性告訴我們，哲學必須百花齊放、百家争鳴。哲學的發展首先要解放自己，解放哲學，就是實現思維、觀念及範式的變革。人類發展也必須多塗並進，交流互鑒，共同繁榮。采百花之粉，才能釀天下之蜜。

三　哲學與當代中國

中國自古以來就有思辨的傳統，中國思想史上的百家争鳴就是哲學繁榮的史象。哲學是歷史發展的號角。中國思想文化的每一次大躍升，都是哲學解放的結果。中國古代賢哲的思想傳承至今，他們的智慧已浸入中國人的精神境界和生命情懷。

中國共産黨人歷來重視哲學，毛澤東在一九三八年，在抗日戰争最困難的條件下，在延安研究哲學，創作了實踐論和矛盾論，推動了中國革命的思想解放，成爲中國人民的精神力量。

中華民族的偉大復興必將迎來中國哲學的新發展。當代中國必須有自己的哲學，當代中國的哲學必須要從根本上講清楚中國道路的哲學道理。中華民族的偉大復興必須要有哲學的思維，必須要有不斷深入的反思。發展的道路，就是哲思的道路，文化的自信，就是哲學思維的自信。哲學是引領者，可謂永恒的「北斗」，哲學是時代的「火焰」，是時代最精緻最深刻的「光芒」。從社會變革的意義上説，任何一次巨大的社會變革，總是以理論思維爲先導。理論的變革，總是以思想觀念的空前解放爲前提，而「吹響」人類思想解放第一聲「號角」的，往往就是代表時代精神精華的哲學。社會實踐對於哲學的需求可謂「迫不及待」，因爲哲學總是「吹響」這個新時代的「號角」。「吹響」中國改革開放之

「號角」的，正是「解放思想」「實踐是檢驗真理的唯一標準」「不改革死路一條」等哲學觀念。「吹響」新時代「號角」的是「中國夢」，「人民對美好生活的向往，就是我們奮鬥的目標」。發展是人類社會永恒的動力，變革是社會解放的永遠的課題，思想解放，解放思想是無盡的哲思。中國正走在理論和實踐的雙重探索之路上，搞探索没有哲學不成！

中國哲學的新發展，必須反映中國與世界最新的實踐成果，必須反映科學的最新成果，必須具有走向未來的思想力量。今天的中國人所面臨的歷史時代，是史無前例的。十三億人齊步邁向現代化，這是怎樣的一幅歷史畫卷！是何等壯麗、令人震撼！不僅中國歷史上亘古未有，在世界歷史上也從未有過。當今中國需要的哲學，是結合天道、地理、人德的哲學，是整合古今中西的哲學，只有這樣的哲學才是中華民族偉大復興的哲學。

當今中國需要的哲學，必須是適合中國的哲學。無論古今中外，再好的東西，也需要再吸收，再消化，必須要經過現代化和中國化，才能成爲今天中國自己的哲學。哲學是解放人的，哲學自身的發展也是一次思想解放，也是人的一个思維升華、羽化的過程。中國人的思想解放，總是隨著歷史不斷進行的。歷史有多長，思想解放的道路就有多長；發展進步是永恒的，思想解放也是永無止境的，思想解放就是哲學的解放。

習近平説，思想工作就是「引導人們更加全面客觀地認識當代中國、看待外部世界」。這就需要我們確立一種「知己知彼」的知識態度和理論立場，而哲學則是對文明價值核心最精練和最集中的深邃性表達，有助於我們認識中國、認識世界。立足中國、認識中國，需要我們審視我們走過的道路，立足中國、認識世界，需要我們觀察和借鑒世界歷史上的不同文化。中國「獨特的文化傳統」、中國「獨特的歷史命運」、中國「獨特的基本國情」，「決定了我們必然要走適合自己特點的發展道路」。一切現實的，存在的社會制度，其形態都是具體的，都是特色的，都必須是符合本國實際的。抽象的制度，普世的制度是不存在的。同時，我們要全面客觀地「看待外部世界」。研究古今中外的哲學，是中國認識世界、認識人類史，認識自己未來發展的必修課。今天中國的發展不僅要讀中國書，還要讀世界書。不僅要學習自然科學、社會科學的經典，更要學習哲學的經典。當前，中國正走在實現「中國夢」的「長征」路上，這也正是一條思想不斷解放的道路！要回答中國的問題，解釋中國的發展，首先需要哲學思維本身的解放。哲學的發展，就是哲學的解放，這是由哲學的實踐性、時代性所決定的。哲學無禁區、無疆界。哲學是關乎宇宙之精神，是關乎人類之思想。哲學將與宇宙、人類同在。

四　哲學典籍

中外哲學典籍大全的編纂，是要讓中國人能研究中外哲學經典，吸收人類精神思想的精華；是要提升我們的思維，讓中國人的思想更加理性、更加科學、更加智慧。

中國有盛世修典的傳統。中國古代有多部典籍類書（如「永樂大典」「四庫全書」等），在新時代編纂中外哲學典籍大全，是我們的歷史使命，是民族復興的重大思想工程。

只有學習和借鑒人類精神思想的成就，才能實現我們自己的發展，走向未來。中外哲學典籍大全的編纂，就是在思維層面上，在智慧境界中，繼承自己的精神文明，學習世界優秀文化。這是我們的必修課。

不同文化之間的交流、合作和友誼，必須達到哲學層面上的相互認同和借鑒。哲學之間的對話和傾聽，才是從心到心的交流。中外哲學典籍大全的編纂，就是在搭建心心相通的橋樑。

我們編纂這套哲學典籍大全，一是中國哲學，整理中國歷史上的思想典籍，濃縮中國思想史上的精華；二是外國哲學，主要是西方哲學，吸收外來，借鑒人類發展的優秀哲學成果；三是馬克思主義哲學，展示馬克思主義哲學中國化的成就；四是中國近現代以來的哲學成果，特别是馬克思主義在中國的發展。

編纂這部典籍大全，是哲學界早有的心願，也是哲學界的一份奉獻。中外哲學典籍大全總結的是書本上的思想，是先哲們的思維，是前人的足迹。我們希望把它們奉獻給後來人，使他們能够站在前人肩膀上，站在歷史岸邊看待自己。

中外哲學典籍大全的編纂，是以「知以藏往」的方式實現「神以知來」；中外哲學典籍大全的編纂，是通過對中外哲學歷史的「原始反終」，從人類共同面臨的根本大問題出發，在哲學生生不息的道路上，綵繪出人類文明進步的盛德大業！

發展的中國，既是一個政治、經濟大國，也是一個文化大國，也必將是一個哲學大國、思想王國。人類的精神文明成果是不分國界的，哲學的邊界是實踐，實踐的永恒性是哲學的永續綫性，打開胸懷擁抱人類文明成就，是一個民族和國家自强自立，始終佇立於人類文明潮頭的根本條件。

擁抱世界，擁抱未來，走向復興，構建中國人的世界觀、人生觀、價值觀、方法論，這是中國人的視野、情懷，也是中國哲學家的願望！

李鐵映

二〇一八年八月

「中國哲學典籍卷」

序

中國古無「哲學」之名，但如近代的王國維所說，「哲學爲中國固有之學」。「哲學」的譯名出自日本啓蒙學者西周，他在一八七四年出版的百一新論中說：「將論明天道人道，兼立教法的philosophy譯名爲哲學。」自「哲學」譯名的成立，「philosophy」或「哲學」就已有了東西方文化交融互鑒的性質。

「philosophy」在古希臘文化中的本義是「愛智」，而「哲學」的「哲」在中國古經書中的字義就是「智」或「大智」。孔子在臨終時慨嘆而歌：「泰山壞乎！梁柱摧乎！哲人萎乎！」（史記孔子世家）「哲人」在中國古經書中釋爲「賢智之人」，而在「哲學」譯名輸入中國後即可稱爲「哲學家」。

哲學是智慧之學，是關於宇宙和人生之根本問題的學問。對此，中西或中外哲學是共同的，因而哲學具有世界人類文化的普遍性。但是，正如世界各民族文化既有世界的普遍性，也有民族的特殊性，所以世界各民族哲學也具有不同的風格和特色。如果說「哲學」是個「共名」或「類稱」，那麼世界各民族哲學就是此類中不同的「特例」。這是哲學的普遍性與多樣性的統一。

在中國哲學中，關於宇宙的根本道理稱爲「天道」，關於人生的根本道理稱爲「人道」，中國哲學的一個貫穿始終的核心問題就是「究天人之際」。一般說來，天人關係問題是中外哲學普遍探索的問題，而中國哲學的「究天人之際」具有自身的特點。

亞里士多德曾說：「古今來人們開始哲學探索，都應起於對自然萬物的驚異……這類學術研究的開始，都在人生的必需品以及使人快樂安適的種種事物幾乎全都獲得了以後。」「這些知識最先出現於人們開始有閒暇的地方。」這是說的古希臘哲學的一個特點，是與當時古希臘的社會歷史發展階段及其貴族階層的生活方式相聯繫的。與此不同，中國哲學是產生於士人在社會大變動中的憂患意識，爲了求得社會的治理和人生的安頓，他們大多「席不暇暖」地周遊列國，宣傳自己的社會主張。這就決定了中國哲學在「究天人之際」

中首重「知人」，在先秦「百家争鳴」中的各主要流派都是「務爲治者也，直所從言之異路，有省不省耳」（史記太史公自序）。

中國哲學與其他民族哲學所不同者，還在於中國數千年文化一直生生不息而未嘗中斷，中國文化在世界歷史的「軸心時期」所實現的哲學突破也是采取了極温和的方式。這主要表現在孔子的「祖述堯舜，憲章文武」，删述六經，對中國上古的文化既有連續性的繼承，又經編纂和詮釋而有哲學思想的突破。因此，由孔子及其後學所編纂和詮釋的上古經書就以「先王之政典」的形式不僅保存下來，而且在此後中國文化的發展中居於統率的地位。

據近期出土的文獻資料，先秦儒家在戰國時期已有對「六經」的排列，「六經」作爲一個著作群受到儒家的高度重視。至漢武帝「罷黜百家，表章六經」，遂使「六經」以及儒家的經學確立了由國家意識形態認可的統率地位。漢書藝文志著録圖書，爲首的是「六藝略」，其次是「諸子略」「詩賦略」「兵書略」「數術略」和「方技略」，這就體現了以「六經」統率諸子學和其他學術。這種圖書分類經幾次調整，到了隋書經籍志乃正式形成「經、史、子、集」的四部分類，此後保持穩定而延續至清。

中國傳統文化有「四部」的圖書分類，也有對「義理之學」「考據之學」「辭章之學」和「經世之學」等的劃分，其中「義理之學」雖然近於「哲學」但並不等同。中國傳統文化没有形成「哲學」以及近現代教育學科體制的分科，但是中國傳統文化確實固有其深邃的哲學思想，它表達了中華民族的世界觀、人生觀，體現了中華民族的思維方式、行爲準則，凝聚了中華民族最深沉、最持久的價值追求。

清代學者戴震説：「天人之道，經之大訓萃焉。」（原善卷上）經書和經學中講「天人之道」的「大訓」，就是中國傳統的哲學；不僅如此，在圖書分類的「子、史、集」中也有講「天人之道」的「大訓」，這些也是中國傳統的哲學。「究天人之際」的哲學主題是在中國文化上下幾千年的發展中，伴隨著歷史的進程而不斷深化、轉陳出新、持續探索的。

中國哲學首重「知人」，在天人關係中是以「知人」爲中心，以「安民」或「爲治」爲宗旨的。在記載中國上古文化的尚書皋陶謨中，就有了「知人則哲，能官人；安民則惠，黎民懷之」的表述。在論語中，「樊遲問仁，子曰：『愛人。』問知（智），子曰：『知人。』」（論語顔淵）「仁者愛人」是孔子思想中的最高道德範疇，其源頭可上溯到中國文化自上古以來就形成的崇尚道德的優秀傳統。孔子説：「未能事人，焉能事鬼？」「未知生，焉知死？」（論語先進）「務民之義，敬鬼神而遠之，可謂知矣。」（論語雍也）「智者知人」，在孔子的思想中雖然保留了對「天」和鬼神的敬畏，但他的主要關注點是現世的人生，是「仁者愛人」「天下有道」的價值取向，由此確立了中國哲學以「知人」爲中心的思想範式。西方現代哲學家雅斯貝爾斯在大哲學家一書中把蘇格拉底、佛陀、孔子和耶穌作爲「思想範式的創造者」，而孔子思想的特點就是「要在世間建立一種人道的秩序」，「在現世的可能性之中」，孔子「希望建立一個新世界」。

中國上古時期把「天」或「上帝」作爲最高的信仰對象，這種信仰也有其宗教的特殊性。如梁啓超所説：「各國之尊天者，常崇之於萬有之外，而中國則常納之於人事之中，此吾中華所特長也。……其尊天也，目的不在天國而在世界，受用不在未來（來世）而在現在（現世）。是故人倫亦稱天倫，人道亦稱天道。記曰：『善言天者必有驗於人。』此所以雖近於宗教，而與他國之宗教自殊科也。」由於中國上古文化所信仰的「天」不是存在於與人世生活相隔絶的「彼岸世界」，而是與地相聯繫（中庸所謂「郊社之禮，所以事上帝也」，朱熹中庸章句注：「郊，祀天；社，祭地。不言后土者，省文也。」），具有道德的、以民爲本的特點（尚書所謂「皇天無親，惟德是輔」，「天視自我民視，天聽自我民聽」，「民之所欲，天必從之」），所以這種特殊的宗教性也長期地影響著中國哲學對天人關係的認識。相傳「人更三聖，世經三古」的易經，其本爲卜筮之書，但經孔子「觀其德義而已」之後，則成爲講天人關係的哲理之書。四庫全书總目易類序說：「聖人覺世牖民，大抵因事以寓教……易則寓於卜筮。故易之爲書，推天道以明人事者也。」不僅易經是如此，而且以後中國哲學的普遍架構就是「推天道以明人事」。

春秋末期，與孔子同時而比他年長的老子，原創性地提出了「有物混成，先天地生」（老子二十五章），天地並非固有的，在天地產生之前有「道」存在，「道」是產生天地萬物的總根源和總根據。「道」內在於天地萬物之中就是「德」，「孔德之容，惟道是從」（老子二十一章），「道」與「德」是統一的。老子說：「道生之，德畜之，物形之，勢成之。是以萬物莫不尊道而貴德。道之尊，德之貴，夫莫之命而常自然。」（老子五十一章）老子的價值主張是「自然無爲」，而「自然無爲」的天道根據就是「道生之，德畜之……是以萬物莫不尊道而貴德」。老子所講的「德」實即相當於「性」，孔子所罕言的「性與天道」，在老子哲學中就是講「道」與「德」的形而上學。實際上，老子哲學確立了中國哲學「性與天道合一」的思想，而他從「道」與「德」推出「自然無爲」的價值主張，這就成爲以後中國哲學「推天道以明人事」普遍架構的一個典範。雅斯貝爾斯在大哲學家一書中把老子列入「原創性形而上學家」，他說：「從世界歷史來看，老子的偉大是同中國的精神結合在一起的。」他評價孔、老關係時說：「雖然兩位大師放眼於相反的方向，但他們實際上立足於同一基礎之上。兩者間的統一在中國的偉大人物身上則一再得到體現……」這裏所謂「中國的精神」「立足於同一基礎之上」，就是説孔子和老子的哲學都是爲了解決現實生活中的問題，都是「務爲治者也」。

在老子哲學之後，中庸説：「天命之謂性」，「思知人，不可以不知天」。孟子説：「盡其心者知其性也，知其性則知天矣。」（孟子盡心上）此後的中國哲學家雖然對天道和人性有不同的認識，但大抵都是講人性源於天道，知天是爲了知人。一直到宋明理學家講「天者理也」，「性即理也」，「性與天道合一存乎誠」。作爲宋明理學之開山著作的周敦頤太極圖說，是從「無極而太極」講起，至「形既生矣，神發知矣，五性感動而善惡分，萬事出矣」，這就是從天道講到人事，而其歸結爲「聖人定之以中正仁義而主静，立人極焉」，這就是從天道、人性推出人事應該如何，「立人極」就是要確立人事的價值準則。可以説，中國哲學的「推天道以明人事」最終指向的是人生的價值觀，這也就是要「爲天地立心，爲生民立命，爲往聖繼絶學，爲萬世開太平」。在作爲中國哲學主流的儒家哲學中，價值觀又是與道德修養的工夫論和道德境界相聯繫。因此，天人合一、真善合一、知行合一成爲中國哲學的主要特點。

中國哲學經歷了不同的歷史發展階段，從先秦時期的諸子百家争鳴，到漢代以後的儒家經學獨尊，而實際上是儒道互補，至魏晋玄學乃是儒道互補的一個結晶；在南北朝時期逐漸形成儒、釋、道三教鼎立，從印度傳來的佛教逐漸適應中國文化的生態環境，至隋唐時期完成中國化的過程而成爲中國文化的一個有機組成部分；宋明理學則是吸收了佛、道二教的思想因素，返而歸於「六經」，又創建了論語孟子大學中庸的「四書」體系，建構了以「理、氣、心、性」爲核心範疇的新儒學。因此，中國哲學不僅具有自身的特點，而且具有不同發展階段和不同學派思想内容的豐富性。

一八四〇年之後，中國面臨着「數千年未有之變局」，中國文化進入了近現代轉型的時期。在甲午戰敗之後的一八九五年，「哲學」的譯名出現在黄遵憲的日本國志和鄭觀應的盛世危言（十四卷本）中。此後，「哲學」以一個學科的形式，以哲學的「獨立之精神，自由之思想」推動了中華民族的思想解放和改革開放，中、外哲學會聚於中國，中、外哲學的交流互鑒使中國哲學的發展呈現出新的形態，馬克思主義哲學在與中國的歷史文化傳統、中國具體的革命和建設實踐相結合的過程中不斷中國化而產生新的理論成果。中華民族的偉大復興必將迎來中國哲學的新發展，在此之際，編纂中外哲學典籍大全，中國哲學典籍第一次與外國哲學典籍會聚於此大全中，這是中國盛世修典史上的一個首創，對於今後中國哲學的發展、對於中華民族的偉大復興具有重要的意義。

李存山

二〇一八年八月

「中國哲學典籍卷」

出版前言

社會的發展需要哲學智慧的指引。在中國浩如煙海的文獻中，哲學典籍占據著重要地位，指引著中華民族在歷史的浪潮中前行。這些凝練著古聖先賢智慧的哲學典籍，在新時代仍然熠熠生輝。

收入我社「中國哲學典籍卷」的書目，是最新整理成果的首次發布，按照内容和年代分爲以下幾類：先秦子書類、两漢魏晋隋唐哲學類、佛道教哲學類、宋元明清哲學類、近現代哲學類、經部（易類、書類、禮類、春秋類、孝經類）等，其中以經學類占多數。全本次整理皆選取各書存世的善本爲底本，制訂校勘記撰寫的基本原則以確保校勘品質。全套書采用繁體竪排加專名綫的古籍版式，嚴守古籍整理出版規範，並請相關領域專家多次審稿，作者反復修訂完善，旨在匯集保存中國哲學典籍文獻，同時也爲古籍研究者和愛好者提供研習的文本。

文化自信是一個國家、一個民族發展中更基本、更深沉、更持久的力量。對中國哲學典籍進行整理出版，是文化創新的題中應有之義。中國社會科學出版社秉持「傳文明薪火，發時代先聲」的發展理念，歷來重視中華優秀傳統文化的研究和出版。「中國哲學典籍卷」樣稿已在二〇一八年世界哲學大會、二〇一九年北京國際書展等重要圖書會展亮相，赢得了與會學者的高度讚賞和期待。

點校者、審稿專家、編校人員等爲叢書的出版付出了大量的時間與精力，在此一並致謝。由於水準有限，書中難免有一些不當之處，敬請讀者批評指正。

趙劍英

二〇二〇年八月

本書點校説明

讀禮疑圖作者季本，字明德，號彭山，浙江會稽人，生於明憲宗成化二十一年（一四八五），卒於明世宗嘉靖四十二年（一五六三），終年七十九歲。正德十二年進士，授建寧府推官，宸濠作亂時，季本守分水關，遏其入閩之路。後任監察御史、南京禮部郎中、長沙知府等職。因鋤擊豪强過當罷歸，里居二十餘年，講學著書不輟。

季本精於考索，重視實踐。他早年丁憂，家居十二年，未嘗一日釋卷，上自經史，下逮星曆度數、地理兵農，無不窮究。後師事王陽明，聽聞良知之旨，乃盡棄所學，一意六經。曾考察黄河故道、海運舊迹，辨别三代疆土、春秋川原。平生著作甚豐，有易學四同、詩説解頤、春秋私考、四書私存、説理會編、讀禮疑圖、孔孟圖譜、廟制考義、樂律纂要、律吕别書、蓍法别傳，共一百二十卷。

讀禮疑圖，又稱禮疑，是季本致仕後撰寫的禮學著作。全書凡六卷。前三卷詳論周禮賦役之法，認爲是書成於戰國，多是邪世之制、迂儒之談。孟子記載：「有布縷之征，粟米之征，力役之征。君子用其一，緩其二。」但周禮的征斂却遠不止此三者，賦役煩重，民不暇給，正與輕徭薄賦之意相反。故季本將昔日讀周禮之所疑，繪成禮圖，具於篇首，旁列周禮、孟子及相關典籍，又録諸家注釋於下，並以「今按」的形式考證辨析。

後三卷包括禮圖本原和禮圖參考，編排方式和前三卷相同。禮圖本原意在闡明孟子談及的先王制度。季本以爲，三代的法制，至周而大備，但壞於春秋、戰國，典籍消亡殆盡，唯孟子能言其大略，故禮圖本原具載孟子之文，詳加説解。禮圖參考歷評自漢至宋的田制、軍制得失。季本在序中説，漢代制度近古，保留了先王的遺意，後代法度雖不如漢，然未嘗無可取之處，故論敘於後，以備參考。

讀禮疑圖在明代已刊刻問世，萬卷堂書目、國史經籍志、千頃堂書目均有著録。萬曆三十七年刊行的三才圖會地理圖會方田諸圖、宮室圖會、古器類的圖文大多抄録自此書，可見在當時的影響。但到了清代，此書一度銷聲匿迹，只見於清人各類著作的轉引，四庫全書更是將之歸入禮類存目，至今未見清代的刻本。現今可見的版本有四庫全書存目叢書所收北京大學圖書館藏明嘉靖刻本，中國國家圖書館藏另外兩種明刻本，其中一種爲五卷殘本，另外一種書首有「巴陵方氏藏書」字樣。三個版本無論版式、頁數、字體皆完全相同，應屬同一版刻。這次點校以四庫全書存目叢書本爲底本，以巴陵方氏藏書本及五卷本作爲參校。凡增删校改的字句，均直接排印，在注中示以原文，説明依據和理由。

『謹以此書獻給我的朋友華伋、常宇鑫、文悦、谷信榮。此外，點校過程中得到了李舉創、謝繼帥、章莎菲、魏翀、王勇、龔業超、陳燁軒、張照陽、張弛、劉會文等同學的幫助，他們提供了許多寶貴意見，在此一併致謝。由於水平有限，錯誤疏漏，實所難免，博雅君子，幸垂教焉。

胡雨章

二零二零年八月

目録

卷之二……四三

卷之三

卷之四……一二九

[一] 「田制」二字原無，據正文補。

中尉主北軍　武帝增置八校尉　附　易氏章氏備論南北軍本末得失　漢初養兵猶未大費論　杜佑漢重兵悉在京師之説未爲非是論　秦漢以下未有長征兵論　禁兵不同與畿兵調發論　漢初用銅虎符調兵辯

武帝〔一〕以中壘監五營之制　建武中罷郡國兵及都試　附　章氏漢兵總論　漢復除之條最多七科謫　漢兵亦有三變

後魏宿衛更卒之制　附　論魏晉以下兵制皆不足言

宇文泰府兵之制　北齊兵制

隋兵制仍周齊府兵之舊　附　隋十六衛沿爲唐制

唐高祖關中府兵初制　太宗府兵之制

玄宗時張説罷緣邊冗卒

張説募兵爲彍騎　附　論府兵之所以壞

李林甫募長征健兒　李泌議復府兵　附　論天子無遣兵戍邊之法

〔一〕「武帝」疑當作「光武帝」。

周世宗大閲諸軍命宋太祖簡選士卒
宋承五代侍衛殿前兩司并三衙四廂之制　附　洪邁論三衙劄子　釋樞密都統制統制統領總管鈐轄都監監押巡檢等名
宋十六衛爲環衛官
宋殿前侍衛四廂及禁軍廂軍之名所由起并太祖階級法
宋太祖詔殿前侍衛二司各閲所部兵及詔諸州選兵送都下　附　陳止齋論剩員
木梃給散諸州召募　附　太祖養兵數目辯
廂軍總於侍衛司無戍更罕教閲止留本城給役　附　陳止齋論南北更戍
宋聚兵爲强幹弱枝之用連下共五條
駐泊屯駐就糧之名　軍名漸增舊額
召募設旗給賞　遣戍往還賞賚　附　李燾長編論禁廂蕃民等兵名目　兩朝國史諸兵召募廩給屯戍
揀選之制　日習武技則藝精論　釋民兵條下引司馬光賈昌朝富弼李師中蘇軾林駉朱子之言以備論處蕃兵之道　釋蕃兵條下引郭逵之言備論處蕃兵之道　召募條下備論平人不願應募而軍多逃亡之弊

[一] 原作「太祖咸化」，據正文改。

仁宗慶曆中刺保毅爲保捷軍　籍河北强勇爲義勇州縣以時按閱

英宗治平中韓琦請刺義勇司馬光奏言不便

仁宗慶曆中种世衡請刺募兵爲忠勇范仲淹奏沮言者欲給以禁軍廩給之議

神宗熙寧中私役禁軍之禁　熙寧併省禁軍之制

熙寧併省廂軍之制

總敘熙寧以後併省之法　附　林勳本政書言祖宗軍政之廢

王安石行保甲法　保甲令民自辦錢糧多訴不便

元豐改諸路義勇爲保甲

保甲教閱賞犒之費　司馬光乞罷保申

王巖叟奏保甲人情所甚苦　元祐[一]罷保甲法　附　變法論　宋史兵志論兵制壞於蔡京童貫

熙寧將兵之制

[一] 原作「紹聖」，據正文改。

讀禮疑圖序

先王之政，所以行不忍人之心也，觀會通以行典禮，節文斯而已矣，其道豈難知哉！予讀三禮，謂其先秦古書具載先王成法，然而駁雜支離，多相牴牾，推尋湊合，祇覺難通。儀禮雖參叔世之彌文，而猶存古意；禮記雖附後儒之臆說，而每有格言。聖賢精義所在，豈敢盡廢哉！周禮則檢防太密，聚斂無遺，類皆功利之心，大失寬仁之體，而語之繁蕪，事之瑣屑，未暇論焉，浸淫其說，將壞人心。如理民之道，莫切於輕徭薄賦，而周禮反之。孟子語文王之政，必曰：「耕者九一，仕者世祿。關市譏而不征，澤梁無禁，罪人不孥。」六官之中，何嘗一明此義哉！孟子又曰：「有布縷之征，粟米之征，力役之征。君子用其一，緩其二。」三者之外，別無征焉，而亦不敢一時併取，此先王之意也。周禮之征，則不止此，賦役重煩，民不暇給，是其爲法，蓋有詳於孟子者，而未見其爲易簡也。夫孟子，鄒魯之儒，而聖賢之學也。親見孔氏之遺書，熟進先王之成法，又其學以知言爲本，深有戒於邪説生心之害，必非妄言者。故周室班爵禄，諸侯惡其害己而皆去其籍，則曰「其詳不可得聞矣」，豈有舍孟子而復別得其詳哉！孔子曰：「夏禮，吾能言之，杞不足徵也；殷禮，吾能言之，宋不足徵也。文獻不足故也，足則吾能徵之矣。」又曰：「殷因於夏禮，所損益，可知也；周因於殷禮，所損益，可知也；其或繼周者，雖百世可知也。」夫文獻不足徵，而能言之，而能知之，知之而又能及於百世，此豈在形迹名稱之間哉！禮者，中而已矣。隨時處中，而能合於人情，宜於土俗，則固吾心之節文也。苟求之心而不合，推之政而不宜，任情用智，察入秋毫，雖其書在秦先，禮以周目，不敢以爲是焉。蓋周禮之書，成於戰國之士，中間多雜邪世之制，迂儒之談，而非由大本以行達道者也。當漢武時，其書始出，衆儒共排其非。至林孝存則曰「末世瀆亂不驗之書」，何休則曰「六國陰謀之書」，庶亦可謂知言矣。惟劉歆、鄭玄以爲周公致太平之迹，而朱子獨深信之，亦以爲周公遺典，又以爲聖人所作必不會差。至其論孟子也，於貢、助、徹之制，則或以爲可疑，或以爲都是；拗於班爵禄之制，則或以爲不然，或以爲約度説。是信周禮反有踰於孟子也，孟子將不得爲則小處或未及改，又謂周公晚年作此，未曾得行，亦是起草，然又謂周禮一書，知言乎！知周禮之不可以周禮爲未定之書也。孔子删述六經以正人心，豈其存未定之禮以惑世乎！何怪乎後人通而强以一説通之，亦近於遁辭矣。自知言之學不明，雖大儒説禮，亦無定論，而禮之大者之滋惑哉！予於三禮儀文，未能悉舉，惟以布縷、粟米、力役之征皆切於民，也。往年從政，習於功利之見，而用意過深，晚而思之，則皆周禮之餘智也。故即平日之所疑者爲圖，旁引以辯證之，而一以孟子爲主焉。夫文武之政，具在人心，即其易簡宜民者而求之，似亦可得而知也。予豈以古道爲可反哉，亦姑講究先王之意，以自懲既往焉爾。書凡六卷，其前三卷疑圖具在，見禮意焉；其後三卷，則上敘孟子之言以明本原，下評歷代之事以備參考云。

嘉靖戊申歲秋八月既望會稽季本序

讀禮疑圖卷之一

尺圖

十寸之尺爲一百分。

八寸之尺爲八十分。

八尺之步，十寸之尺；八尺也，爲八十寸。

六尺四寸之步，八寸之尺；八尺也，爲六十四寸。

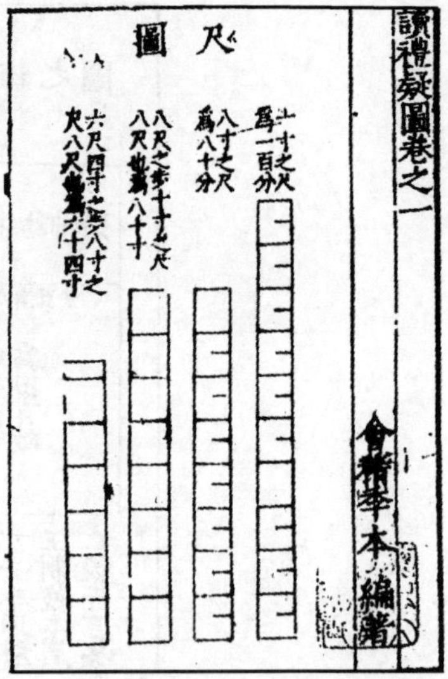

度田計步，必起於尺。古步蓋用周尺，自漢鄭玄時已云未詳。至宋潘時舉得於司馬侍郎之所傳，當省尺七寸五分者，今刻於家禮儀節，雖未知其果合於古與否，要亦不甚相遠矣。以其長不可畫，故姑約爲此圖以見意云。

今田小於古田之圖

西南角積六百二十五步，爲田六畝二十五步。

剩二十五步。

積二千五百步，爲田二十五畝。

剩二十五步。

積二千五百步，爲田二十五畝。

東西爲橫百步。

南北爲縱百步。

中積萬步，爲田百畝。

古田以八尺起步，今田以六尺四寸起步。今步比古步少一尺六寸。云「今田」者，王制蓋本周亡後而言。

禮記王制曰：「古者以周尺八尺爲步，今以周尺六尺四寸爲步。古者百畝，當今東田百四十六畝三十步。古者百里，當今百二十一里六十步四尺二寸二分。」

鄭玄注云：「周尺之數，未詳聞也。按禮制，周猶以十寸爲尺，蓋六國時多變亂法度，或言周尺八寸，則步更爲八八六十四寸。以此計之，古者百畝，當今百五十六畝二十五步。古者百里，當今百二十五里。」

孔穎達疏曰：「玉人職云：『鎮圭尺有二寸。』又云：『桓圭九寸。』是周猶以十寸爲尺也。今經云『以周尺六尺四寸爲步』，乃是六十四寸，則謂周八寸爲尺也，故云『蓋六國時多變亂法度』。或言周尺八寸也，鄭即以古周尺十寸爲尺，八尺爲步，則步八十寸。鄭又以今周尺八寸爲尺，八尺爲步，則今步皆少於古步一十六寸也，是今步別剩十六寸。云『以此計之』者，謂以古步。又以今周尺八寸八尺爲步，外剩十六寸而計之，則古之四步剩出今之一步，古之四十步爲今之五十步，古之八十步爲今之一百步。計古之一畝之田長百步，得爲今田一百二十五步，是今田每一畝之上剩出二十五步。則方百畝之田，從北嚮南，每畝剩二十五步，總爲二千五百步；從東嚮西，每畝二十五步，亦總爲二千五百步。相伊〔一〕爲五千步，是總爲五十畝。又西南一角，南北長二十五步，應南畔所剩之度；東西亦長二十五步，應西畔所剩之度。計方二十五步，開方乘之，總積得六百二十五步。六百步則爲六畝，餘有二十五步。故云『古者百畝，當

〔一〕「伊」，禮記王制疏作「併」。

今百五十六畝二十五步』也。又古四步，剩今一步；則古者四里，剩今一里爲五里；則古者四十里，剩今十里爲五十里；則古者八十里，剩今二十里總爲百里。是古者八十里爲今百里，今之百里之外猶有古之二十里。四里剩一里，其古二十里，爲今之二十五里。故云『古者百里，當今百二十五里』。經文錯亂，不可用也。」

陳祥道曰：「六尺四寸者，十寸之尺也。十寸之尺也，六尺四寸，乃八寸之尺，八尺也。」

今按：蔡元定曰：「周家十寸、八寸皆爲尺。以十寸之尺起度，則十尺爲丈，十丈爲引。以八寸起度，則八尺爲尋，倍尋爲常。」據此，則周尺有時而用十，有時而用八也。鄭註以爲「周尺八寸，步更六尺四寸，乃六國時所變」，則周之古步爲八尺矣。八尺者，八十寸也。夫歷代尺之短長，載在隋志，而蔡氏亦備論之，周尺雖未詳聞，亦略可考也。然王制乃漢文帝令博士諸生所作，故語多雜衰世之制。其曰「今者」，蓋周亡之後，主秦、漢在西而言，故田曰「東田」也。竊疑古者度田，必有一定之步，民情所習，孰能改之。若始以八尺起步，而後以六尺四寸，則盡天下之田，亦難乎其變易矣。故王制之説，皆附會耳。另有六尺步圖以明古法。

六尺步圖

縱橫皆六尺，積三十六尺。

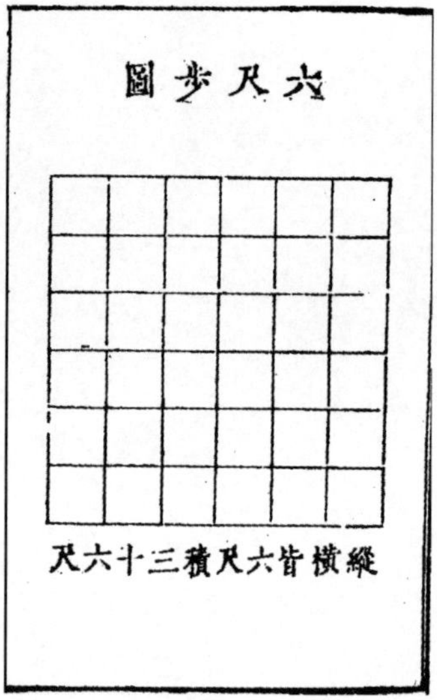

司馬法曰：「六尺爲步，步百爲畝。」

今按：「六尺爲步」，古法也。自后稷教民稼穡以來，即有「一畝三甽，甽皆廣尺深尺」之説，則六尺之爲步，不始於周矣。半步爲武，步者，因二武而度其長也。此本人身自然之度，豈强名哉。夫司馬法者，齊景公大夫田穰苴所作，而齊宣王時又追論以成書者也。其以「六尺爲步」，必有所受矣。故秦、漢以下，未有改焉。若王制之以「八尺爲古步」，則亦「六尺爲步」之意也。蓋周尺當今省尺七寸五分，通計八尺共得六十寸，適合今六尺之步。但六尺之制，穰苴時已有此言，不知王制何緣更起「古步八尺」之説邪？至以六尺四寸爲步，則當省尺之四尺八寸耳，步狹田增，實不合於人身步武之數矣。此必阡陌既開之後，欲文富國者之言也，而又文多錯亂，安足信乎！註疏雖正其誤，亦未究「六尺爲步」之古法也。

鄧展曰：「古者百步爲畝，漢時二百四十步爲畝。古千二百畝，則得今五頃。」

趙氏曰：「古者以百步爲畝，今以二百四十步爲畝，古百畝當今之四十一畝也。」

今按：每步方六尺，相乘積三十六尺；古田一畝百步，得三千六百尺；百畝得三十六萬尺。自漢而下，以二百四十步爲畝，以三十六尺乘之，得八千六百四十尺爲步法。又以八千六百四十尺，除古田三十六萬尺，得四十一畝六分不盡。五百七十六尺，以三十六尺除之，得十六步。趙氏謂當今四十一畝，舉成數也。〇又按：桑弘羊曰：「古者，制田百步爲畝，民井田而耕，什而籍一。先帝哀憐百姓之愁苦，衣食不足，制田二百四十步而一畝，率三十而稅一。」先帝蓋指景帝，則二百四十步之爲數，自景帝始也。

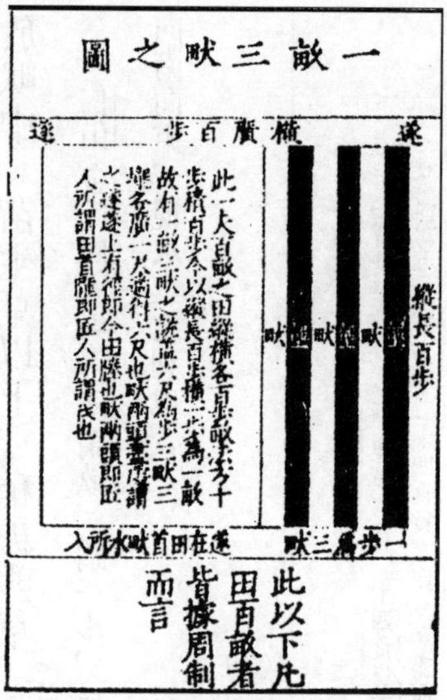

一畝三甽之圖

遂　橫廣百步　遂

縱長百步

壟甽壟甽壟甽

此一夫百畝之田，縱横各百步。畝法：方十步，積百步。今以縱長百步、横一步爲一畝，故有一畝三甽之説。蓋六尺爲步，三甽三壟，各廣一尺，適得六尺也。甽兩頭盡處謂之遂，遂上有徑，即今田塍也。甽兩頭即匠人所謂田首。隴即匠人所謂伐也。

一步爲三甽　遂在田首，甽水所入。

此以下凡田百畝者，皆據周制而言。

周禮：「匠人爲溝洫。耜廣五寸，二耜爲耦。一耦之伐，廣尺深尺謂之甽。田首倍之，廣二尺、深二尺謂之遂。」

鄭玄註曰：「古者耜一金，兩人併發之。其壟中曰甽，甽上曰伐。伐之言發也。遂者，夫間小溝，遂上亦有徑。」

賈公彦疏曰：「耒頭金廣五寸。『二耜爲耦』者，二人各執一耜，兩人耕爲耦，共一尺。一尺深者謂之甽，甽上高土謂之伐。『兩人併發之』者，謂共爲一甽〔一〕，謂二人並頭也。」

今按：古者耕必以牛，觀冉耕、司馬耕皆以「牛」字「耕」，則可見矣。而耜則兩人之所執也，故謂之偶耳。吴孫權以八牛爲四耦，恐亦此制也。

班固曰：「后稷始甽田，以二耜爲耦，廣尺深尺曰甽〔二〕，長終畝。一畝三甽，而播種於甽中。苗生葉以上，稍耨壟草，因隤其土以附苗根。隴盡甽平〔三〕，而能風與旱也。」

仁山金氏曰：「古所謂畝，闊一步，長百步，即今種豆麥者作田疄也。詩所謂『南東其畝』，謂田間作疄，向南向東，視水土之利也。」

〔一〕原作「共爲一畝」，據周禮匠人疏改。
〔二〕原作「廣尺深尺田甽」，據漢書卷二十四食貨志改。
〔三〕「隴盡甽平」，漢書卷二十四食貨志作「隴盡而根深」。

百畝十阡之圖

此甽水所注之遂，遂水注溝。

一十畝一千步

二十畝二千步

三十畝三千步

四十畝四千步

五十畝五千步

六十畝六千步

七十畝七千步

八十畝八千步

九十畝九千步

一百畝十千步

此甽水所注之遂，遂水注溝。

據禮家：鄉遂田則遂縱而溝横，井田則遂横而溝縱。

詩周頌噫嘻篇曰：「駿發爾私，終三十里。亦服爾耕，十千維耦。」

今按：「私」謂一夫百畝之私田也。步百爲畝，百畝之田，縱横各百步，共積萬步。里法從三百步起，縱百步，横三步，積三百步爲一里；横九十步，積九千步爲三十里；餘横九步，積九百步爲三里；尚餘一步，積百步爲三分里之一。共三十三里三分里之一，言「三十里」，舉成數也。縱百步，横一步，爲一畝；縱百步，横十步，爲十畝。阡陌之法，以百計步者謂之陌，則一畝也；以千計步者謂之阡，則十畝也。百畝之田爲千步者十，則十千矣，而一耦並耕，故曰「十千維耦」也。舊説以三十里爲萬夫之田，而謂鄉遂之官職以萬夫爲界者，此求其説不得而臆度之詞也。詳見後朱子開阡陌辯下

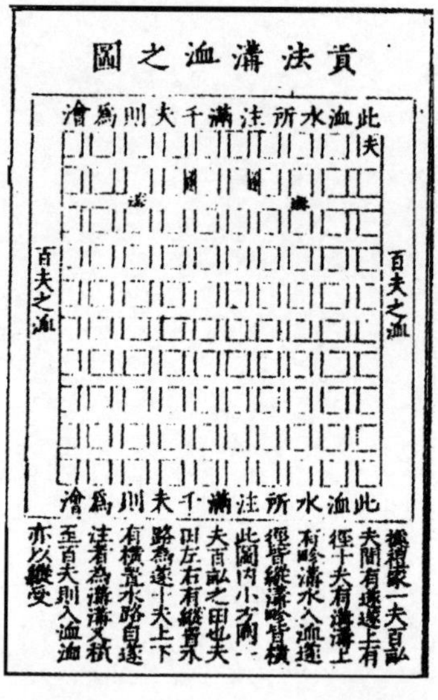

貢法溝洫之圖

此洫水所注，滿千夫則爲澮。

夫

遂　遂

溝　溝

百夫之洫　百夫之洫

此洫水所注，滿千夫則爲澮。

據禮家：一夫百畝，夫間有遂，遂上有徑；十夫有溝，溝上有畛，溝水入洫。遂徑皆縱，溝畛皆横。此圖内小方圈，一夫百畝之田也。夫田左右有縱置水路，爲遂。十夫上下有横置水路，自遂注者爲溝。溝又積至百夫則入洫，洫亦以縱受。

今按：「遂縱溝横」之説，本賈公彦匠人疏，見後井田溝洫圖下。

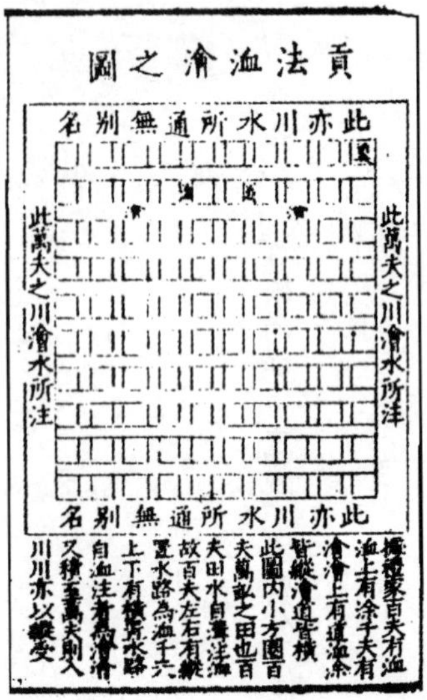

貢法洫澮之圖

此亦川水所通，無別名。

百夫

洫　洫

澮　澮

此萬夫之川，澮水所注。

此萬夫之川，澮水所注。

此亦川水所通，無別名。

據禮家：百夫有洫，洫上有涂；千夫有澮，澮上有道。洫涂皆縱，澮道皆横。此圖内小方圈，百夫萬畝之田也。百夫田水自溝注洫，故百夫左右有縱置水路爲洫。千夫上下有横置水路，自洫注者爲澮。澮又積至萬夫則入川，川亦以縱受。

周禮：「遂人掌邦之野。」

鄭玄註曰：「郊外曰野。」

賈公彦疏曰：「遠郊百里之外，即遂人所掌之野，從二百里至五百里皆名野。遂人雖專掌二百里之中，乃兼掌三百里以外也。」

今按：鄉在郊地百里之内，遂在甸地百里之中，自遂以外，三百里皆爲都鄙，此禮家之説也。然遂人謂之「掌野」，何哉？蓋遂爲甸地，萬二千五百家之外，皆公邑也；都鄙三等采地之外，亦皆有公邑。公邑皆用十夫有溝法，惟采地行井田耳，以公邑溝遂與遂法同，故通言掌野也。詳見第二卷王畿千里郊野圖下。

凡治野：夫間有遂，遂上有徑；十夫有溝，溝上有畛；百夫有洫，洫上有涂；千夫有澮，澮上有道；萬夫有川，川上有路，以達於畿。

鄭玄註曰：「遂、溝、洫、澮，皆所以通水於川也。遂，廣深各二尺，溝倍之，洫倍溝。澮，廣二尋，深二仞。徑、畛、塗、道、路，皆所以通車徒於國都也。徑容牛馬，畛容大車，涂容乘車一軌，道容二軌，路容三軌。」

馬端臨曰：「鄭註以爲此鄉遂用溝洫之法也，用之近郊鄉遂。」

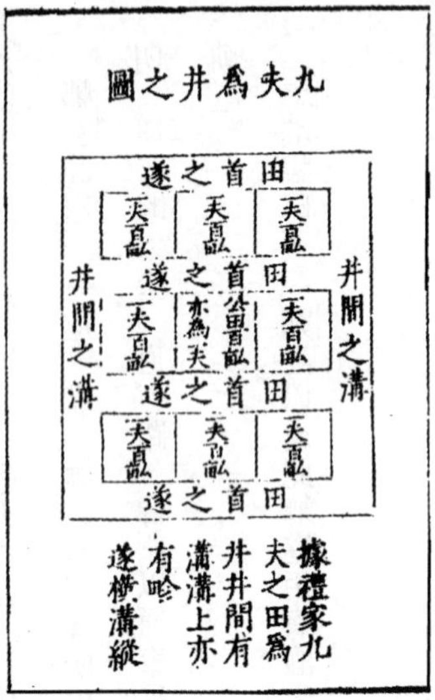

九夫爲井之圖

田首之遂

一夫百畝 一夫百畝 一夫百畝

田首之遂

一夫百畝 公田百畝，亦爲一夫。 一夫百畝

田首之遂

一夫百畝 公田百畝，亦爲一夫。 一夫百畝

田首之遂

井間之溝 井間之溝

據禮家：九夫之田爲井，井間有溝，溝上亦有畛。遂橫溝縱。

孟子曰：「方里而井，井九百畝，其中爲公田。八家皆私百畝，同養公田。公事畢，然後敢治私事，所以別野人也。」

司馬法曰：「畝百爲夫，夫三爲屋，屋三爲井。」

賈公彥小司徒疏：「九夫爲井，方一里，九夫所治之田也。一井之內，地有九夫，中一夫入於公，四畔八夫，家治百畝。地有九夫，非謂有九家也。」

孟子曰：「百畝之田，勿奪其時，數口之家可以無飢矣。」〇又曰：「百畝之田，匹夫耕之，可以無飢矣。」

今按：農夫家受百畝之田，其實每人止可耕田二十五畝。既任耕田之人，則成丁男而可娶矣，但自受田之長而言，則曰匹夫，而總謂之一夫百畝耳。後五畝之宅條下，匹婦義同。

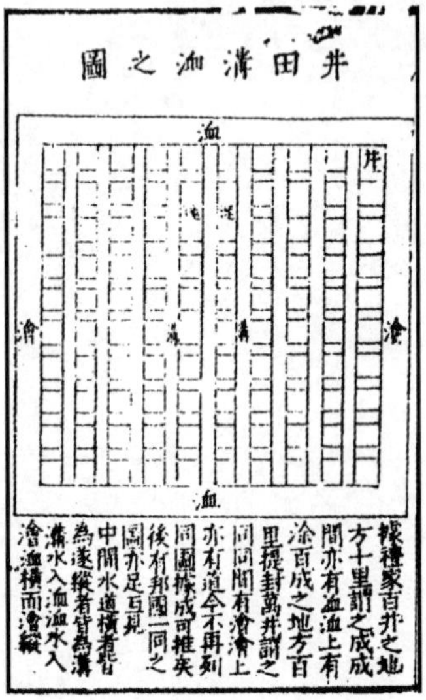

井田溝洫之圖

洫

井

遂遂

澮　溝　溝　澮

洫

據禮家：百井之地方十里，謂之成。成間亦有洫，洫上有涂。百成之地方百里，提封萬井，謂之同。同間有澮，澮上亦有道。今不再列同圖，據成可推矣。後有邦國一同之圖，亦足互見。

中間水道，横者皆爲遂，縱者皆爲溝。溝水入洫，洫水入澮，洫横而澮縱。

匠人爲溝洫。耜廣五寸，二耜爲耦。一耦之伐，廣尺、深尺謂之甽。田首倍之，廣二尺、深二尺謂之遂。九夫爲井，井間廣四尺、深四尺謂之溝。方十里爲成，成間廣八尺、深八尺謂之洫。方百里爲同，同間廣二尋、深二仞謂之澮。

馬端臨曰：「鄭註以爲此都鄙用井田之法也，用之野外縣都。」

賈公彥疏曰：「井田之法，畎縱遂横，溝縱洫横，澮縱自然川横。其夫間縱者，分夫間之界耳。無遂，其遂注溝，溝注入洫，洫注入澮，澮注入川。遂人云『夫間有遂』，遂縱而溝横。此不云『夫間有遂』，云『田首倍之謂之遂』，遂則横而溝縱也。自餘洫、澮、川，依此遂溝縱横參之可知。畎、遂、溝、洫，皆廣深等。」

今按：一畝三畎，所謂畝也。畝之兩頭，畎水所入則爲遂。詩稱「南東其畝」，則隨地勢而或南或東以爲畝耳。豈有井田之遂皆横，而十夫之遂皆縱之理乎！

朱子曰：「溝洫以十爲數，井田以九爲數，決不可合。近世諸儒論田制，乃欲混井田、溝洫爲一，則不可行。鄭註分作兩項，却是。」

今按：周之徹法，諸儒所以兼貢、助而言者，蓋緣遂人、匠人二法不同。又孟子有「請野九一，國中什一」之言，足以爲九十二字之證。故雖以朱子之賢，亦嘗疑之，而終以鄭玄之説爲定論，殊不知周本只行助法，徹即助之别名。詩言公劉「徹田爲糧」，則此時未嘗更制，亦謂之徹，可見其爲民俗之通稱矣。但殷法本以助名，周法則改名爲徹，以示通力之義耳，其實非兼貢也。至其衰世始廢助爲貢，而孟子之意，亦只主於行助法也。永嘉許氏〔一〕謂：「周制井田之法，通行於天下，本無内外之異，而遂人、匠人不宜有二法。故曰遂人所言者，積數

〔一〕「永嘉許氏」，周禮訂義卷二十五、文獻通考卷一田賦考引作陳汲之言。

也；匠人所言者，方法也。積數則計其所有者言之，方法則積其所圍之内名之，其實一制也。」似得先王畫野之意矣。然細考之，則其數一以十起，一以九起，二説有不可得而强同者，故足以惑世，不若直斷周禮之失古意，斯已矣。詳見周徹圖下。○又按：匠人註曰：「采地制井田，異於鄉遂及公邑。」則鄉遂與四等公邑，皆用貢而無助也。夫公邑在甸地者，即爲遂矣，而其三等在都鄙者，分封采地之餘，皆與遂同。蓋惟采地爲井，而公邑皆不爲井也。支離掩護，徒使人難曉耳。蓋周禮之書，成於戰國之後，而井田則自春秋魯宣公時已廢其法，僅存於匠人耳。世儒傳聞，始廢井田之時，猶或兼行貢、助之法，因列遂人、匠人二職，則若當時真有兩法者，不滋後世之惑哉！四等公邑，詳見第二卷王畿郊野圖引載師語下。」○又，匠人註云：「周制：畿内用夏之貢法，邦國用殷之助法。畿内用貢法者，鄉遂及公邑之吏，旦夕從民事，爲其促之以公，使不得恤其私。邦國用助法者，諸侯專一國之政，爲其貪暴，税民無藝故也。」然畿内采地三等，非無助也，特所重恐王吏之急公田，故言所以用貢之意耳；邦國國中什一，非無貢也，特所重恐諸侯之行暴政，故言所以用助之意耳。此皆牽强之論也，天下豈有既貢而遂能免王吏之促，既助而遂能免諸侯之貪者乎！又言：「周之畿内，税有重輕；邦國之税，内外異法。」此豈什一中正之道哉！鄭玄一失井田宗旨，而其説益以支矣，雖使自解，卒能通乎！

朱子開阡陌辯曰：「阡陌者，舊説以爲田間之道，蓋因田之疆畔，制其廣狹，與其横縱〔一〕，以通人物之往

〔一〕「與其横縱」，朱子文集卷七十二作「辨其横從」。

來，即周禮『遂上之徑，溝上之畛，洫上之涂，澮上之道』也。蓋陌之爲言百也，遂、洫縱而徑、涂亦縱，則遂間百畝，洫間百夫，而徑、涂爲陌矣。阡之爲言千也，溝、澮橫而畛、道亦橫，則溝間千畝，澮間千夫，而畛、道爲阡矣。阡陌之名，由此而得。至於萬夫有川，而川上之路周其外，其與夫匠人井田之制，遂、溝、洫、澮亦皆四周，則阡陌之名，疑亦因其橫縱而命之也。然遂廣二尺〔一〕，澮二尋，則丈有六尺。徑容牛馬，畛容大車，涂容乘車一軌，道二軌，路三軌，則幾二丈矣。此其水陸占地不得爲田者頗多，先王非虛棄之，所以正經界、止侵爭、時蓄泄、備水旱，爲永久之計，有不得不然者。商君以其急刻之心，行苟且之政，盡開阡陌，悉除禁限，而聽民兼併買賣，以盡人力；墾闢棄地，悉爲田疇，而不使其有尺寸之遺，以盡地利。蓋一時之害雖除，而千古聖賢傳授精微之意，於此盡矣。」又曰：「所謂開者，乃破壞剗削之意，而非開置建立之名。所謂阡陌，乃三代井田之舊，而非秦之所置矣。」

今按：朱子此說，則阡陌但可言於貢法，而不可言於井田。蓋井田以九起數，其疆畔無所謂「百夫之涂，千夫之道」也。意者以百計步者，則以陌名；以千計步者，則以阡名。因一夫之田，而別其廣狹耳，豈以百夫、千夫之故哉！

〔一〕原作「遂廣一尺」，據朱子文集卷七十二改。

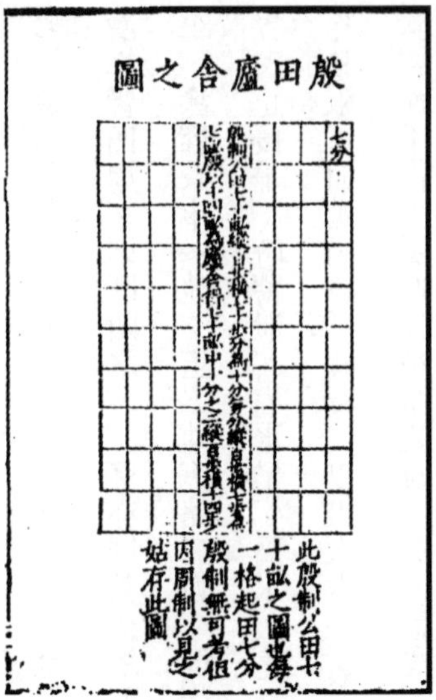

周田廬舍之圖

一畝

周制：公田百畝，中以二十畝爲廬舍，得百畝中十分之二。

此周制公田百畝之圖也。每一格起田一畝，畝以横一步，直長百步爲法。畝水入遂，故廬舍之地宜如畝法。若以二十畝居四界之中，則當方四畝四分七厘强，所餘田不合一畝三畎之制矣。

殷田廬舍之圖

七分

殷制：公田七十畝，縱百步，横七十步。分爲十分，每分縱百步，横七步，爲七畝。殷以十四畝爲廬舍，得七十畝中十分之二，縱百步，横十四步。

此殷制公田七十畝之圖也。每一格起田七分，殷制無可考，但因周制以見之，姑存此圖。

春秋穀梁傳曰：「古者三百步爲里，名曰井田。井田者九百[一]，公田居一。公田爲居，井竈葱韭盡取焉。」

班固曰：「理民之道，地著爲本。故必建步立畝，正其經界。六尺爲步，步百爲畝，畝百爲夫，夫三爲屋，屋三爲井，井方一里，是爲九夫。八家共之，各受私田百畝，公田十畝，是爲八百八十畝，餘二十畝以爲廬舍。環廬樹桑，菜茹有畦，瓜瓠果蓏殖於疆場。在野曰里，在邑曰廬。[二]春則令民畢出在野，冬則畢入於邑。」

何休曰：「一夫一婦，受田百畝，以養父母妻子。公田十畝，廬舍二畝半，凡爲田一頃十二畝半。八家而九頃，共爲一井，故曰井田。」

趙氏曰：「古者一夫一婦，受私田百畝，公田十畝。八家是爲八百八十畝，餘公田二十畝，八家分之，得二畝半以爲廬舍，城邑之居亦各得二畝半。廬各在其田中，而里聚居也。」[三]

[一] 「九百」，春秋穀梁傳宣公十五年作「九百畝」。
[二] 「在野曰里，在邑曰廬」，漢書卷二十四食貨志作「在壄曰廬，在邑曰里」。
[三] 自「古者一夫一婦」至「餘公田二十畝」，見孟子梁惠王章句上孫奭疏。「得二畝半以爲廬舍，城邑之居亦各得二畝半」見孟子梁惠王章句上趙岐注，作「廬井、邑居各二畝半以爲宅，各入保城二畝半，故爲五畝也」。「廬各在其田中，而里聚居也」，見漢書卷二十四食貨志顔師古注。

今按：「公田爲廬舍」之説起於穀梁，而諸儒遂以「在邑在野，各分二畝半」，以合孟子「五畝」之説。若公田之中去二十畝，止存八十畝，則制禄之時，又當割別井之田以足百畝之數，不惟失先王正經界之意，而又以邑處農民，亦有不便。蓋一夫一婦，食力之小人也，就田斯可以治農業，而死徙無出鄉，又同井者之所安也。冬則入邑，春則出野，雖近郊之地，住近國中，猶以搬運爲煩，不欲輕動；而況遠郊之外，必使遠棄田疇，徙居國邑，人誰樂之。先王立此法，果何義邪！且孟子言五畝之宅，未嘗以爲廬舍也。廬之名，説見後引信南山詩「中田有廬」下。蓋農民所宅，必是平原可居之地，另以五畝爲一處，不占公田也。然亦取於便農功、邇饁餉，去田豈宜遠哉！其所聚居，或止八家，或倍八家以上，各隨便宜，合爲一邑，置堡設城，以相守望，故舉成數言，則有十室之邑、千室之邑。丁男之有妻者爲室，統室爲家，所主在於同井無出鄉而已，非必都邑然後爲邑，而都邑亦豈可以寓農民哉！故農民之宅，與國中之廛不同。農民之宅，鄉里也，即制里而導其妻子養老者也。國中之廛，市廛也，但爲士旅寄居之所，工商懋遷之區而已。而農人入居焉，則徙業無常，非所以安矣。故管子作内政有曰：「四民勿使雜處，則其言哤，其事易。聖王處士，就閑燕；處工，就官府；處商，就市井；處農，就田野。少而習焉，其心安焉，不見異物而遷焉。其父兄之教，不肅而成；其子弟之化，不勞而能。是故士之子恒爲士，工之子恒爲工，商之子恒爲商，農之子恒爲農，農則野處而不暱。」韋昭所謂「國都城郭之域，唯士、工、商而已，農不在焉」，此古法之僅存者也。諸儒但見後世四民混而爲一，遂謂人皆有兩宅焉，此但可以富室踰侈者言耳，豈所以語土著之農夫哉！○又按：四民之中，惟士爲貴。士者，國學之所養也。農、工、賈，雖屬凡民，亦皆有鄉學以申孝弟之義，苟有俊秀則升之太學，以士養之。士之子苟非俊秀，則亦轉而爲農，或爲工賈，各因其材而成就之，不拘其類，亦但歸於有專業而已。有專業則有定居，而謂土著之農夫有時入居於邑，可乎！後別爲五畝宅圖，以明孟子本旨。○又按：周禮載師以「以廛里任國中之地」，鄭玄註謂廛是「民之邑居在都城者」。其下「園廛二十而一」，賈公彦疏直謂廛是「五畝之宅，在國中樹之以桑麻」，則廛里在國中而謂之邑也。趙氏之說，蓋本於此。班固謂「在野爲里」，與鄭註不同，而二畝半在田、二畝半在邑之說，則皆未有以改班固之舊也。據此，則世儒承誤，固不以邑爲農人野處之邑矣。

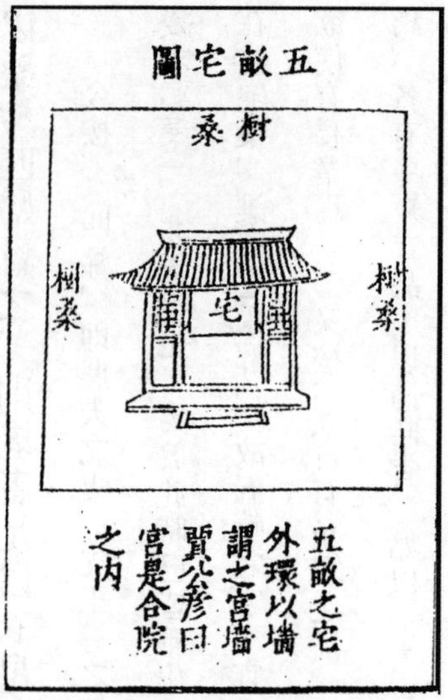

五畝宅圖

樹桑

樹桑　宅　樹桑

五畝之宅，外環以牆，謂之宮牆。賈公彦曰：「宮是合院之內。」

孟子曰：「五畝之宅，樹之以桑，五十者可以衣帛矣。」又曰：「五畝之宅，樹牆下以桑，匹婦蠶之，則老者足以衣帛矣。」

今按：匹婦，即農夫之妻，先王導之使養老者，謂養五十、非帛不暖之人也。故「女執懿匡，遵彼微行，爰求柔桑」，非男事也。男於此時已皆畢出在野，於耜舉趾矣，而婦興蠶事，宜就墻桑。若宅分田、邑二處，則在邑宅桑，誰與之采邪！故五畝之宅，宜爲一處，而便於農事者也。農桑，政之本也，以此專責於農家夫婦，欲使有長業焉。〇又按：古有布縷之征，蓋出於此。夫五畝之宅，不特樹桑治蠶以出帛而已，亦藝麻以緝布焉，各有冬夏二品，以適時宜。姑以一夫百畝家女工計之，大約歲得布帛共二十疋，爲率亦什而取一焉，輸於官者雖輕，亦當有帛一疋、布一疋與絲絮之徵。而所存一十八疋與絲絮之餘，則帛以衣老者，布以衣餘人，絲絮以供他用，皆自治其私焉。夫國都之中，桑麻之地必少，故工賈之受一廛者，不皆五畝之宅，則但通工易事，以械器貨物易粟帛，不聞其自耕自織也。后、夫人雖皆親蠶以衣其夫，顧内外品御之官，吉凶裁制之物，上之則有朝聘之玄纁，下之則有賜予之布帛，用亦衆矣。而國中桑麻之地，懼無以給，此布縷之所以必有征也。若夫軍出於農，衣皆自備，非若後世養兵之有歲給矣。惟旌旗斿旆、纓轡綏幃，凡可以狀軍容、設車飾者，乃爲軍裝之用，必資布帛棉麻耳。是古者布縷之征，不專爲軍需也，其軍中乘車之脩、駟馬之畜，與夫胄盾、甲兵、戈矛、弓矢之製，必兼取於租稅之中，蓋粟米、布帛之餘，皆可以易械器、售匠傭也。至後魏加調布帛以供調外費，而布縷遂目爲軍需之征矣。

詩豳風七月篇曰：「九月築場[一]圃，十月納禾稼。嗟我農夫，我稼既同，上入執宫功。晝爾於茅，宵爾索綯。亟其乘屋，其始播百穀。」

鄭玄箋曰：「場、圃同地，自物生之時耕治之以種菜茹，至物盡成熟，築堅以爲場。」

毛氏傳曰：「入爲上，出爲下。」

今按：此詩即是治五畝之宅也。上入者，自田而上入於宅也。田在下濕之地，宅在高亢之原，出治農功，其事在下，入治居室，其事在上，不必言上入於都邑也。宫者，合院之稱。

詩小雅信南山篇曰：「中田有廬，疆場有瓜。」

鄭玄箋曰：中田，田中也。農人作廬焉，以便其田事，於畔上種瓜。

今按：此所謂廬，蓋八家各於田中小苫茅舍以爲息勞守畝之所，非占公田二畝半而正當其中也，然則何與於五畝之宅哉！後儒緣此遂起公田廬舍之説，誤亦甚矣。疆場種瓜，將於暑月止渴，而菜茹之殖，亦別有指，特班固所傳失真耳。詳見後滕文公問爲國條下。

[一] 原作「場」，據毛詩七月改。

孟子曰：「廛無夫里之布，則天下之民皆悦而願爲之氓矣。」

朱子曰：「周禮謂：『宅不毛者有里布，民無職事者出夫家之征。』鄭氏謂：『宅不種桑麻者，罰之使出一里二十五家之布。民無常業者，罰之使出一夫百畝之税，一家力役之征也。』今戰國時，一切取之。市宅之民，已賦其廛，又令出此夫里之布，非先王之法也。」

慶源輔氏曰：「先王之政，宅不種桑麻，與閒民無職事者，上之人皆有法以抑之。此所以當其盛時，民皆着業而無游手與貧困者，所謂窮民不過鰥寡孤獨四者而已。戰國時，如夫里之布，一切取之，皆末流之害也。」

今按：朱子引周禮及鄭註以釋此文，而輔氏復推廣其義，則似先王真有此罰也，殊不知周禮此條掊克之政耳。已辯見第二卷王畿千里郊野圖下矣。夫游惰之民，本無恒産，先王若欲處之，則勞來勸相，使之務本而已，必不忍遂加以罰。如果不矜其不能，而必加罰焉，則貧游無賴之民，不勝其追徵之爭，將不轉而爲盜哉！大失孟子之意矣。蓋孟子於此言廛，本指遠客寄居邑市，其室纏綿搆結，不在一家五畝之限，即所謂「願受一廛而爲氓」者也。後世流移之民，亦多類此，先王不謂其游食四方而厭棄也。但以文德綏來，使皆樂業，如滕文公與許行以處，而彼得捆屨織席以爲食也。屨席即百工之事鬻於市者，蓋來歸之户，不爲農則爲商矣。王政所謂「市廛而不征」者，豈謂賦廛哉！古者前朝後市，市有常處，散居廛地者，皆官爲之廛，使客至如歸焉。但有司以廛法治之，勿使有廛居之爭而已，雖市地錢亦古所未有，故又曰「法而不廛」。此先王來百工也，而又何有夫里之布乎！及受田爲農，則有夫有婦而成家矣。故里有八家，家有五畝，而後有布縷之征焉。布縷之征出於五畝之宅，婦所納也；粟米之征出於百畝之田，夫所輸也；力役之征出於同井之家，丁所賦也。國家常征有此三者，三者之外，别無征焉，然則布縷及於浮户是横征也。蓋戰國時，田里之賦，日已重繁，必謂民不能堪，而以夫家之布分泒國中，但廛居者盡使出焉，雖未受田成家，而布固不能免矣。後儒解五畝之宅者，有「二畝半在邑」之説，豈緣此而遂附會與？故廛之有布，非常征也；廛而無此，則皆願爲氓。孟子之意，本欲安來歸之户，豈謂其市廛已賦而又重以罰哉！云「夫里」者，夫即一夫之有婦者，里則制五畝之宅以爲里，非二十五家之謂也，皆主乎布縷之征而言耳。廛與五畝之宅異義，孟子蓋各言一處而不以爲通名。以其可相發明，故附於此。○先王不賦廛以來百工，詳見第二卷王畿千里郊野圖引班固説下。

禄田

制禄公田，全得百畝。

圭田

圭田得五十畝

公田存五十畝。

按：禄田自下士百畝起，中士已上，以次倍之。詳見第二卷引孟子班禄圖下。圭田則公田百畝之半也，中分之而已，故其法一

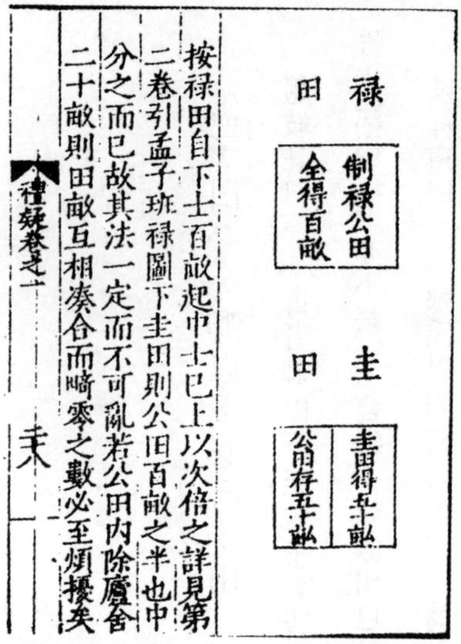
禄田　制禄公田　全得百畝
圭田　圭田得五十畝　公田存五十畝
按禄田自下士百畝起中士已上以次倍之詳見第
二卷引孟子班禄圖下圭田則公田百畝之半也中
分之而已故其法一定而不可亂若公田内除廬舍
二十畝則田畝互相湊合而畸零之數必至煩擾矣
禮疑卷之一

定而不可亂。若公田内除廬舍二十畝，則田畝互相湊合，而畸零之數必至煩擾矣。

孟子曰：「卿以下必有圭田，圭田五十畝。」

趙岐註曰：「古者卿以下至於士，皆受圭田五十畝，所以供祭祀也。圭，潔也。士田故謂之圭田，所謂『惟士無田，則亦不祭』，言紬士無潔田也。井田之民，養公田者受百畝，圭田半之，故五十畝。」

陳祥道曰：「鄭氏以周禮『士田』爲『圭田』，改『士』爲『仕』，其説無據。」

今按：圭田是卿、大夫既死，而使其子孫奉祭祀之田，故無差也。若當卿、大夫、士之身，則三鼎、五鼎之制不同，不可一槩施之，且其禄田亦足以供祭祀，何必更與圭田邪。既死而田禄已收，則與圭田供祭，忠厚之道也。然其子孫之受圭田者，世數當必有差，雖恩禮厚者，亦俟親盡祭絶，則歸於官，無永世僭據之理也。○又按：孟子曰：「有故而去，去三年不反，然後收其田里。」蓋前此猶望其歸，皆古人忠厚待臣之禮也。夫田里者，職分之田宅，田即野外之公田，宅即國中之公廨。可見當時之待卿、大夫、士有田禄，斯有里居矣。然一官去，則一官代之，有分守者也。田里三年不收，其所入誰與掌乎，蓋君存之以待去國之臣之歸耳。及三年不反，而後收之，則歸望已絶，其田里當别受矣。致仕者亦宜有田，數宜減少，而鄭玄以副公、卿、大夫，禄與相埒，此何禮乎！後於王畿千里郊野圖引王制語下已辯其非。觀大雅桑柔之詩曰「好是稼穡，力民代食」，則致仕者固有躬耕食力以同於齊民者矣。其卿、大夫、士既死，無望其復食禄者，則死之後，田里即收以給代者，但以世禄及其子孫，而及其子孫者，亦宜有差。文王仕者世禄之政，必有區分，而今亦無可考焉。惟孟子有曰：「君子之澤，五世而斬。」其即古人不可過之節與？凡此皆所以待賢臣也，若不肖之臣，亦豈槩及哉！以其爲先王忠厚之道，故推禮意而附於圭田之後。

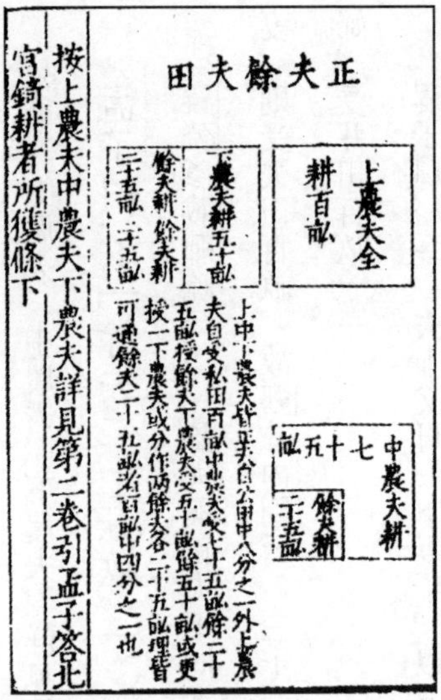

正夫餘夫田

上農夫全耕百畝

下農夫耕五十畝

餘夫耕二十五畝

餘夫耕二十五畝

中農夫耕七十五畝

餘夫耕二十五畝

上、中、下農夫皆正夫。自公田中八分之一外：上農夫自受私田百畝。中農夫受七十五畝，餘二十五畝授餘夫。下農夫受五十畝，餘五十畝，或更授一下農夫，或分作兩餘夫各二十五畝，理皆可通。餘夫二十五畝者，百畝中四分之一也。

按：上農夫、中農夫、下農夫，詳見第二卷引孟子答北宫錡耕者所獲條下。

孟子曰：「餘夫二十五畝。」

賈公彦載師疏曰：「餘夫與正夫不同者，餘夫是年二十九已下，未有妻，受口田，故二十五畝。若三十有妻，則受夫田百畝。故鄭註内則云『三十受田給征役』，鄉大夫註亦云『有夫有婦乃成家』，何休亦云『一夫一婦，受井田百畝』。」

程子曰：「一夫上父母，下妻子，以五口、八口爲率，如有弟，是餘夫也。年十六别受田二十五畝，俟其壯而有室，然後更受百畝之田。」

遂人：「以疆予任甿。」

鄭玄註曰：「甿，民也。疆予，謂民有餘力，復予之田，若餘夫然。鄭司農云：『户計一夫一婦而賦之田，其一户有數口者，餘夫亦受此田也。』」○詳見後三等地圖下。

班固曰：「民受田，上田夫百晦，中田夫二百晦，下田夫三百晦。歲耕種者爲不易上田；休一歲者爲一易中田；休二歲者爲再易下田，三歲更耕之。農民户人已受田，其家衆男爲餘夫，亦以口受田如此。士工商家受田，五口乃當農夫一人。」

賈公彦載師疏曰：「云『士、工、商家受田五口，乃當農夫一人』者，謂其家人亦五口，乃當農夫一人。是五口之内有丈夫，非士、工、商之身也，即曰餘夫。百里内六鄉無地可居，而出耕公邑者也。」

今按：士、工、商家之餘夫，五口當一農，則口受田二十畝也。此臆度之言耳，何所據哉！

陳祥道曰：「先王之於民，受地雖均百畝，然其子弟之衆，或食不足而力有餘，則又有以餘夫任之，此詩所謂『侯彊』，禮所謂『以彊予任甿』者也。然餘夫之田，不過二十五畝，以其家既受田百畝，而又以百畝與之，則彼力有所不逮矣。故其田四分農夫之一，而非謂餘夫亦受百畝之田，如正農夫也。班固謂『其家衆男，亦以口受田如此』，鄭司農謂『户計一夫一婦而賦之，餘夫亦受此田』，其説與孟子不合。賈公彦之徒遂謂『餘夫三十有妻者受百畝，二十九以下未有妻者受田二十五畝』，是附會之論也。」

今按：陳祥道之辯可謂悉矣。然則所謂餘夫者，特以在正農夫之外耳，非以爲十六已上未娶者也。蓋古者，民之俊秀，十五而入大學，則十六歸農夫矣。五十非帛不煖，而養老之政及之，則五十即爲老者，不可以任勞矣。蓋十六受田以至五十，此農夫力耕之時也。周禮鄉大夫謂「國中自七尺以及六十，野自六尺以及六十有五，皆夫家之可任者」，則不知五十以上，乃其休息之期矣，而又安可任乎！然餘夫所以二十五畝者，蓋一夫之力，止可耕田二十五畝，二十五畝者，百畝四分之一也。一家有四夫，則力能全耕百畝；止有三夫者，則僅可耕七十五畝；止有二夫者，則僅可耕五十畝；其外惟有公田焉，而餘田則力有所不逮矣。若一家四夫之外，餘一夫焉，則力能耕而田不足，必須別授二十五畝之田，故以三夫所耕七十五畝之餘，或二夫所耕五十畝餘田之半與之，亦有相通之義焉，皆徹之所以爲徹也。漢晁錯言於文帝曰：「今農夫五口之家，服役者不下二人，能耕者不過百畝。」當其時，雖尚以步百爲畝，然一夫百畝，當今田四十一畝强，豈二人之力所能耕哉！錯蓋本下地任二人而言，非所以通乎中、上也，如此則人必無遺力矣。力必有餘，然後可及藝圃、栽蔬、畜牧、樵采之事，其實百畝之田，四夫耕之，乃不過勞耳。但自受田之長而言，則曰一夫，而或八口，或五口，或以餘夫補數，皆統於其中矣。故四夫耕百畝，三夫耕七十五畝，二夫耕五十畝，此可任之人也。百畝者食九人，或八人；七十五畝者食七人，或六人；五十畝者食五人。此所養之人也。餘夫力能耕田二十五畝，則亦能自養其妻子，豈可以餘夫爲不娶乎！賈氏蓋惑於內則「三十有室，始理男事」之言，遂以二十九以下爲未娶，則男子十六精通，正可及時生育，乃復愆其婚取之期，遲以十五年之久，拂逆人情，莫此爲甚，非聖人對時育物之政矣。但懼早婚之偷，或遇不得已之故，則鰥曠者容亦有之，故至於三十以爲必不可過則可，以爲娶妻之常則不可。越勾踐有女年十七不嫁，男二十不娶，罪其父母之法；漢惠帝有女子年十五以上，至三十不嫁之謫。蓋亦知此意矣。

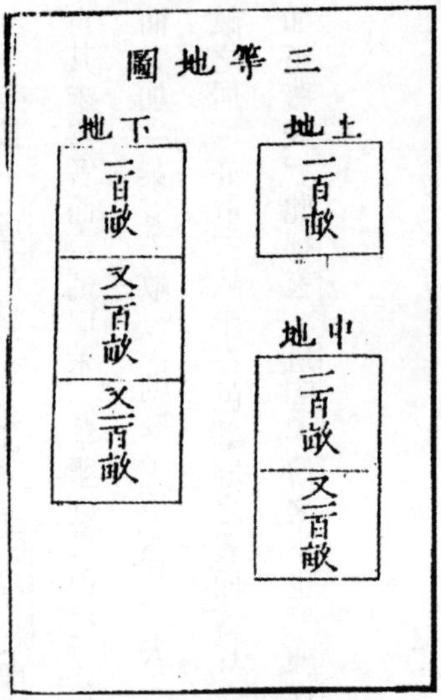

三等地圖

上地一百畝

中地一百畝又一百畝

下地一百畝又一百畝又一百畝

周禮大司徒：「凡造都鄙：不易之地，家百畝；一易之地，家二百畝；再易之地，家三百畝。」

鄭玄註曰：「都鄙，王子弟、公、卿、大夫采地。鄭司農云：『不易之地歲種之，地美，故家百畝；一易之地休一歲乃復種，故家二百畝；再易之地休二歲乃復種，故家三百畝。』」

賈公彦疏曰：「此言畿内都鄙三等采地。」

今按：此即古人覈田之法也，後世量田，宜以此爲準。蓋因田美惡以制其均，則瘠田皆與肥等矣。而鄭玄於小司徒註云：「七人以上，受之上地，所養者衆也；五人以下，受之下地，所養者寡也。」則地之肥瘠，本未通均，而但因人多寡以爲差也，豈不亂疆理而啟弊源哉！惟三等之差，通率爲一，而後田皆得實，穀禄始平，此不但可施於都鄙而已。注疏以都鄙爲采地，蓋一家之偏辭耳。詳見第二卷王畿千里郊野圖引載師語下。」

遂人：「辨其野之土，上地、中地、下地，以頒田里。上地，夫一廛，田百畝，萊五十畝，餘夫亦如之；中地，夫一廛，田百畝，萊百畝，餘夫亦如之；下地，夫一廛，田百畝，萊二百畝，餘夫亦如之。」

鄭玄有註，班固有説，皆見前餘夫圖引遂人條下。

賈公彦疏曰：「此據六遂之中言。」

今按：遂人言三等之地，與大司徒雖詳略不同，而鄉遂、都鄙之田不宜有二。蓋自其已墾者而言則曰田，自其未墾者而言則曰萊，萊墾則爲田矣。蓋當分田之時，或有授萊使其自墾，以足田數者。但上地田百畝足矣，而又加「萊五十畝」，則疑是衍文耳。夫一廛者，蓋指五畝之宅而名之爲廛也。鄭玄以爲在國中之地，而非百畝之居，亦取二畝半在邑纏綿之義而言耳。「亦如之」者，亦如正農夫之數也。餘夫本受田二十五畝，而曰亦如正農夫，此鄭玄、班固誤傳之本也。陳祥道有辯，亦見餘夫圖下矣。此與大司徒所載不同，蓋互文以見義耳。

夏貢五十畝圖

畝

貢田畝法：宜横畎水，流入於遂。遂、溝、徑、畛，並見周貢助圖，圖在後。

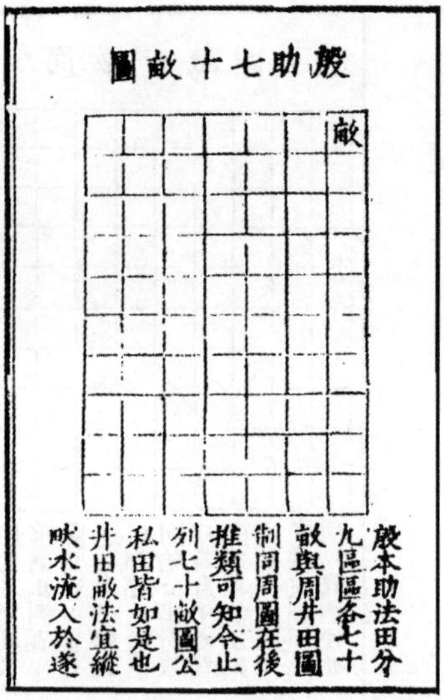

殷助七十畝圖

畝

殷本助法，田分九區，區各七十畝，與周井田圖制同。周圖在後，推類可知。今止列七十畝圖，公私田皆如是也。井田畝法：宜縱畎水，流入於遂。

周徹百畝圖

畝

禮家謂周無貢助，已各有圖在前，茲止列百畝圖，貢助田皆可通矣。慶源輔氏曰：「都鄙用助法，則收公田所入以爲君子之禄；鄉遂用貢法，則使什一自賦以充國家所用。此周所謂徹法也。」

滕文公問爲國。孟子曰：「民事不可緩也。夏后氏五十而貢，殷人七十而助，周人百畝而徹，其實皆什一也。徹者，徹也；助者，藉也。龍子曰：『治地莫善於助，莫不善於貢。貢者，校數歲之中以爲常。樂歲，粒米狼戾，多取之而不爲虐，則寡取之；凶年，糞其田而不足，則必取盈焉。爲民父母，使民盻盻然，將終歲勤動，不得以養其父母，又稱貸而益之。使老稚轉乎溝壑，惡在其爲民父母也？』詩云：『雨我公田，遂及我私。』惟助爲有公田。由此觀之，雖周亦助也。」

朱子曰：「夏時一夫授田五十畝，而每夫計其五畝之入以爲貢。商人始爲井田之制，以六百三十畝之地，畫爲九區，區七十畝。中爲公田，其外八家各授一區，但借其力以助耕公田，而不復税其私田。周時一夫授田百畝。鄉遂用貢法，十夫有溝；都鄙用助法，八家同井。耕則通力而作，收則計畝而分，故謂之徹。其實皆什一者，貢法固以十分之一爲常數，惟助法乃是九一，而商制不可考。周制則公田百畝，中以二十畝爲廬舍，一夫所耕公田實計十畝。通私田百畝，爲十一分而取其一，蓋又輕於什一矣。竊料商制亦當似此，而以十四畝爲廬舍，一夫實耕公田七畝，是亦不過什一也。徹，通也，均也。藉，借也。」

今按：貢、助、徹本無二田於民。所受田中而取其租則謂之貢；就其中留出公田一分，籍民之力以耕，而官收其租則謂之助。徹即是助，助亦通力而作者也。公劉，殷之諸侯也，而其詩曰「徹田爲糧」，則當時亦已謂助爲徹矣。但末世人皆自利不相通融而失助之本意，故周特以徹名，欲人之知有通義耳。然本文止以通解徹，不必更加均義，通則均在其中矣。而田有定分，亦非混而無別也。不然則一井之中，何必畫爲九區；通力之際，何必公事畢然後治私事邪？夫貢，官無常田而歲有常額，猶今之計畝收租也；助則官有常田而租無常額，猶今之就田分稻也。由上奪民時，不得耕耨，而貢法必欲取盈，此貢之所以不善而殷改爲助也。又以上奪民時，不得耕耨，則救死不贍，民不相通，而公田之入薄矣，此又不得不變助爲貢，以取盈也。變助爲貢，魯宣公税畝以後事也。孟子此章，專意欲行助法，使民相通，故以夏后氏之貢起殷之助，以見周之徹亦用助之意，非以徹兼貢、助而以夏、殷起之也。引詩而言「雖周亦助」者，非止謂都鄙助法，蓋當時盡行貢法，而先王之助法無存，故言此以見之也。什一者，通貢、助而言；九一則專以助法言也。自井分九區，八家同養公田而言，則曰九一；自一夫受田，十分取一而言，則曰什一。如周之助法，公田不除廬舍，每夫私田百畝，公田十二畝五分，共一百十二畝五分。十取其一則爲十一畝二分半，内多一畝二分半，則私田之所宜得也。但以公田限於中區之故，私田不可越取以亂田界，故併歸公田。然數屬畸零，不害其爲什一也。若去廬舍二十畝，則每夫爲田一百一十畝，什而取一，當爲一十一畝，其一畝之多者，歸於私田矣。一畝與一畝二分半之餘數，雖大略相當，但去廬舍則公田止八十畝，而凡制禄之法，皆由百畝起，又當割別井公田二十畝以足之，瓜分屑湊，田制難以言不亂矣，故廬舍之説無所取焉。且民取百畝，而公取十畝，則爲十一分之一，非什一矣。惟公取十一畝二分半，乃合什一之法，計所入共九十畝，舉成數亦爲百畝，足食九人，不必割補矣。而其畸零一畝二分半，就與農人結茅憩息，或種菜、築場圃，如詩所謂「中田有廬」者，而後人因有二畝半在田之説歟？然中田之廬，實無與於五畝之宅也。

林氏曰：「禹貢之法，因游豫則視其豐凶而補助之。周制，鄉遂用貢法，亦有司稼之官巡野觀稼，視年之上下以出斂法，其弊未至。如龍子之言，乃當時諸侯用貢法之弊耳。」

朱子曰：「嘗疑孟子所謂『夏后氏五十而貢，殷人七十而助，周人百畝而徹』，恐不解如此。先王疆理天下之初，做許多畎溝澮洫之類，大段是費人力。若自五十而增爲七十，自七十而增爲百畝，則田間許多疆理，都合更改，恐無是理。孟子當時未必親見，只是傳聞如此，恐亦難盡信也。」

今按：朱子此條亦可謂善疑矣，但專主鄭玄遂人、匠人之註，而於孟子之言反不深信，所以卒未能通耳。

夫夏之所以貢者，亦本上古聖人傳心之美意，厚民之良法也，故其巡行猶有補助之政，何不善之可議哉！特其衰世政急，民窮不得以養其父母，則見貢法取盈之害耳，是不若助之善也。故龍子之言，乃變貢爲助之端，以明助不當復貢之意。或謂助法起於黄帝，非也。助法之善，無以加矣，豈有古存此法，而聖如堯、舜乃反變而爲貢邪！故夏之盛時而行貢法，法制未備故也，爲民之公心也；周之衰世而變助法，財用不足故也，利國之私心也。在殷時且以貢爲不善，而况文武之世，反以貢法爲善而兼行之乎！故孟子平時舉文王之政，但曰「耕者九一」，而論王道也，亦云「助而不税」耳，何嘗及於貢哉！且夏之爲貢，未嘗兼助；殷之爲助，未嘗兼貢。豈可謂夏無當助之野，殷無當貢之鄉乎，此可見二法之爲一矣。先王受民之田雖有常數，而草萊之地，聽其自墾，則無禁焉，非若後世之筭盡錙銖，不遺民利也。故夏時地未盡闢，則田少；殷地漸墾，則田增；至周益墾，則田多。以五十畝變爲七十畝，以七十畝變爲百畝，截長補短，隨地制形，不過易一經界而已，豈必截然正方，區分爲九列，如井字整如棋局哉！故仁政必自經界始，孟子之言，可謂得其要矣。其曰「分田制禄，可坐而定」，甚言其易也，此豈虛語哉！後儒止因拘於周禮溝遂之説，取必於方，祇見其難行耳，乃併以孟子之言爲傳聞，則其誤後學甚矣。

使畢戰問井地。孟子曰：「夫仁政必自經界始。經界不正，井地不均，穀禄不平，是故暴君汙吏必慢其經界。經界既正，分田制禄，可坐而定也。請野九一而助，國中什一使自賦。死徙無出鄉，鄉田同井。出入相友，守望相助，疾病相扶持，則百姓親睦。」

今按：此專以分田制禄論井地，可見孟子之意，專在助法也。野，野人所居之地也；國中，君子所居之地也。自井授得九分之一言，謂之九一；自穀禄取什分之一言，謂之什一。助則野人出力以助耕公田，耕不勞於官也；賦則君子就田以自取公税，賦不勞於民也。皆本井地而别言之，實一法耳。禮家傳授失真，誤以九爲助而十爲貢，分爲二制，其意蓋謂地近城郭則曰國中，遠則爲野。故「鄉士掌國中」，鄭司農云「謂國中至百里郊也」；「遂人掌野」，鄭玄云「郊外曰野」，而賈公彦謂「百里外置六遂爲野，自百里外至五百里畿皆曰野」。如此則野得併遂言矣。夫同井而曰鄉田，則鄉與野本通名耳，自舊説一誤，而支離直至於今，惜哉！

夾漈鄭氏曰：「井田之法所以爲良者，以田與賦不相離，雖暴君不能違田而取賦，汙吏不能什一而加多。至秦孝公開阡陌之法，田賦始相離，故所取者不多乎什一，則少乎什一也，其弊至於收太半焉。」

今按：鄭氏此説，足以發明孟子之意，故附於此。

孟子曰：「耕者助而不税，則天下之農皆悦而願耕於其野矣。」

今按：此於耕者但曰「助而不税」，可見王政只在井田，而徹法之不兼貢矣。

春秋宣公十五年：「初税畝。」

胡康侯曰：「孟子曰：『耕者助而不税，則天下之農皆悦而願耕於其野矣。』書『初税畝』者，譏宣公廢助法而用税也。殷制公田爲助，助者，籍也；周因其法爲徹，徹者，通也。其實皆什一也。古者上下相親，上之於下則曰『駿發爾私，終三十里』，惟恐民食之不給也；下之於上則曰『雨我公田，遂及我私』，惟恐公田之不善也。故助法行而頌聲作矣，世衰道微，上下交惡，民惟私家之利，而不竭力以奉公，上惟邦賦之入，而不惻怛以利下。水旱凶災相繼而起，公田之入薄矣，所以廢助法而税畝乎！『初』者，志變法之始也。」

今按：胡氏之説本穀梁，謂其「去公田而履畝，十取其一」，則是變助爲貢也，正與孟子「助而不税」之意相反。若杜預註則曰「公田十取其一，又履畝十收其一」，朱子註論語亦曰「魯自宣公税畝，又逐畝十取其一，則爲十而取二矣」，蓋本杜氏，此與穀梁之説不同。竊意變法之初，未應驟重，但税畝一行，常額遂亂，則斂之漸增，勢所必至，至於哀公十而取二，固非一朝一夕之故，然亦豈可即言於税畝之初哉！後世變助爲貢，自魯宣公始，故附於此。○自此以上，多言田制，但未及畝之所收，今附論之。自漢文帝以前，皆以步百爲畝，李悝言於魏文侯曰：「一夫五口，治田百畝，畝收粟一石五斗，爲粟百五十石。治田勤謹，畝益三斗，損亦如之，則百畝之增，當爲粟百八十石矣。」晁錯言於文帝則曰「農夫五口之家，其服役者不下二人，能耕者不過百畝，百畝之收不過百石」，亦謂粟也。此皆以下地家五人言，而所收有多寡者，勤惰異耳。是農夫之耕穫，不能以皆齊也，若約以上農夫八口之家之力爲常，則百畝之收歲，皆可得粟一百八十石矣。如是則俯仰於此乎資，凶荒於此乎備，庶幾充用，農亦安可以不勤哉！否則國有賦役之征，家有吉凶之費，財力屈而無以爲生矣，百姓不足，君孰與足，可不念歟？帶殼曰粟，一斛曰石。○又按：李悝所謂「百畆之增，當爲粟百八十石」者，本戰國以後之量。其量以「十勺爲合」，則一合當容萬二千黍，「十合爲升，十升爲斗，十斗爲石」，皆由此而積，然與古法不同矣。前漢志云「合龠爲合，龠起於黄鍾之管，中容千二百黍」，合龠則爲黍二千四百，此古法也。或謂孫子筭術以「六粟起一圭，十圭爲抄，十抄爲撮，十撮爲勺，十勺爲合，當容六萬粟」，五十倍於古矣。竊謂孫術「十圭爲抄」之「十」當爲「二」字之誤耳，二圭爲粟十二，積至於合，適得萬二千粟之數也。意此亦必衰世之變制，而後世遂襲用之歟？

讀禮疑圖卷之二

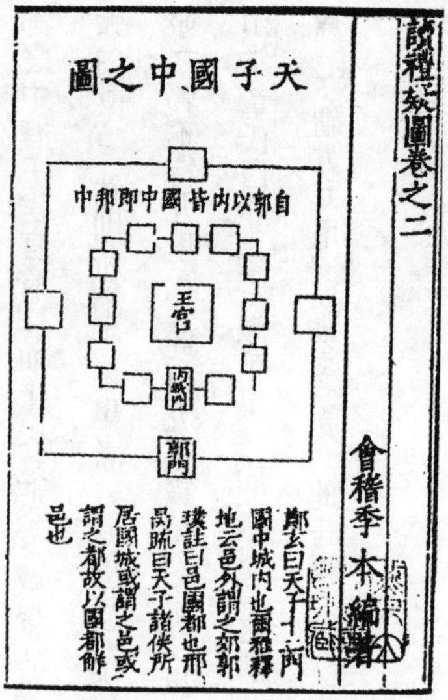

天子國中之圖

自郭以内皆國中，即邦中。

王宫

内城門

郭門

鄭玄曰：「天子十二門。國中，城内也。」爾雅釋地云：「邑外謂之郊。」郭璞注曰：「邑，國都也。」邢昺曰：「天子諸侯所居國城，或謂之邑，或謂之都。故以國都解邑也。」

匠人營國，方九里，旁三門。

賈公彦典命疏曰：「天子城方十二里；公宜九里；侯伯宜七里；子男宜五里。匠人云『九里』，或據異代法也。」

今按：王城或以爲九里，或以爲十二里，本無所據，故鄭玄之解不定，而賈公彦則疑其爲異代法也。然國都之中有王宫官府，而士民之衆，咸聚居焉，九里之城，似不能容，豈匠人所言乃初立國時規制，若今南都之大内歟？然則所謂十二里者，義或近之，而城外之郭，亦宜不止此也。陳祥道直謂「匠人所言乃王之中城，王城之郭不特九里」，此以九里爲城，十二里爲郭也。蓋亦按文生義耳，又何以必知王之外城實有十二里邪！惟山堂章氏曰：「王畿千里之廣，百官之所止舍，四方之所凑會，城中之制，宜以十有二里，然後其廣足以有容焉。」謂方九里，記者之誤，此言得之矣。

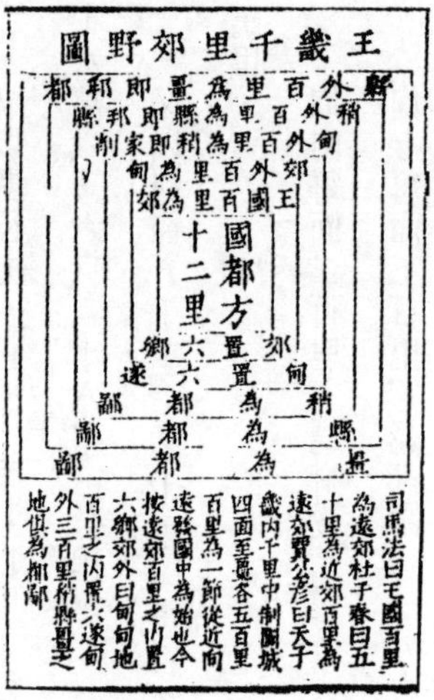

王畿千里郊野圖

縣外百里爲疆，即邦都。

稍外百里爲縣，即邦縣。

甸外百里爲稍，即家削。

郊外百里爲甸。

王國百里爲郊。

國都方十二里。

郊置六鄉。

甸置六遂。

稍爲都鄙。

縣爲都鄙。

疆爲都鄙。

司馬法曰：「王國百里爲遠郊。」杜子春曰：「五十里爲近郊，百里爲遠郊。」賈公彦曰：「天子畿内千里，中制國城，四面至疆各五百里，百里爲一節。從近向遠，發國中爲始也。」今按：遠郊百里之内置六鄉。郊外曰甸，甸地百里之内置六遂。甸外三百里稍、縣、疆之地，俱爲都鄙。

按：孟子曰：「夏后、殷、周之盛，地未有過千里者也。」蓋王畿千里，三代所同，今此圖依周禮分節布筭於後。

王城，禮家以爲方十二里，以十二里乘十二里，得一百四十四里。併筭郊内兩面，徑方二百里，乘二百里，得四萬里。内依禮家説，除山陵、林麓、川澤、城郭、宫室、涂巷，三分去一，得二萬六千六百六十六里三分里之二。

又以甸徑方四百里，乘四百里，得十六萬里。内除郊以内地四萬里，得十二萬里，三分去一，得八萬里。

又以稍徑方六百里，乘六百里，得三十六萬里。内除甸以内地十六萬里，得二十萬里，三分去一，得十三萬三千三百三十三里三分里之一。

又以縣徑方八百里，乘八百里，得六十四萬里。内除稍以内地三十六萬里，得二十八萬里，三分去一，得十八萬六千六百六十六里三分里之二。

又以疆徑方千里，乘千里，得百萬里。内除縣以内地六十四萬里，得三十六萬里，三分去一，得二十四萬里。

甸内每面二百里，爲鄉遂，三分去一，共十萬六千六百六十六里三分里之二。

甸上每面三百里，爲都鄙，三分去一，共五十六萬里。通鄉遂、都鄙，三分去一，共得六十六萬六千六百六十六里三分里之二。

又按：三分去一之説，本王制：「四海之内，斷長補短，方三千里，爲九州共田八十一萬億畝。方百里者，爲田九十億畝，山林、川澤、溝瀆、城郭、涂巷，三分去一，其餘六十億畝。」而鄭玄於三分去一之外，以田有不易、一易、再易，上、中、下三等，通率二而當一，則畿内三分去一，所存六十六萬六千六百六十六里三分里之二，又當折半爲三十三萬三千三百三十三里三分里之一，是去二存一也。每里九夫去二存一，止得三夫，實共得三百萬夫之地耳。然考之孟子「天子之制地方千里，不千里不足以待諸侯」，則畿内千里之地，當計實田，田既損除，用必不足。故王制於此亦言天子之田方千里，公侯田方百里，伯七十里，子、男五十里，言田而不言地。陳澔以爲地有山林、川澤、原隰、險夷之不同，若限以地里而不計田里，則井地不均，穀禄不平矣。此謂三分去一猶不可，而況重以二而當一乎！夫二而當一，但可以此而覈數外之田定實畝，而不可以通數内之田折半虚也。且不易、一易、再易之田折而歸一，亦大約言之，要之不易之田必多，豈其合併三田，適得二而當一之數乎！故鄭氏此説與王制已不合，尤無取焉。

又按：鄭玄鄉士註曰：「其地距王城百里内。」賈公彦遂人疏曰：「遂人主六遂，與司徒主六鄉同，唯在二百里内。」遂士疏亦曰：「六遂之地在二百里中。」故遂外至畿疆，凡三百里爲都鄙，此禮家鄉遂、都鄙之分也。然鄭玄註司徒序官引鄭司農云：「百里内爲六鄉，外爲六遂。」而賈疏又曰：「司徒掌六鄉，在遠郊百里内。遂人掌六遂，在百里外，即其所掌之野，郊外曰野。遂人雖專掌二百里之中，乃兼掌三百里以外也。」此何謂哉？蓋自三百里以至五百里皆都鄙地，以井法制；公卿、大夫三等采地之外皆爲公邑，公邑亦用遂法。故遂人通謂之治野耳。而郊之内置六鄉，邦甸之内置六遂，則各有專掌也。蓋嘗以「魯人三郊三遂」之説例之，則畿内六鄉、六遂不可謂無，但所以有此制者，不過别遠近、均勞佚，如禹貢甸服五百里分五等，以納總、銍、秸服、粟、米之意耳。若其授田制賦，則安可不畫均平之法哉！故近地爲鄉，遠地爲遂，未爲不可，但其立法必以道里爲差，而不以田畝計賦。何則？由百里從中達外，道里之節次雖均，而方積之廣袤異受，外寬中窄，勢不能齊，六遂之賦豈可與六鄉同哉！鄉遂同法，其爲不均甚矣，而況欲以上劑致鄉民，下劑致遂民乎！夫上劑、下劑，猶言重役輕役也，輕重失宜，此何禮邪！故六鄉六遂但可爲道里之遠近言耳，非所以定賦也。若魯以三鄉爲三郊，可見六鄉即是六郊畿内之郊，不但當有百里而已。要之郊有自近國而言者，即謂之國中，此外鄉地未盡，則猶郊野而皆名爲野矣。禮家國中、野外之别，其以此歟？則野之爲義，外當爲遂，而内實有鄉焉，如此然後合於三郊三遂之義，鄉遂之外，别無都鄙矣。齊桓公内政：五家至於五鄉，如鄉之法；五鄙至於五屬，如遂之法。亦以鄉遂盡國之境，蓋古法猶有存者。周禮設官，雖以鄉、遂分爲二職，然其序郊、甸、稍、縣、都之地，亦未明言孰爲鄉、孰爲遂也。特註家强分四等公邑之説，而穿鑿支離，反使人難曉耳。夫周禮煩猥不經，固足以惑世，而鄭玄諸儒，其失尤甚，寧不爲周禮之罪人哉！餘詳見第三卷軍制圖引閟宫詩下。

周禮載師：「以廛里任國中之地，以場圃任園地，以宅田、士田、賈田任近郊之地，以官田、牛田、賞田、牧田任遠郊之地，以公邑之田任甸地，以家邑之田任稍地，以小都之田任縣地，以大都之田任疆地。」

鄭玄註曰：「廛里者，若今云邑里居矣。廛，民居之區域也。里，居也。圃，樹果蓏之屬，季秋於中爲場。樊圃謂之園。宅田，致仕者之家所受田也。士相見禮曰：『宅者在邦則曰市井之臣，在野則曰草茅之臣。』士讀爲仕，仕者亦受田，所謂圭田也，孟子曰：『自卿以下必有圭田，圭田五十畝。』賈田，在市賈人其家所受田也。官田，庶人在官者其家所受田也。牛田、牧田，畜牧者之家所受田也。公邑，謂六遂餘地，天子使大夫治之，自此以外皆然。家邑，大夫之采地。小都，卿之采地。大都，公之采地，王子弟所食邑也。疆，五百里，王畿界也。皆言任者，地形不方平如圖，受田邑者，遠近不得盡如制，其所生育賦貢，取正於是耳。以廛里任國中，而遂人職授民田，夫一廛田百畝，是廛里不謂民之邑居在都城者與？」

賈公彦疏曰：「廛里，後鄭以孟子『五畝之宅』及遂人『夫一廛』解之。」

陳祥道曰：「郊之内制六鄉七萬五千家，而宅田、士田、賈田在近郊，官田、牛田、賞田、牧田在遠郊，皆任其餘地。邦甸之内置六遂七萬五千家，而公邑任其餘地。家削、邦縣、邦都以封公、卿、大夫與王之子弟，而三等采地之外，其餘亦爲公邑。公邑有四而特曰『公邑之田任甸地』者，言公邑始於此也。蓋公邑，閒田也，故天子使大夫治之。」

今按：鄉遂、都鄙之民，皆有宅在廛里，故疏併引孟子、遂人二言爲證，以明二畝半在邑之廛也。但孟子言市廛，專指士民寄寓之處，百物懋遷之區耳，農夫入居其間，不便孰甚焉！大抵此經所載，多非先王之制，蓋凡仕者所受，不論宅、士與賞，皆助法之公田，而庶人在官者之禄，亦公田之所及也。賈人自治末業，牛、牧自有牧地，皆無在鄉受田之理，今六鄉餘地有七等之田，得非衰世瀆亂之事與？惟家邑任稍，小都任縣，大都任疆，皆爲采地，則本都鄙井田而言，庶幾近之。然亦豈可限其爲大夫在稍，卿在縣，而公在疆邪！又註謂「六遂餘地，天子使大夫治之」，見六鄉、六遂各七萬五千家民所受地也。鄉之餘地既爲宅、士、賈、官、牛、賞、牧田；遂之餘地與稍、縣、都采地封國之餘則爲四等公邑。皆有大夫治之，掌其賦税以入於天子。蓋自遂以外公邑皆如遂也，故曰「自此以外皆然」。此以鄉遂、都鄙分爲二法，公邑又與遂同，皆繁瑣難行之事，豈可以爲均平天下之常道哉！

凡任地，國宅無征，園、廛二十而一，近郊十一，遠郊二十而三，甸、稍、縣、都皆無過十二，桼林之征二十而五。

鄭玄註曰：「征，税也。國宅，凡官所有宫室，吏所治也。國税輕近而重遠，近者多役也。園廛亦輕之者，廛無穀，園少利也。」

賈公彦疏曰：「國宅無税者，謂城内官府治處無税也。園廛二十而一者，園即上『場圃任園地』，廛即上

『廛里任國中之地』，併言之以其出税同故也。近郊十一者，即上『宅田、士田、賈田在近郊』者，同十一而税也。遠郊二十而三，即上『官田、牛田、賞田、牧田任遠郊之地』，同二十而税三也。甸、稍、縣、都皆無過十二者，即上『公邑之田任甸地』至『任疆地』，四處皆無過十而税二。但上言『公邑之田任甸地』，甸地之中兼有六遂。其稍、縣、都言家邑、小都、大都三等采地爲井田助法，則三者之中皆有公邑。故此十二者，除三等采地而言，以其鄉遂、公邑皆爲貢法故也。廛無穀、園少利者，以其廛五畝之宅在國中，樹以桑麻，是『廛無穀』。園則百畝田畔，家有二畝半以爲井竈，種葱韭及瓜，是『園少利』。田畔種瓜，瓜成又入其税，天子剝削之，淹漬以爲菹，是園、廛皆有税之事也。」

今按：孟子：「市廛而不征」，則不但國宅無征也。而謂園、廛皆二十而一，豈先王之制乎！况三代貢、助不同，而實皆什一。什一，天下之中正，多則桀，而寡則貉者也。故公羊亦謂「什一而税爲正」，今以甸、稍、縣、都爲十而取二，則爲大桀、小桀矣。至於柰林之税二十而五，此文王之政所無也。夫林麓、川澤以時入而不禁，何嘗重柰林之税乎！賈公彦不悟其非，强爲之解，遠郊以上，既仍周禮之失，而又以采地、公邑分爲二税；至謂周禮税法據王畿，公羊税法據侯國，益見其支離耳，何一之可通乎！山齋易氏又謂此皆任地之賦，非任田之法，亦非也。蓋市廛既不征矣，任田之外，惟有五畝之宅出布縷之征耳，要之亦當以什一爲限，舍此别無所征，而又可加重邪！

凡宅不毛者有里布，田不耕者出屋粟，民無職事者出夫家之征。

賈公彦疏曰：「草木爲地毛。民有五畝之宅，廬舍之外不樹桑麻之毛者，罰以二十五家之税。布謂口率出泉，漢法口百二十也。云『凡田不耕者出屋粟』者，夫三爲屋，民有百畝之田，不耕墾種作者，罰以三家之税粟。云『民無職事者出夫家之征』者，此則大宰『閒民無常職，轉移執事』之人，雖不事當家田宅，無可賦税，仍使出夫税、家税之征，以勸之使樂業也。」

今按：夫三爲屋，謂一井九夫中之三家也。里謂五鄰之里，非方里而井之里也。先王時無失業之民，以其教養備也，民雖慢游，不事本業，則亦戒之用休，以作其勤，董之用威，以警其惰，八家自相友助，夾持使歸於善，必不遂加以罰也。至其末世，始有罰者，則亦責其常職之所當供者足矣，而反加重焉，何以堪命，此酷吏任情之政也，民安得不轉而爲盜乎！禮家之言不足深信明矣。詳見第一卷五畝宅圖下。

周禮：「太宰之職，以九賦斂財賄：一曰邦中之賦，二曰四郊之賦，三曰邦甸之賦，四曰家削之賦，五曰邦縣之賦，六曰邦都之賦，七曰關市之賦，八曰山澤之賦，九曰幣餘之賦。」

鄭玄註曰：「賦謂口率出泉也。『鄉大夫以歲時登其夫家之衆寡，辨其可任者，國中自七尺以及六十，野自六尺以及六十有五，皆征之』，謂此賦也。邦中、邦甸、家削、邦縣、邦都，此平民也。關市、山澤，謂占會百物。幣餘，謂占賣國中斥幣。皆末作當增賦者。」

賈公彥疏曰：「計口出泉，無泉者取財賄，以當筭泉之賦，此口賦非地稅。如漢法出口賦錢，人百二十以
爲筭也。『邦中在城郭』至『邦都五百里』，此即載師遠郊、甸地、削地、縣地、疆地之等，遠近之差。家削、
邦縣、邦都中有公卿、大夫采地，賦皆入其主家，采地外爲公邑，公邑之民則出泉入王家也。已上六處皆是平
民，先王以農爲本故也。然〔一〕關市、山澤、幣餘不在上六處，非農民爲末作也。關市、山澤，謂關上以貨出入，
有稅物；市亦有稅物；山澤民入山澤取財，亦有稅物。此人出稅以當邦賦所稅得之物，貯之而官未用，有人
占會取之，爲官出息。幣餘，謂給公用之餘。凡百官所用官物不盡者，歸入職幣，職幣得之，不入府藏，恐久
而朽蠹，則指斥與人賣之，爲官出息。此皆口率出泉，增於農民，若後世賈人倍筭也。」

馬端臨曰：「關市、山澤，後鄭雖有『末作增賦』之說，然於幣餘一項，尚覺牽强。且居關及山澤之民，
未必皆能占會百物以取利者也，盡從而倍征之，可乎？愚以爲自『邦中』至『邦都』，皆取之於民者，其或爲
地賦，或爲口賦，不可知也。『關市』以下，則非地賦，亦非口賦，乃貨物之稅也。關市者，貨所聚，故有賦，
如後世商稅是也。山澤者，貨之所出，故有賦，如後世榷鹽榷茶之類是也。幣餘，則如後世領官物營運之類，
故取其息，息即賦也。」〇又曰：「漢儀註：『人年十五以上至五十六出賦錢，人百二十爲筭。』戶口之賦始於
此，古之治民者有田則稅之，有身則役之，未有稅其身者也。」

〔一〕「然」，原作「對」，據周禮大宰疏改。

今按：漢法「人筭一百二十」，非自漢始，亦因九賦而以賦爲名耳。九者之賦，即春秋用田賦之所變也。計田而出則曰田賦，計口而出則曰口賦，但田賦取於有田之人，而口賦則盡乎農工商賈之族，蓋自田賦之後以漸而增矣。九賦多寡之數今不可詳，所存者漢筭一百二十耳。當漢初用莢錢，索隱曰「重三銖」，則今之一錢二分五釐也；杜佑曰「重銖半」，則減半矣。雖不詳其所直，然其名爲治軍并車馬之用，則漢賦實本九賦，故疏曰「如漢口賦也」。詳見第四卷漢初爲口賦下。夫邦中、郊甸、家削、縣都，皆有口賦，此猶平民之有農業者，舍此則工商矣。故關市、山澤，漢幣餘之賦，所以賦工商也。工之取材，商之通貨，皆國用之所必資，官物不用而使人變易，亦府藏之所必出。然估必兩平，未嘗抑奪，先王猶以此爲已煩也，況肯重煩使出口錢乎！古者山林川澤與民同利，但以虞衡主之，使斧斤時入、數罟不入而已。故文王澤梁無禁，而其囿芻蕘者往焉，雉兔者往焉，曷嘗有賦哉！若商賈而取其賦，是征商也，斥占官物而使之出息，是後世舖家和賣之事也，先王寬厚不煩之政必不爲此。曰：然則逐末之民，可使盡無賦與？曰：先王之時，本以務農爲重，但田里有限，而生育無窮，民有閒曠，養將不贍，苟無常業，必至爲非。故欲開其生計，聽爲商賈，使之懋遷有無，阜通百物，而軍賦則取於同井八家之丁，不在商賈也。惟用民之力，則商賈百工，歲亦以三日焉。蓋以古民惟務土著，不利刀錐，與後世不同，謂其離鄉井、去親戚，引重致遠，非人所樂。懼其不來，而財用不足也，則使市利相安，無有强價。其居肆者，則日省月試，既稟稱事，故中庸於百工曰「來」。而文王之政，關市不征焉，但譏察非常，以有司治之，且禁淫巧、抑僭踰，勿使靡財蕩俗，如是而已。征商自賤丈夫始，此正衰世之事也，孟子當戰國時，論王道，未嘗遷就征商之說，故其告戴盈之去關市之征，則曰「何待來年」，欲使天下之商願藏其市，天下之旅願出其塗，此豈掊剋之政能致其然哉！然則先王之寬商賈，反有甚於農民矣。故太宰之九賦，非先王意也。泉與錢同以九賦，與上條載師事相關，故附於此。軍興亦賴商賈懋遷，見第三卷引小司徒井邑丘甸條下。

孟子曰：「市廛而不征，法而不廛，則天下之商皆悅而願藏於其市矣。」

孔穎達曰：「廛，謂公家邸舍，使商人停物於中，直稅其所舍之處價，不稅其在市所賣之物。市內空地曰廛，城內空地曰肆。」

張子曰：「或賦其市地之廛而不征其貨，或治以市官之法而不賦其廛，蓋逐末者多，則廛以抑之，少則不必廛也。」

朱子曰：「廛賦如今貨舖面相似。」

今按：法而不廛，正解廛而不征之意，謂廛是治以廛法，非謂賦廛也。蓋先王時，市地錢亦所不取，以逐末之多寡而異其制，此亦以後世之情億其如此。先王之時，教民務本，民亦嫌於農末，其爲來百工之政，所以濟其養之不足，豈遂加抑乎！若果逐末者多，農人或闕，則亦招復歸家，使承祖業，必不令田里之有虛也，此則抑末之意耳。

孟子曰：「古之爲市者，以其所有易其所無者，有司者治之耳。有賤丈夫焉，必求龍斷而登之，以左右望而罔市利。人皆以爲賤，故從而征之。征商，自此賤丈夫始矣。」

朱子曰：「龍斷，謂岡壟之斷而高也。」

今按：征商起於末世，然孟子告戴盈之去關市之征何待來年，則固未嘗以末世而可遷就也。此二條足以證古者商賈之無賦。

班固曰：「理民之道，有賦有税。税謂公田什一及工商衡虞之入也。賦供車馬甲兵士徒之役，充實府庫賜予之用。税給郊社宗廟百神之祀，天子奉養百官禄食庶事之費。」

師古曰：「賦，謂計口發財。税，謂收其田入也。工商衡虞，雖不墾殖，亦取其税者。工有技巧之作，商有行販之利，衡虞取山澤之林産也。」

今按：工商衡虞，古無取税之法。而車乘戈甲之類，其材則購之商，其製則委之工，皆官自爲之，馬則别有牧地官自畜之，其歲入皆足以充，不資於口賦也。故何休曰「王者畿内千里，租税足以共費，當以至廉無爲率天下」，亦此意耳。夫賦之言武也，因武事而征取於民之名，遂借用以爲征税之賦。陳祥道謂「先王時無筭錢之法，而以此爲征賦總名，非口率也」，其説是已。但賦之本義專爲出軍，故孔子謂仲由「可使治賦」，而鄭玄於小司徒註亦曰「賦謂出車徒給繇役也」，蓋采地之内無口賦出錢入天子之法，故註以賦爲軍賦。然於口賦之說，則未嘗廢焉，故於采地外公邑之民猶以口賦爲筭，而其所謂采地無賦者，又特不賦天子耳，於受地之公卿大夫，固以爲田主而有賦歸之也。由是田賦、軍賦分爲二義，而載師賈疏遂云「口率出泉及軍法乃名賦」，故出力則爲軍賦，出泉則爲口賦。班固所謂「共車馬、甲兵、士徒之役，充實府庫賜予之用者」，皆口賦也。夫口賦者，田賦之變也，而軍賦則別有調發矣。夫賦以出軍，古所謂力役之征也，受田百畝之家，是謂一夫，夫家丁壯多寡不同，力役之征由是出焉，即軍賦也。當其爲農，則既因田講武以時而肄，人人皆可爲兵者也。及賦而爲軍，食則自備於家，器則取給於國，隨所布置，以均勞逸，專官講肄，不限三時，庶幾兵械俱精，可以爲用。故當其宿衛則精選留中，當其城守則列營巡徼，當其征討則部分起旅，當其番下則使之備賓客將迎、輿夫出入、追胥傳遞之用。軍賦之外，惟有冬作一事，所謂用民之力歲不過三日者也，舍此別無力役之征。況軍旅之用，歲入自充，平人又安得復出口賦之泉以充軍需乎！自魯哀公以軍需不足，復賦以田，後遂變爲口賦之法，於是軍賦、口賦分爲兩事，而闔境無不筭之民矣。賦以出軍，詳見第三卷末數條。

春秋哀公十二年：「用田賦。」

胡康侯曰：「古者公田什一，助而不稅，魯自宣公初稅畝，後世遂以爲常而不復矣。至是二猶不足，故又以田賦也。田以出粟爲主而足食，賦以出軍爲主而足兵，今用田賦、軍旅之征，非矣。」

今按：十取三者，就田以取稅也。賦用田者，計田以出財也。故賦者，斂取之名，謂斂取民財以充軍用也。賦本出軍，取於夫家，而田因井授，則固夫家之所以均力也。魯之軍賦，歲以冬征，未有改也，特以軍需不足，故復用田以賦，是增一賦矣。夫天子畿内提封百萬井，姑未暇論。諸侯之國，提封萬井，每井公田百畝，當有百萬畝，每畝約收粟一石八斗，當爲百八十萬石。一井八家，每家姑以匹婦爲率，當爲八萬婦，每婦約收布絹二疋，當爲十六萬疋，而絲絮不預焉。以守宗廟之典籍，如祭祀、宫室、婚姻、死喪，百官之廩禄燕饗、諸侯之幣帛饔飱，與夫賞賜賢勞、存問長老，皆吉凶賓嘉之常禮。至於軍需則有車馬甲兵之備，旌旗戎服之脩，亦未爲大費也。故或取之粟米，或取之布縷，則租税所入，費已足充。況當時又無漕運戍邊之役，量入爲出，自有餘饒，故三年之耕，當有一年之蓄，而何必加賦邪！蓋春秋諸侯，盟會禮繁，兵戈事廣，竭民力以供轉輸，奪農時以虚耕耨，民卒流亡，數因缺乏，則又以田加賦，重困農民，此亦勢所必至也。有若嘗因哀公有「年飢，用不足」之患而告之曰「百姓不足，君孰與足」，安有農民困而可望國用充哉！故民者，邦之本也，爲治者不先愛民節用，使得盡力於農畝而富藏焉，則雖有能爲君倉廩實、府庫充以濟國用，不過取之於逃亡轉死之餘，亦徒以賊民耳，難以言良臣矣。〇畝收粟數見第一卷末。

王制曰：「用民之力，歲不過三日。」

陳澔曰：「用民力，如治城郭、溝渠、宫廟之類，豐年三日，中年二日，無年則一日而已；若師旅之事則不拘此制。」

今按：年歲雖豐，用民力不得過三日，此言深得先王之意。力役之征有二，一則軍旅，一即工役也。工役之事，所用在冬，與軍旅不同。軍旅雖亦以冬，而取其用，則不專在冬也。工役而不以冬，則非時使矣。故應此役者，或以親行，或以雇募。如唐庸法所謂「歲役」，其力不役，則出其役之直以爲役之庸，一從其便而已，此即蘇轍所謂「天下之大興築」也。若夫田間遂溝、洫澮，則皆私田百畝者所自治，無預於力征焉。力征則丁壯皆役，雖工商不免矣。夫當時諸侯，各治其國之役，王畿有役，不過四面五百里之中，無漕運戍邊之事。而以畿内之力計之，則一家可任者大約以四人爲率，則每井當爲三十二人。天子提封百萬井，當爲三千二百萬人，每人役三日，大約以傭銀日三分計之，當爲九分通三千二百萬人，當爲銀二百八十八萬兩。以公侯之國提封萬井計之，亦當有三十二萬人，爲銀二萬八千八百兩，而浮户之數，尚不與焉。況司寇所掌，又有役諸司空之罪人；司厲所掌，又有入於罪隸之男子。如殷之胥靡囚奴、漢之徒隸，以助工役。如此則用民歲以三日，力已足矣，而何後世每以興役爲大患邪！大抵役法失先王之意，而取民違所出之途，民之隱漏者衆，而官之經理者疏耳。餘意與上條同。

周禮均人：「凡力政以歲上下，豐年則公旬用三日，中年則公旬用二日，無年則公旬用一日，凶、札則無力政。」

鄭玄註曰：「政讀爲征，公事也。旬，均也。」

今按：公之爲事，謂公役也。旬之爲均，謂均力也。陳祥道以旬爲十日，謂「冬之一時，旬用三日則爲二十七日，旬用二日則爲十八日，旬用一日則爲九日」，與王制大悖，其說非矣。凶，謂飢荒。札，謂疾疫。當恤其勞，故無力征。穀梁傳曰：「古之君人者，必時視民之所勤：民勤於力，則工築罕；民勤於財，則貢賦少；民勤於食，則百事廢。」即此意也。

周禮：「鄉大夫之職，以歲時登其夫家之衆寡，辨其可任者。國中自七尺以及六十，野自六尺以及六十有五，皆征之。其舍者，國中貴者、賢者、能者、服公事者、老者、疾者，皆舍。」

鄭玄註曰：「國中，城郭中也，晚賦而早免之，以其所居復多役少。野，早賦而晚免之，以其復少役多。征之者，給公上事也。舍，謂復除不收役事也。」

賈公彥疏曰：「夫家，謂男女。七尺，謂年二十。六尺，謂年十五。所征税者，謂築作、挽引、道渠之役及口率出錢。」

陳祥道曰：「筭泉之法，出於後世，先王之時，無有征之者，役之也。以征爲口率，非是。」

今按：孟子言：「野九一，國中什一。」舊説以國中爲百里郊内，而野則郊外自遂至疆也，蓋本鄉士、遂人註。此國中，鄭玄註以爲城郭中，則所指又與前説不同矣。豈以爲郊近城郭，但言城郭而郊即可兼歟？夫國中、野外同一民也，征分二等，理本難通，鄭玄以國中復多役少、野外復少役多爲解，祇見其不均耳。及考之孟子，五十以上皆爲老者，而導其妻子使之養之矣，豈有老不任事之人而責之出賦之理！況民之俊秀，十五而入太學，則其餘十六歸農者有餘夫二十五畝之田，而鄉大夫所言，與此皆不合也，亦烏可信其爲古法哉！陳祥道謂先王無筭泉之法，其說良是，但周禮所言多雜衰世之事，不可謂鄭玄「口賦出泉」之說盡爲誤解禮意也。以九賦註引此文，故附論之。

禮記祭義曰：「古之道，五十不爲甸徒。」

陳澔曰：「四井爲邑，四邑爲丘，四丘爲甸。君田獵則起其民爲卒徒，故曰甸徒。五十始衰，不供此役也。」

今按：甸義見第三卷井邑兵甸圖下。

王制曰：「五十不從力政，六十不與服戎。」

方氏曰：「力政，力役之政也。服戎，兵戎之事也。力政，事之常者，故五十已不從矣。服戎則事之變者，必六十然後不與焉。從，謂行其事也。與，則與之而已。」

今按：老者之役，止於五十，其曰「六十不與服戎者」，謂不得已之兵變，暫使服戎耳，非謂軍賦亦至六十而始免也。祭義、王制二條足以證鄉大夫六十、六十五皆征之失，許慎謂五經說皆不同，無明文可據，而以周征六十及六十五非用民之意，庶幾知周禮之不足信矣。然祭義、王制之言，五十即文王時所謂老者，茲非可據之明文乎！

王制曰：「天子之三公之田視公侯，天子之卿視伯，天子之大夫視子男，天子之元士視附庸。天子之縣內，方百里之國九，七十里之國二十有一，五十里之國六十有三，凡九十三國。名山大澤不以盼，其餘以禄士，以爲閒田。」

鄭玄註曰：「縣，夏時天子所居州界名也。詩殷頌曰『邦畿千里，維民所止』，周亦曰畿。畿內大國九者，三公之田三，爲有致仕者副之爲六也，餘三待封王之子弟。次國二十一者，卿之田六，亦爲有致仕者副之爲十二，又三爲三孤之田，餘六亦待封王之子弟。小國六十三者，大夫之田二十七，亦爲有致仕者副之爲五十四，餘九亦以待封王之子弟。三孤之田不副者，以其無職，佐公論道，雖有致仕，猶可即而謀焉。」

陳澔曰：「此無明證，皆鄭氏臆説。況周制六卿兼公孤，則所餘之田尚多，然如周、召之支子在國者皆世爵禄，則累朝之王子弟，未必盡有所封也。朱子曰：『恐只是諸儒做箇如此筭法，其實不然，建國必因山川形勢，無截然可方之理。』石梁王氏曰：『天子縣內以封者，或三分之一，或半之，又除山川、城郭、塗巷、溝渠，則奉上幾何。』」

今按：載師：「宅田任近郊之地。」鄭註以爲：「致仕者之家所受田。」此言畿內之國即家邑、小都、大都之地也，而三等采地又有致仕者之田，是自相戾矣。且致仕之田禄宜減少，而與公、卿、大夫及王子弟相埒，恐非先王之法也。致仕田禄別見第一卷圭田圖下。

孔穎達疏曰：「禄士包士而言。閒田，周禮所謂『公邑』也。王之子弟有同母、異母親踈之異，親寵者封之與三公同，平常者與六卿同，疏遠者與大夫同，故有三等之差。」程子曰：「先儒母弟之説，蓋緣禮有立嫡子同母弟之文。其曰同母，特爲嫡耳，非以爲加親也。若以同母爲加親，是不知人理，近於禽道也，天下不明斯義也久矣。」

今按：王制本以「公侯田方百里，伯七十里，子、男五十里，不能五十里爲附庸」，故以「天子之三公視公侯而封以百里之國，天子之卿視伯而封以七十里之國，天子之大夫視子男而封以五十里之國，元士則視附庸之封」，而禄士者，以是差焉。然并致仕及王之子弟而封之，故「百里之國九，七十里之國二十有一，五十里之國六十有三，共九十三國」，而禄士之田則在其餘地矣。今計百里者九國，國積萬里，三分去一，得六千六百六十六里三分里之二；九國共積九萬里，三分去一，得六萬里，以除疆之實地二十四萬里，餘十八萬里。七十里者二十一國，國積四千九百里，三分去一，得三千二百六十六里三分里之二；二十一國共積十萬二千九百里，三分去一，得六萬八千六百里，以除縣之實地十八萬六千六百六十六里三分里之二，餘十一萬八千六十六里三分里之二。五十里者六十三國，國積二千五百里，三分去一，得一千六百六十六里三分里之二；六十三國共積十五萬七千五百里，三分去一，得十萬五千里，以除稍之實地十三萬三千三百三十三里三分里之一，餘二萬八千三百三十三里三分里之一。共餘三十二萬六千四百一里，則於禄士數已足支，但不知閒田所入，尚存幾何？其於國家調度之費，喪祭賓客之需，兵興餉餽之供，凶荒不測之備，果能盡足否乎？故鄭氏以此爲殷承夏末采地之制，而謂周爲未聞，則若周制無傳矣。然小司徒註則曰：「采地制三等：百里、五十里、二十五里之國也。」又賈公彦疏曰：「百里國謂大都，五十里國謂小都，二十五里國謂家邑。」載師疏亦曰：「王母弟與庶子與公同，食百里地，在疆；稍疏者與卿同，食五十里，地在縣；又疏者與大夫同，食二十五里，在稍。是謂畿内大國百里，次國五十里，小國二十五里也。」蓋鄭氏以周之畿内、大國、次國、小國無以考其的有幾國，故曰「未聞」。然大抵如王制所言而差之，則百里之國在疆亦九，既如前餘地十八萬里矣。五十里之國在縣亦二十一，則積二千五百里，三分去一，得一千六百六十六里三分里之二；二十一國共積五萬二千五百里，三分去一，得三萬五千里，以除縣實十八萬六千六百六十六里三分里之二，餘十五萬一千六百六十六里三分里之二。二十五里之國在稍亦六十三，則國積六百二十五里，三分去一，得四百一十六里三分里之二；六十三國共積三萬九千三百七十五里，三分去一，得二萬六千二百五十里，以除稍實十三萬三千三百三十三里三分里之一，餘十萬七千八十三里三分里之一。共餘四十三萬八千七百五十里，比於王制所餘三十二萬六千四百一里之數，又多十一萬二千三百四十九里矣。夫鄭氏解禮，本主大司徒「諸公之地方五百里，諸侯之地方四百里，諸伯之地方三百里，諸子之地方二百里，諸男之地方百里」之説，而其天子、公、卿、大夫之采地，實非視公、侯、伯、子、男以爲差也。特以大司徒言「百里之國九，七十里之國二十有一，五十里之國六十有三」，意其後世世禄之子孫彌衆，累朝之子弟日繁，畿内之地必有不充，故以彼爲殷制而於此自立一法以通之。蓋方百里而四分之，則爲方五十里之國四；自方五十里而四分之，則爲方二十五里之國四。以此爲差，蓋臆見耳。而不知王制縣内封國之言，本皆附會。然其所記諸侯封國之等，天子之公、卿、大夫、士視以爲差者，則固有所受也。特視侯者卿，而以爲公；視伯者大夫，而以爲卿；視子、男者元士，而以爲大夫。則傳聞之誤耳。夫公侯百里，伯七十里，子、男五十里，以有宗廟典籍之事，而百民有司之禄賴以出焉，不如此則恐其用度不足耳。若天子畿内之臣，家食之人不多，必無待於一國之用，因能授禄，足以仁其三族斯已矣，何必封以諸侯之國邪！至以二十五里爲國，則不經尤甚焉。故「視」云者，視其所食之禄耳。如大國君田三萬二千畝，卿則視之；次國君田二萬四千畝，大夫則視之；小國君田一萬六千畝，元士則視之。此固周室班禄之制也，觀於孟子所載，得其實矣。王制則嘗聞之而剽竊以爲書者也，周禮則全然不知孟子之説而騁其私智者也。故論周制者，當以孟子爲正。其説詳載於後云。

天子之縣内：方千里者爲方百里者百。封方百里者九，其餘，方百里者九十一。又封方七十里者二十一，爲方百里者十，方十里者二十九；其餘，方百里者八十，方十里者七十一。又封方五十里者六十三，爲方百里者十五，方十里者七十五；其餘，方百里者六十四，方十里者九十六。

孔穎達曰：「畿内本爲天子之有，郊、關、鄉、遂，準擬公、卿、王子弟采邑，故建國數少，餘地多。」

今按：王制此節本因上文封三等采地之國而計其實地也。「餘方百里者六十四，方十里者九十六」，即上文其餘以禄士及爲閒田也，但於内尚當除三分去一之數耳。雖其百里、七十里、五十里爲畿内之封，未必得實，然其意却通鄉遂而言。鄭氏註此，亦未見其專指都鄙，故孔疏亦謂「鄉遂準擬公、卿、王子弟采邑」。及周禮大司徒註乃曰「都鄙，王子弟、公、卿、大夫采地」，載師註又以大夫采地分屬家邑，卿采地分屬小都，公采地分屬大都，而孔疏於此亦不以爲非。遂以二書牽合爲一，而公、卿、大夫采地不得言於鄉遂矣。附論於此，以備參考焉。〇又按：「七十里者二十一，爲方百里者十，方十里者二十九」，則每國當爲四千九百里矣。竊意「四千九百里」當作「五千里」，説見後次國郊野圖下。

王制又曰：「凡九州，千七百七十三國，天子之元士、諸侯之附庸不與。」

孔穎達曰：「此王制之文，殷制也。洛誥傳云：『天下諸侯受命於周者千七百七十三。』與此數同，是周因殷諸侯之數。孝經緯文云：『千八百者，舉成數也。』左氏説：『禹會諸侯於塗山，執玉帛者萬國。』諸侯多少，異世不同。萬國者，謂唐、虞之制也。」

今按：「萬國」之説，於經有之。易曰「建萬國，親諸侯」，又曰「萬國咸寧」，是也。但極其「無思不服」而言，則以萬爲成數。若曰遠近大小之國不止於千而已，必以禹時執玉帛者爲唐、虞諸侯實有萬國之證，則鄭玄之鑿耳。惟其拘於「執玉帛」之文，遂有「九州之地，爲夏方七千里，殷方三千里，而周公復唐、虞之舊亦七千里」。夫謂「夏方七千里」者，以虞書之「五服」牽合於周禮大行人「要服之内，方七千里」也。謂「殷方三千里」者，則又狃於王制「四海之内九州，州方千里」之説也。以其有相牴牾者，故又分爲夏、殷之制。夏、殷相去不遠，而九州之地廣狹遂有如是之不同，豈非過於信古而不求融會貫通之理故邪！書之稱堯則曰「協和萬邦」，稱禹則曰「萬邦之君」，稱湯則曰「誕告萬方」，稱武王則曰「撫萬邦，巡侯甸」，曷嘗以夏、商地有小大而異稱哉！惟云「千七百七十三國」者，雖亦臆説，然以漢制考之，則古田未盡湮晦，分數猶可得而明也。今總計漢時天下之地，「東西九千三百二里，南北一萬三千三百六十八里，提封田一萬萬四千五百一十三萬六千四百五頃。其一萬萬二百五十二萬八千八百八十九頃，邑居、道路、山川、林麓，群不可墾，其三千二百二十九萬九百四十七頃可墾，定墾田八百二十七萬五百三十六頃」。其曰「定墾」者，漢時已墾之實田也。其曰「可墾」者，通計周時井授之田，而荒無者尚在其中也。雖夏后、殷、周之盛，豈有過於漢時幅員之廣哉！然漢以二百四十步爲畝，當周步百之畝二畝四分，每頃當周二百四十畝，可墾之田三千二百二十九萬九百四十七頃，當周七千七百四十九萬八千二百七十二頃八十畝。成周時，畿内提封百萬井，井九頃，爲田九百萬頃除外，尚餘六千八百四十九萬八千二百七十二頃八十畝。以方百里之國提封萬井，爲田九萬頃者約之，當得百里之國七百六十一。其九萬頃之田，中分之則四萬五千頃而爲七十里之國，四分之則二萬二千五百頃而爲五十里之國，不盡八千二百七十二頃八十畝。若止以七十里之國提封田四萬五千頃約之，當得七十里之國一千五百二十二，亦不盡八千二百七十二頃八十畝。又止以五十里之國提封田二萬二千五百頃約之，當得五十里之國三千四十四，亦不盡八千二百七十二頃八十畝。夫大之則爲百里之國七百六十一，中之則爲七十里之國一千五百二十二，小之則爲五十里之國三千四十四，而不盡之田、不成國者不與焉。小大相錯，贏縮相均，或合爲成國，或析爲附庸，則以爲千七百七十三國，雖附庸不與，隨其所分，固宜有之。舉成數而謂之「千八百」國，則自千以上，亦可以舉「萬國」之成數矣。而況聖人聲名施及蠻貊，極於天覆地載，莫不尊親，又安可以侯封限萬國之數乎！夫古之疆理天下者，皆地盡四海，故言禹則曰「外薄四海」，言湯則曰「肇域四海」，言武王則曰「富有四海之内」。三代以後，疆域惟漢最廣，蓋東至於玄菟、樂浪，南至於交趾、九眞，西至於酒泉、張掖，北至於雲中、定襄，四海之内，凡非不毛而可以度田之地，無不有之，則所謂「可墾之田三千二百二十九萬九百四十七頃者」，皆成周幅員内井授之田也。然則「天子方千里，公侯方百里，伯方七十里，子、男方五十里」，皆指可井之實田而言矣，烏得云「三分去一」於其間哉！四夷雖大，皆曰子，以其封域之大而名山大川不在所封之限，則實田止五十里耳，由是而又有以知聖王治夷狄之道焉。當禹之時，聲教所及，地盡四海，而其疆理則止以五服爲制，至五服之外，又别爲區處，故「弼成五服，至於五千，而外薄四海，則咸建五長」而已。若周、漢則盡其地之所至而經畫之，雖漢之經制遠不逮周，而民之易使一也。故蠻夷之國，凡歸化而地非不毛者，聖王皆以中國之禮處之，封其酋長爲子，以列於五等之君。或遷居中國，使之墾田給食，以爲不侵不叛之臣，如春秋時戎子、戎蠻子、赤狄、潞子之類是也。是以韓侯畝籍，行於追貊；召伯疆理，及於淮夷，不以其夷狄而遂謂中國之法所不治也。但其教化之風，既有以開其未悟；而寬大之政，又有以矜其不能。此其所以蠻夷率服而四海永清，豈徒若後世之屯兵遠戍，以術羈縻而已哉！天子有道，守在四夷，蓋近者悅而遠者來，當自養民之政始，民得所養，又安有外侵内叛之慮哉！

大國百里郊野圖

遂外二十里爲都鄙

郊外十里爲遂

國外十五里半爲郊

國都方九里

即鄉在二十里内

遂在三十里内

都鄙在五十里内

此圖本非經見，説多不同。如「百里之國，城方九里」，鄭玄典命注以爲「公之城」也，書傳則兼公、侯而言矣。今且約書傳而爲圖，以見國中、野外之别。後二圖同。

按：百里國之城，書傳以爲方九里，以九里乘九里，得八十一里。併筭郊内兩面，徑方四十里，以四十里乘四十里，得一千六百里，三分去一，得一千六十六里三分里之二。

又以遂徑方六十里，乘六十里，得三千六百里。除郊以内地一千六百里，得二千里，三分去一，得一千三百三十三里三分里之一。

又以鄙徑方百里，乘百里，得一萬里。除遂以内地三千六百里，得六千四百里，三分去一，得四千二百六十六里三分里之二。

遂内三十里爲鄉遂，三分去一，共二千四百里。

遂外二十里爲都鄙，三分去一，得四千二百六十六里三分里之二。

通鄉遂、都鄙，三分去一，共六千六百六十六里三分里之二。

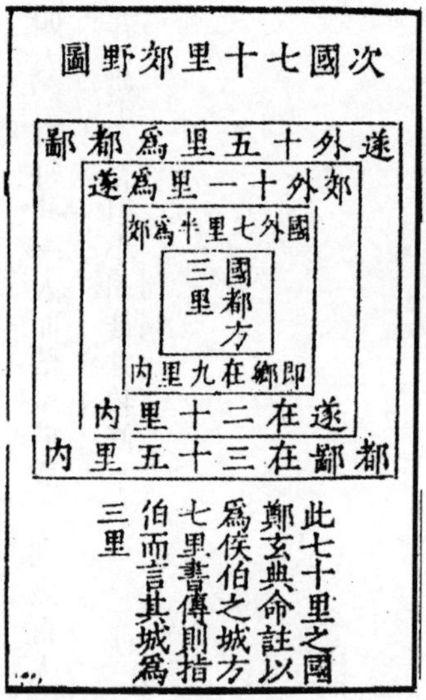

次國七十里郊野圖

遂外十五里爲都鄙

郊外十一里爲遂

國外七里半爲郊

國都方三里

即鄉在九里内

遂在二十里内

都鄙在三十五里内

此七十里之國，鄭玄典命注以爲「侯、伯之城方七里」，書傳則指伯而言，其城爲三里。

按：七十里國之城，書傳以爲方三里，以三里乘三里，得九里。併筭郊内兩面徑方十八里，以十八里乘十八里，得三百二十四里，三分去一，得二百一十六里。又以遂徑方四十里，乘四十里，得一千六百里。除郊以内地三百二十四里，得一千二百七十六里，三分去一，得八百五十里三分里之二。

又以鄙徑方七十里，乘七十里，得四千九百里。除遂以内地一千六百里，得三千三百里，三分去一，得二千二百里。

遂内二十里爲鄉遂，三分去一，共一千六十六里三分里之二。

遂外三十五里爲都鄙，三分去一，得二千二百里。

通鄉遂、都鄙，共三千二百六十六里三分里之二。

又按：「次國方七十里，積四千九百里」，此據王制「七十里者二十一，爲方百里者十，方十里者二十九」而言，後儒多祖其説。竊意七十里之國，當積五千里，開方之，當爲七十里有奇，言「七十」，舉成數耳。蓋公侯之國方百里，提封萬井，爲里者萬；則七十里之伯國，當積五千里，是半於公侯也；子男國方五十里，爲方者二千五百里，又半於伯也。大國三軍則每井當出三人，次國二軍則每井當出四人，小國一軍每井亦當出四人，自每井一人而積至於成，則爲百人。此法畫一而不可亂，不然則制伍出軍之法不合於成出百人之數矣。詳見第三卷引小司徒井牧條下。

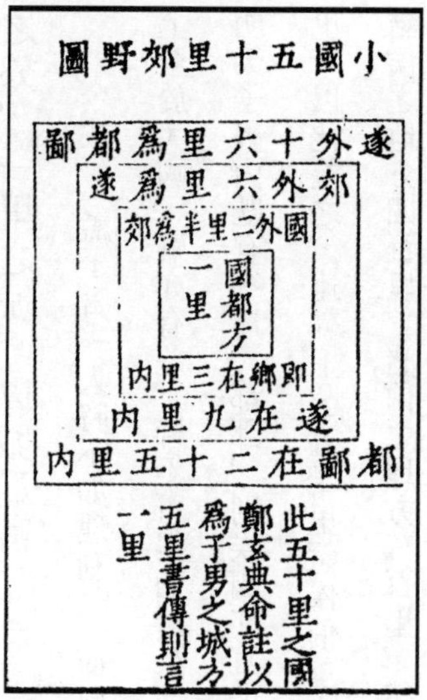

小國五十里郊野圖

遂外十六里爲都鄙

郊外六里爲遂

國外二里半爲郊

國都方一里

即鄉在三里内

遂在九里内

都鄙在二十五里内

此五十里之國，鄭玄典命注以爲「子男之城方五里」，書傳則言一里。

按：五十里國之城，書傳以爲方一里。併筭郊内兩面徑方六里，以六里乘六里，得三十六里，三分去一，得二十四里。

又以遂徑方十八里，乘十八里，得三百二十四里。除郊以内三十六里，得二百八十八里，三分去一，得一百九十二里。

又以鄙徑五十里，乘五十里，得二千五百里。除遂以内地三百二十四里，得二千一百七十六里，三分去一，得一千四百五十里三分里之二。

遂内九里爲鄉遂，三分去一，共二百一十六里。

遂外十六里爲都鄙，三分去一，得一千四百五十里三分里之二。

通鄉遂、都鄙，共一千六百六十六里三分里之二。

尚書大傳曰：「古者百里之國，三十里之遂，二十里之郊，九里之城，三里之宫。七十里之國，二十里之遂，九里之郊，三里之城，一里之宫。五十里之國，九里之遂，三里之郊，一里之城，以城爲宫。」

今按：孟子言「天時不如地利」，而曰「三里之城，七里之郭」，蓋舉小國之城而言其不易攻也。自此而上至於大國，雖亦有差，皆不可得而詳矣。若一里之城，則豈可言於國乎！故書傳之言，亦臆説也。姑存之以明天子畿内既有鄉遂、都鄙，則侯國亦宜準以爲例耳。若鄭玄於聘禮註則曰：「周制：天子畿内千里，遠郊百里，以此差之，遠郊上公五十里，侯伯三十里，子男十里，近郊半之。」此蓋本大司徒「諸公之地方五百里，諸侯之地方四百里，諸伯之地方三百里，諸子之地方二百里，諸男之地方百里」，而於畿内遠近郊之數，約以爲差也。不然，畿外之郊，豈得有五十里之遠哉！夫鄭氏之説，本無經見之文，而大司徒封國之差，亦非先王之制。今其説詳辯於後條下。

爾雅郊外五界之圖

林外十里爲坰
野外十里爲林
牧外十里爲野
郊外十里爲牧
邑外十里爲郊
邑
郊在十里内
牧在二十里内
野在三十里内
林在四十里内
坰在五十里内

此本爾雅妄意分別，與前圖鄉遂都鄙之法數亦不合，特因上引鄭玄「子男遠郊十里」之説而附載之，以備考證耳。

爾雅曰：「邑外謂之郊，郊外謂之牧，牧外謂之野，野外謂之林，林外謂之坰。」

郭璞注曰：「假令百里之國，五十里之界，界各十里。」

邢昺疏曰：「百里之國，國都在中。去境五十里，每十里而異其名，則坰爲邊畔，去國最遠。假令者，據小國言之。郊爲遠郊，牧、野、林、坰，自郊外爲差。然則郊之遠近，計國境之廣狹以爲差也。」

今按：邢昺此疏，蓋本鄭玄「遠郊，上公五十里，侯伯三十里，子男十里」而言也。故以百里爲小國，則認大司徒「諸男百里」爲定制也。郭璞之意，未知果如是否，而昺之信周禮，則不裁於理甚矣。詳見下條。

大司徒之職，凡建邦國：諸公之地，封疆方五百里，其食者半；諸侯之地，封疆方四百里，其食者參之一；諸伯之地，封疆方三百里，其食者參之一；諸子之地，封疆方二百里，其食者四之一；諸男之地，封疆方百里，其食者四之一。

鄭玄註曰：「其食者半、參之一、四之一者，均邦國地貢輕重之等也。必足其國禮俗、喪紀、祭祀之用，乃貢其餘。大國貢重，正之也。小國貢輕，字之也。」

賈公彥疏曰：「諸公之地方五百里，其一國之税天子食其半。諸侯之地方四百里，三分之，天子食其一分。諸伯之地方三百里，其食者參之一，亦與侯同。子男之地皆四之一，謂總得一國之税，四分之，天子食其一分。天子所食者，皆謂諸侯市取美物以貢天子，其公之税有半，侯伯之税有三之二，子男有四之三，皆自入充國家畜積、禮俗、喪紀之用也。」

今按：大司徒封國之里，數自百里而上以至五百里，此可言於末世兼併小國之事，而不可以言先王之制也。陳祥道謂「五百至百里爲兼附庸」，非三等正數，則亦求其説而不得之辭耳。且其所食於諸侯者，多者得其半，其次參之一，雖少亦四之一，其得無以加矣，殊不知先王之懷諸侯，厚往薄來，豈有是哉！況王畿之内，自有租税，不待取於諸侯而後足也。故何休曰：「王者畿内千里，租税所入，足以共費。四方各以其職來貢，足以尊榮，當以至廉無爲率天下。」此得孔門之意者。考於孟子之言，乃見先王之制，而禮家之妄，可以不攻而破矣。孟子之言本於周書，今備載於後。〇又按：小司徒註言「采地食者皆四之一」，疏謂「畿内百里、五十里、二十五里之國皆以田税一入於王，其餘三留自入也」。此因「諸男百里，食者四之一」之文而妄意采地亦當如此耳，故陳祥道疑其不知何據。至於司勳言「凡頒賞地，參之一食」，則税又重於采地法，不畫一矣。此皆臆説，聖人何嘗有是制哉！

周書武成篇曰：「乃反商政，政由舊。列爵惟五，分土惟三。」

孔安國傳曰：「爵五等，公、侯、伯、子、男，公侯方百里，伯七十里，子男五十里，爲三品。」

孔穎達疏曰：「包咸云：『千乘之國，百里之國也，謂大國惟百里耳。』周禮大司徒云：『諸公之地，封疆方五百里，侯四百里，伯三百里，子二百里，男一百里。』蓋是周室既衰，諸侯自以國土寬大，皆違禮文，乃除去本經，妄爲説耳。」

陳祥道曰：「書言舜之受禪曰『輯五瑞，脩五玉，復五器』，言武王之政由舊曰『列爵惟五，分土惟三』，則自唐至周，五等之爵一也。鄭氏釋王制謂『商因夏爵，有公、侯、伯而無子、男』，公羊釋春秋謂『春秋變周從商，合伯、子、男皆稱子』，豈其然哉！」

今按：武成之言本周制也，孟子所論班爵禄，實本於此。雖唐、虞、三代之事無可考，然以虞書「輯五瑞」、周書「政由舊」之言觀之，要亦相因，然與周禮之説則大不侔矣。鄭玄謂「商因夏爵，無子男」，公羊謂「春秋變周從商，合伯、子、男皆稱子」，其妄抑又甚焉！此宜易曉，而後儒乃不深信孟子，何邪！

魯欲使慎子爲將軍。孟子曰：「天子之制地方千里；不千里，不足以待諸侯。諸侯之地方百里；不百里，不足以守宗廟之典籍。周公之封於魯，爲方百里也；地非不足，而儉於百里。太公之封於齊也，亦爲方百里也；地非不足也，而儉地百里。今魯方百里者五，有王者作，在所損乎？在所益乎？」

朱子曰：「儉，止而不過之意。魯地之大，皆併吞小國而得之。有王者作，則必在所損矣。」

今按：天子地不千里、諸侯地不百里則不足用，是言必待有此實地授民以出賦税而後可，雖都邑、苑囿、牧地、里居，猶不當併計於千里、百里之中，若兼山林、川澤、城郭、涂巷在内，以去三分之一，則不足甚矣。然謂之儉，亦非可過者也。魯以侯國，而在戰國時有方百里者五，已所當損，而况諸侯之地方四百里，則爲方百里者十六矣。班固謂「封方三百一十六里，爲諸侯之大者」，則又别立一説也。地皆太廣而非先王之制矣，夫豈若孟子之得實哉！

北宫錡問曰：「周室班爵禄也，如之何？」孟子曰：「其詳不可得聞也。諸侯惡其害己也，而皆去其籍，然嘗聞其略也。天子一位，公一位，侯一位，伯一位，子男同一位，凡五等。君一位，卿一位，大夫一位，上士一位，中士一位，下士一，位凡六等。」

朱子曰：「此班爵之制也。」

天子之制，地方千里，公侯皆方百里，伯七十里，子男五十里，凡四等。不能五十里，不達於天子，附於諸侯，曰附庸。

朱子曰：「此以下班禄之制也。」

詹道傳曰：「附庸，字者方三十里，名者方二十里，人氏者方十五里。」

今按：公侯之地本同一等，伯自爲一等，子男亦同一等。大司徒則公、侯、伯、子、男分爲五等，而其里又太廣，則上文既辨之矣。典命則以上公九命爲一等，侯伯七命爲一等，子男五命爲一等，是侯不與公同等，而降從伯列矣。此與孟子不合者，皆不足信也。

天子之卿受地視侯，大夫受地視伯，元士受地視子男。

趙氏曰：「食采邑於畿内，禄之多少以外諸侯爲差，不言中、下士，視附庸也。」

今按：畿内之臣，鄭玄以爲采地制三等，百里、五十里、二十五里之國，既與孟子視侯、視伯、視子男之説不合，而王制以爲天子縣内封百里、七十里、五十里之國，則王臣地太廣矣。故朱子論下文「君十卿禄」，曰：「蓋君所自爲私用者，至於貢賦、賓客、朝覲、祭享、往來，又别有財儲爲公用。」則公用在禄外，然亦其國内所出也。畿内之臣，公用皆出天子賦内，不必取於其私，若卿、大夫、士之禄而亦封以百里、七十里、五十里，不亦過乎！故「視侯、視伯、視子男」云者，視其所食之禄，非視其國也。已辯見上引王制條下。

大國地方百里，君十卿禄，卿禄四大夫，大夫倍上士，上士倍中士，中士倍下士，下士與庶人在官者同禄，禄足以代其耕也。次國地方七十里，君十卿禄，卿禄三大夫，大夫倍上士，上士倍中士，中士倍下士，下士與庶人在官者同禄，禄足以代其耕也。小國地方五十里，君十卿禄，卿禄二大夫，大夫倍上士，上士倍中士，中士倍下士，下士與庶人在官者同禄，禄足以代其耕也。

徐氏曰：「大國君田三萬二千畝，其入可食二千八百八十人；卿田三千二百畝，可食二百八十八人；大夫田八百畝，可食七十二人；上士田四百畝，可食三十六人；中士田二百畝，可食十八人；下士與庶人在官者田百畝，可食九人至五人。次國君田二萬四千畝，可食二千一百六十人；卿田二千四百畝，可食二百十六人；小國君田一萬六千畝，可食千四百四十人；卿田一千六百畝，可食百四十四人。」

朱子曰：「君以下所食之禄，皆助法之公田，藉農夫之力以耕而收其租。士之無田與庶人在官者，則但受禄於官，如田之入而已。」

今按：下士一位，在班爵内一等，而中士之禄倍下士，則下士謂已仕之臣有田者也。朱子謂「士之無田與庶人在官者，但受禄於官，如田之入」，此非指下士也。蓋宿衛公宫之諸公族，與夫國學所養之賢、樂師所教之瞽，其次則有府、史、胥、徒。府以治藏，如今斗庫；史以掌書，如今吏書；胥以治敘，如今承發；徒以徵令，如今承差。其下如門閽之直，皆於公署中應役者也。其外則有居肆之百工而餼廩焉者，皆爲在官之庶人也。「與同禄」之「與」，猶許也，言庶人在官者之禄，使得與下士同也。謂之「庶人在官」，則事有繁簡，人有衆寡，所重在養，禄宜有差，故云「足以代其耕」，謂不比下士之田定以百畝也。

詹道傳曰：「大國地方百里，積萬里，爲田九十億畝，即九百萬畝，是所謂『提封萬井』也。封者，井之界。提者，總提封内之大數也。萬井之中，除山林、陵麓、溝洫、城郭、宫室、塗邑，三分去一，計三千三百三十三井，井之三之一，外除三百萬畝；實有田六千六百六十六井，井之三之二，每井九百畝，計六百萬畝整。除公田每井百畝，計六十六萬六千六百六十六畝，畝之三之二，此是助法。公田内每井再除二十畝爲八家廬舍，該除一十三萬三千三百三十三畝。公私通收五百八十六萬六千六百六十七畝，私田收五百三十三萬三千三百三十三畝，畝之三之一，公田收五十三萬三千三百三十三畝，畝之三之二。君禄賦田三萬二千畝；大國三卿，每卿各賦三千二百畝，計九千六百畝；大國大夫五人，各賦八百畝，計四千畝；上士九人，各賦田四百畝，共計三千六百畝；中士九人，各賦田二百畝，共計一千八百畝；下士九人，各賦田一百畝，共計九百畝。已上通賦五萬一千九百畝，尚餘四十八萬一千四百三十三畝，畝之三之二，以供國家調度、喪祭、賓客等費，餘則以備凶荒不測之用，所謂『國無九年之蓄曰不足，無六年之蓄曰急，無三年之蓄曰國非其國矣』。次國地方七十里，爲里者四千九百，爲田四百四十一萬畝；三分去一，計爲井一千六百三十三井，井之三之一，爲田計一百四十七萬畝；外實有井三千二百六十六井，井之三之二，爲田計二百九十四萬畝。除公田每井百畝，計三十二萬六千六百六十六畝，畝之三之二。公田内每井再除二十畝爲八家廬舍，該除六萬五千三百三十三畝。公私通實收二百八十七萬四千六百六十七畝，私田收二百六十一萬三千三百三十三畝，畝之三之一，公田收二十六萬一千三百三十三畝，畝之三之二。君禄賦田二萬四千畝；卿田三大夫禄者，大夫之田人八百畝，三大夫禄則計二千四百畝；大夫倍上士者，上士田四百畝，倍之則八百畝；上士倍中士者，中士田人二百畝，倍之則爲四百畝；中士倍下士，則下士田人百畝，倍之則二百畝；下士與庶人同禄，則其田百畝，王制所謂『諸侯之下士視農夫，禄足以代其耕』者也。王制云『次國三卿，下大夫五人，上士二十七人』，古註『士之數，國皆二十七人』，各三分之，上九、中九、下九也。次國三卿，卿二千四百畝，三卿計七千二百畝；下大夫五人，人八百畝，五人計四千畝；上士田，人四百畝，上士九人，則計田三千六百畝；中士九人，賦田二百畝，共計一千八百畝；下士九人，人賦田百畝，九人計九百畝。已上自君田以下，總賦田四萬一千五百畝，尚餘二十一萬九千八百三十三畝，畝之三之二。小國地方五十里，爲里二千五百，爲田二百二十五萬畝；三分去一，計爲井八百三十三井，井之三之一，爲田七十五萬畝；實有井一千六百六十六井，井之三之二，爲田一百五十萬畝。除公田每井百畝，計一十六萬六千六百六十六畝，畝之三之二。公田内每井再除二十畝爲八家廬舍，該除三萬三千三百三十三畝，畝之三之一。公私通實收一百四十六萬六千六百六十六畝，畝之三之二，私田收一百三十三萬三千三百三十三畝，畝之三之一，公田收一十三萬三千三百三址三畝，畝之三之一。君禄賦田一萬六千畝；卿禄倍大夫者，大夫人賦田八百畝，倍之則爲一千六百畝；大夫倍上士者，上士人賦田四百畝，倍之則爲八百畝；上士倍中士者，中士人賦田二百畝，倍之則爲四百畝；中士倍下士者，下士田人賦一百畝，倍之則爲二百畝；下士與庶人在官者同禄，則人賦一百畝也。王制云『小國二卿，下大夫五人，上士二十七人』，各三分之，上九、中九、下九也。小國二卿，每卿田一千六百畝，二卿其賦田三千二百畝；下大夫五人，人賦田八百畝，五人則賦田四千畝；上士九人，人賦田四百畝，九人則計田三千六百畝；中士九人，人賦田二百畝，九人則賦田一千八百畝；下士九人，人賦田百畝，九人則計九百畝。已上自君禄以下，總賦田二萬九千五百畝，尚餘一十萬三千八百三十三畝，畝之三之一也。」

今按：詹道傳之論詳矣。然皆助法之公田，蓋分田制禄主乎助法而言也。其説不以周之徹法兼貢法，但猶仍禮家「三分去一」與「廬舍二十畝」之舊，則未免於遷就。而次國本二卿，乃以爲三卿，小國本一卿，乃以爲二卿，亦不悟其爲附會之説耳。諸侯之國即如詹説，所餘已若是其多，若全計實田，則提封萬井，當有公田九百萬畝，所餘又不止此矣。夫助法，公田什而取一，天下之中正也。古人制用，量入爲出，故大國卿禄四大夫，次國三大夫，小國二大夫，而其君之禄皆十於卿。又大國則立三卿，次國止二卿，小國止一卿，而國事繁簡，因亦繫焉。諸凡輕重之差，皆視國小大，此量入爲出之道也。故三年耕，餘一年之食，九年耕，餘三年之食，國用恒足，不待他求，而小民常賦既輸，晏然無事，其政豈不恬熙歟！周衰，兵革屢起，飲食若流，歲入不充，凶荒無備，故民賦日增，二猶不足，此豈先王立制之過哉！良由不能守法節財，而因出以制入耳。至漢初，量吏禄、度官用，以賦於民，其時約法省禁，租税猶輕，故未見其弊也。後世費出無經，而遂以因出制入爲常，則民不勝其困矣。故量入爲出者，經國之要道也。

耕者之所獲，一夫百畝。百畝之糞，上農夫食九人，上次食八人，中食七人，中次食六人，下食五人。庶人在官者，其禄以是爲差。

今按：此因上文「禄足代耕」而言，與王制序同。「一夫百畝」非謂一夫一婦佃田百畝也，「夫」蓋「九夫爲井」之夫，謂百畝之田爲一夫之地也。百畝之田，一人之力止可以耕二十五畝，則百畝者，四人之力所耕也。全耕百畝者爲上；耕其四分之三，則七十五畝爲中；四分之二，則五十畝爲下。以農夫糞之多寡爲差。上食九人八人、中食七人六人、下食五人者，計其所食之口，而耕田之所獲，適足以供也。力不能全耕百畝者，所餘之田即餘夫所受矣。此以庶人在官者，事有繁簡，則人有衆寡，而禄宜有差，故計農夫所食之數以明所養之節耳。其曰百畝，以夫田之通數而言，豈謂不論人力多寡皆耕百畝，聽其爲惰農而漫無勸督，均齊之法哉！

上中下農夫及餘夫田圖並見前。

周禮小司徒：「乃均土地以稽其人民，而周知其數：上地家七人，可任也者家三人；中地家六人，可任也者二家五人；下地家五人，可任也者家二人。」

鄭氏註曰：「一家男女七人以上，則受之以上地，所養者衆也。男女五人以下，則受之以下地，所養者寡也。止以七人、六人、五人爲率者，有夫有婦然後爲家，自二人以至於十爲九等，七、六、五者爲其中。可任，謂丁强任力役之事者。出老者一人，其餘男女强弱相半。」

賈公彦疏曰：「凡給地有九等〔二〕，此據中地三等。而中地之上，所養者七人，七人之中，一人爲家長，餘六人在，强弱半，强而可任使者家三人。中地之中，所養者家六人，六人之内，一人爲家長，餘五人在，强弱半，不可言可任者二人半，故取兩家併言可任者二家五人。中地之下，所養者五人，五人之内，一人爲家長，餘四人在，强弱半，故云可任者家二人。有夫有婦乃成家，從此二人爲一等，至十人則爲九等，此惟據中地之三等，七、六、五也。」

今按：上地、中地、下地，非如大司徒「造鄙」、遂人「辯野」之論田肥瘠也。蓋自所養者七人而言，則爲上地，猶言上農夫也；自所養者六人而言，則爲中地，猶言中農夫也；自所養者五人而言，則爲下地，猶言下農夫也。鄭氏但見王制有食九人、八人、七人、六人、五人之不同，以爲彼明庶人在官者得禄之差，故止言一等，遂妄意其當有九等，而唯據中三等以釋此文。殊不知禮文所謂家七人、六人、五人者，亦論農夫之三等，而其數乃别是一家之臆説，不可以牽合也，何必强爲之解哉！况以所養之衆寡爲受地上、中、下之差，而賈公彦載師疏遂謂「授民田，家所養者多與之美田，所養者少與之薄田」，則似未嘗通折爲一，而受之者肥瘠不均矣，此與大司徒不易、一易、再易之法，豈不背歟？任，如鄉大夫「辯夫家可任」之任，本爲徒役追胥而發，故舉强壯力田之人數，以見其可任力役之事耳。可任者家三人、二

〔二〕「凡給地有九等」，原作「凡給地有十等」，據周禮小司徒疏改。

家五人與家二人之差，亦是臆説。此因前論上、中、下農夫三等而併及之。此與前引王制「論用民力」一條當互看。

周禮：「大司馬之職，布政於邦國。令賦，以地與民制之：上地，食者參之二，其民可用者家三人；中地，食者半，其民可用者二家五人；下地，食者參之一，其民可用者家二人。」

鄭玄註曰：「賦，給軍用者也。令邦國之賦，亦以地之美惡，人之衆寡爲別。」

今按：此與上引小司徒説同，但小司徒言畿内任力之事，此則言邦國給軍之賦耳，故註以「亦」字别之。其曰「地之美惡」者，以上地、中地、下地論肥瘠也。竊意不然，既以不易、一易、再易之地，通率二而當一，則已無肥瘠之可言矣，乃猶以美惡之故所食不同，則井地不可以語均也，豈不自相戾哉！蓋所謂上地，猶曰上農夫；中地猶曰中農夫；下地猶曰下農夫。其曰「可用」者，謂餘田足供力役之用云耳，義與上條小司徒説同，蓋其立言本旨在於富國强兵，筭民殆盡，大失先王之意。其言所食人數多寡與孟子不合，乃妄意穿鑿，奚足論哉！

王制曰：「國無九年之蓄曰不足，無六年之蓄曰急，無三年之蓄則國非其國矣。三年耕，必有一年之食；九年耕，必有三年之食。以三十年之通，雖有凶旱、水溢，民無菜色。」

今按：天下之財，本有常數，事無大小，用必資焉。豈惟國哉？由君言之，自奉養外，則有國家之經費；由民言之，自衣食外，則有軍賦之更番。此皆歲事之不可廢者。當其凶荒，禮多從殺，役可減輕，而歲事之不可廢者，莫能損少，非有素儲，其何能給。蓋十年之中，或不能無三年之歉，此軍民所以皆當量入爲出，節儉恒持，豈可侈用傷財，不爲遠慮哉！

讀禮疑圖卷之三

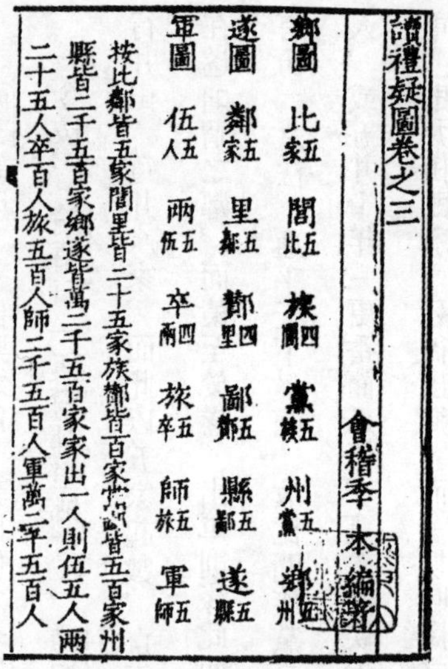
讀禮疑圖卷之三　會稽季本編

鄉圖　比五家　閭五比　族四閭　黨五族　州五黨　鄉五州

遂圖　鄰五家　里五鄰　酇四里　鄙五酇　縣五鄙　遂五縣

軍圖　伍五人　兩五伍　卒四兩　旅五卒　師五旅　軍五師

按比鄰皆五家閭里皆二十五家族酇皆百家黨鄙皆五百家州縣皆二千五百家鄉遂皆萬二千五百家家出一人則伍五人兩二十五人卒百人旅五百人師二千五百人軍萬二千五百人

鄉圖：比（五家）　閭（五比）　族（四閭）　黨（五族）　州（五黨）　鄉（五州）

遂圖：鄰（五家）　里（五鄰）　酇（西里）　鄙（五酇）　縣（五鄙）　遂（五縣）

軍圖：伍（五人）　兩（五伍）　卒（四兩）　旅（五卒）　師（五旅）　軍（五師）

按：比、鄰皆五家，閭、里皆二十五家，族、酇皆百家，黨、鄙皆五百家，州、縣皆二千五百家，鄉、遂皆萬二千五百家。家出一人，則伍五人，兩二十五人，卒百人，旅五百人，師二千五百人，軍萬二千五百人。

大司徒：「令五家爲比，五比爲閭，四閭爲族，五族爲黨，五黨爲州，五州爲鄉。」

遂人：「掌邦之野，五家爲鄰，五鄰爲里，四里爲酇，五酇爲鄙，五鄙爲縣，五縣爲遂。」

鄭玄註曰：「田野之居，其比伍之名與國中異，異其名者，示相變耳。遂之軍法，追胥起役，如六鄉。」

今按：論語曰「與爾鄰里鄉黨」，禮記曰「得罪鄉黨州閭」，則鄉遂比鄰以上之名，蓋古有之。但周徹通行井田，每井八家，而此以五家起數，自不相合，豈周制本以五井各相連保？在鄉則謂之比，而積至於鄉；在遂則謂之鄰，而積至於遂。出軍則緣此而遂爲伍兩卒旅之編歟？蓋井出一家，家出一人，即左傳所謂「廬井有伍」之法，通乎天下侯國。故比閭族黨之名，由此以起，而遂得通稱之耳。若天子畿内，自當以五十井出五人，或五井十年一更番而爲伍，寬於諸侯十倍矣。故其鄉遂之名，亦不異也。若據周禮鄉遂之法而家出一人爲軍，則井田既廢，死徙出鄉，而一切賦民之政也，不太重乎！此與下文小司徒卒伍法當互看。

春秋襄公三十年，左傳曰：「子産使廬井有伍。」

杜預曰：「廬，舍也。九夫爲井，使五家相保。」

今按：一井九夫，除公田一夫，則爲八家。八家之中，若使五家相保，則餘三家，又當割别井二家以凑合成伍矣，豈不紛亂邪！故左傳此言，正可以證「五井各出一家」爲伍之法也。

小司徒之職，頒比法於六鄉，乃會萬民之卒伍而用之：五人爲伍，五伍爲兩，四兩爲卒，五卒爲旅，五旅爲師，五師爲軍。

賈公彦疏曰：「下文云『凡起徒役，無過家一人』，五家爲比，家出一人，則是一比。在軍爲伍，在家爲比[一]。五州爲鄉，萬二千五百家，在軍爲師，亦萬二千五百人。」

今按：此皆六鄉之事也。不言「遂」，其事相同，故鄭玄曰「遂之軍法如六鄉」。古法以萬人爲軍，其曰「萬二千五百人」者，本四師萬人也。後人多加一「師」耳，鄉亦多加一「州」，遂亦多加一「縣」。其義詳辯於後井邑丘甸圖引小司徒井牧田野文下。

以起軍旅，以作田役，以比追胥，以令貢賦。

鄭玄註曰：「田，謂獵也。役，工力之事。追，逐寇也。胥，伺捕盜賊也。貢，謂嬪婦百工之物。賦，九賦也。鄉之田制與遂同。」

今按：役只指田獵之役而言，以爲工力之事則非矣，蓋工役不在軍旅之内。貢賦與後引小司徒「井牧」條下註又不同。賈疏以下條所言是采地之法，故貢但言農衡地事，而采地之内，無口賦出錢入天子之法，故以軍賦言之。其説亦自互異殊，不知周禮之貢賦皆非古法。辯並見第二卷大宰九賦條下。

[一]「爲比」原脱，據周禮小司徒疏補。

乃均土地以稽其人民，而周知其數：上地家七人，可任也者家三人；中地家六人，可任也者二家五人；下地家五人，可任也者家二人。

今按：上、中、下地，猶言上、中、下農夫也。其家之人，即所食者也。可任之人，即其中强力可用者也。前引孟子周室班爵禄下已及此文詳解之矣。

「凡起徒役，毋過家一人，以其餘爲羨，唯田與追胥竭作。」

賈公彦疏曰：「其餘爲羨者，一家兄弟雖多，除一人爲正卒，正卒之外，其餘皆爲羨。竭，盡。作，行也。非直正卒一人，羨卒盡行，以田與追胥之人多故也。此謂六鄉之内，上劑致甿，一人爲正卒，其餘皆爲羨卒。若六遂之内，以下劑致甿，一人爲正卒，一人爲羨卒，其餘皆爲餘夫，饒遠故也。」

今按：上劑，猶言重役，如家有可用者三人，而全役三人也。下劑，猶言輕役，如家有可任者三人，而止役二人也，此終上文「可任」之意。起徒役毋過家一人，賦已重矣，而正卒之外，鄉遂皆有羨卒，雖以遂遠，稍寬餘夫，而凡一家之可任者，大抵皆爲兵矣，民何以得盡力於農畝哉！竊意家出一人者，當於八家中止以一家出一人，其餘則以備正卒之更番也。如盡數夫家，皆出一人，則但可言於本鄉耳。蓋田即豳風「一之日其同」之武功。追胥則同鄉防盗寇之私事也。若其他公家賦役，則已有六軍之正副，而又以起羨卒，是秦法也，豈先王之政哉！軍賦之外，又有工役，亦屬力役之征。别引王制及均人之言，見第一卷王畿郊野圖下。

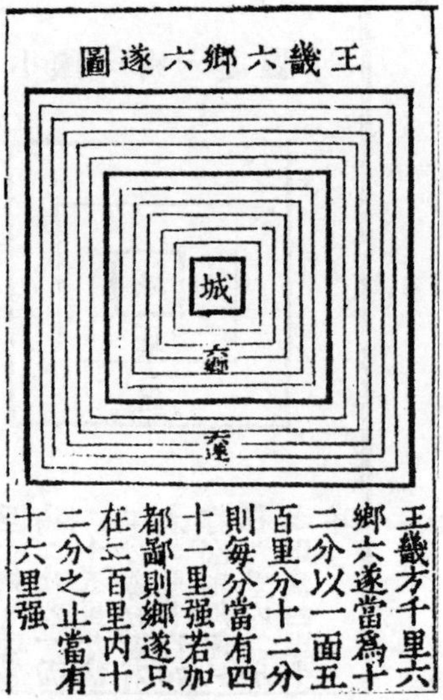

王畿六鄉六遂

城

六鄉

六遂

王畿方千里，六鄉六遂當爲十二分。以一面五百里分十二分，則每分當有四十一里强。若加都鄙，則鄉遂只在二百里內，十二分之，止當有十六里强。

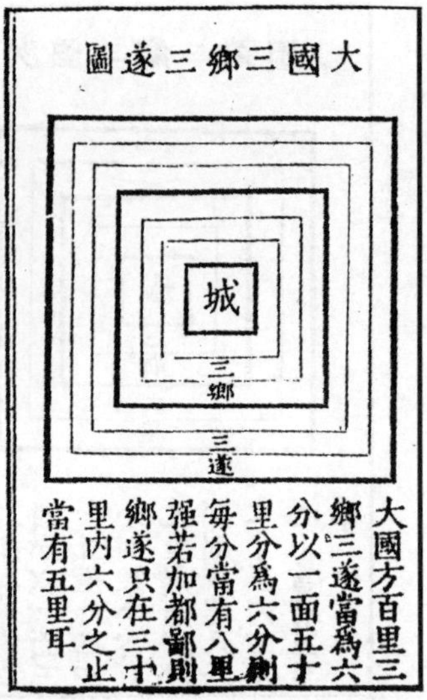

大國三鄉三遂

城

三鄉

三遂

大國方百里，三鄉三遂當爲六分。以一面五十里分爲六分，則每分當有八里强。若加都鄙，則鄉遂只在三十里內，六分之，止當有五里耳。

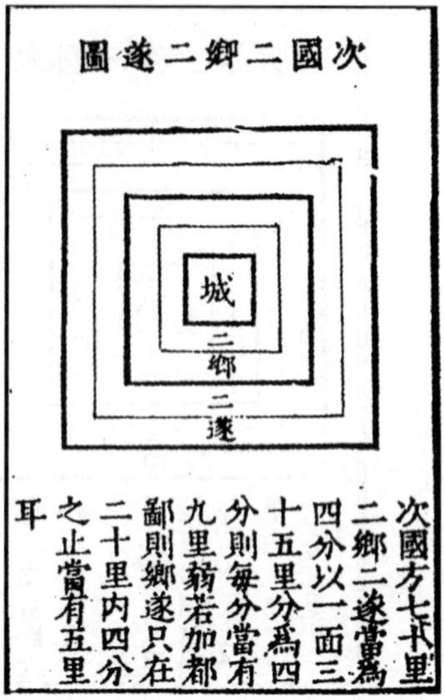
次國二鄉二遂圖
城
二鄉
二遂
次國方七十里二鄉二遂當爲四分以一面三十五里分爲四分則每分當有九里弱若加都鄙則鄉遂只在二十里内四分之止當有五里耳

小國一鄉一遂圖
城
一鄉一遂
小國地方五十里一鄉一遂當爲二分以一面二十五里分爲二分每分當有十二里半若加都鄙則鄉遂只在九里内二分之則爲四里半耳

次國二鄉二遂圖

城

二鄉

二遂

次國方七十里，二鄉二遂當爲四分。以一面三十五里分爲四分，則每分當有九里弱。若加都鄙，則鄉遂只在二十里内，四分之，止當有五里耳。

小國一鄉一遂圖

城

一鄉

一遂

小國地方五十里，一鄉一遂當爲二分。以一面二十五里分爲二分，每分當有十二里半。若加都鄙，則鄉遂只在九里内，二分之，則爲四里半耳。

司馬：「凡制軍，萬二千五百人爲軍。王六軍，大國三軍，次國二軍，小國一軍。二千五百人爲師，五百人爲旅，百人爲卒，二十五人爲兩，五人爲伍。」

鄭玄註曰：「軍、師、旅、卒、兩、伍，皆家所出一人也。天子之軍，周爲六軍，諸侯之大者三軍。詩大雅常武曰『整我六師，以脩我戎』，大雅棫樸曰『周王於邁，六師及之』，此周爲六軍之見於經也。」

又，鄭玄因臨碩〔一〕引詩「六師」之文以難周禮而釋之曰：「春秋之兵，雖累萬之衆，皆稱『師』，詩之『六師』，總謂六軍。蓋師多則以『軍』爲名，次以『師』爲名，少以『旅』爲名。『師』者，舉中之言。然則『軍』之言『師』，乃是常稱，不當以此獨設難也。」〔二〕○此言軍、師可以通稱之意，故朱子曰「六師，六軍也」。

盱江李氏曰：「此則六鄉爲六軍，六遂爲副卒，遂之軍法如六鄉，則六遂亦爲六軍。注疏謂天子六鄉六遂，合有十二軍，而止六軍，何也？蓋六鄉爲正軍，至於大國之三鄉三遂，次國之二鄉二遂，小國之一鄉一遂，莫不皆然。但以王家迭用之，則常六軍耳，故止言六軍。此鄉遂制軍之法。」

今按：萬二千五百人爲軍，當作萬人爲軍，說見前小司徒卒伍法下。鄉遂出軍有正副之說，詳見下文。○

又按：周禮一鄉五州，二十五黨，百二十五族，五百閭，二千五百比，自比長下士以上，其官三千五十六，凡

〔一〕原作「臨穎」，據毛詩棫樸疏改。
〔二〕見毛詩棫樸疏。自「春秋之兵」至「總謂六軍」爲鄭玄答臨碩之辭；自「蓋師多則以軍爲名」至「舉中之言」，爲鄭玄注周易之文；自「然則軍之言師」至「不當以此獨設難也」爲孔穎達之疏。

六鄉之官一萬八千三百三十六一。遂五縣，二十五鄙，百二十五酇，五百里，二千五百鄰，自里宰下士以上，其官六百五十六，凡六遂之官三千九百三十六。總二萬二千二百七十二人。一軍五師，二十五旅，百二十五卒，五百兩，二千五百伍，自伍長下士以上，其官三千一百五十五，凡十二軍之官三萬七千八百六十。雖事有通融，職有兼攝，而官屬亦甚衆矣，若盡其他官數，又可筭乎！唐、虞建官惟百，夏、商官倍，周雖尚文，政多由舊，宜亦不甚相遠也。五家即設一下士爲長，將焉用之，雖以王畿之富禄，必不能供矣。即此一端已可見周禮之謬妄，而謂爲「周公致太平之書」，豈不誤哉！

書費誓曰：「魯人三郊三遂。」

孔穎達疏曰：「三郊三遂，謂魯人三軍。周禮司徒『萬二千五百家爲鄉』，司馬法『萬二千五百人爲軍』，小司徒云『凡起徒役，無過家一人』，是家一人一鄉爲軍。天子六軍出自六鄉，則諸侯大國三軍亦爲出自三鄉也。周禮又云『萬二千五百人爲遂』，則六遂亦當出六軍，鄉爲正，遂爲副耳。鄉在郊内，遂在郊外，諸侯之制亦當鄉在郊内，遂在郊外。此言『三郊三遂』者，三郊謂三鄉也。蓋使三鄉之民，分在郊内，三遂之民，分在郊外，鄉近於郊，故以郊言。」

今按：魯有「三郊三遂」，是諸侯信有鄉遂矣。但鄉遂之所以分，特以約道里之遠近耳，故近國爲鄉，近疆爲遂，則輸納之時，得以均勞佚也。若以分田定賦，則外寬中窄，勢必不齊，故出軍之法，宜通乎一國之田賦，而豈可以鄉遂分哉！禮家於鄉遂之外，又分都鄙而制賦，因亦異焉，則煩瑣甚矣。辯見第二卷王畿郊野圖及後引公劉、閟宮詩下。

詩大雅公劉篇曰：「其軍三單。」

鄭玄箋曰：「大國之制三軍，以其餘卒爲羨。今公劉丁夫適滿三軍之數。單者，無羨卒也。」

孔穎達疏曰：「大國三軍，亦是周制，而謂公劉之時已作三軍者，以三代損益，事多相因，其法與周同也。夏、殷大國百里，周則大國五百里，大小懸絶而軍數得同者：周之軍賦皆出於鄉，家出一人，故鄉爲一軍，諸侯三軍，出其三鄉而已，其餘公邑采地不以爲軍。若夏、殷之世，則通計一國之人總計之。大國百里，爲方一里者萬，爲田九萬夫，田有不易、一易、再易，通率二而當一，半之得四萬五千家。以三萬七千五百家爲三軍，尚餘七千五百，舉大數，故得爲三軍也。次國七十里，爲方一里者四千九百，爲田四萬四千一百夫，半之得二萬二千五十家，二軍當用二萬五千人，少二千九百五十人，以羨卒充之，舉大數亦得爲二軍也。以小國五十里，爲方一里者二千五百，爲田二萬二千五百夫，半之得一萬一千二百五十家，以萬二千五百人爲軍，少一千二百五十人，不滿一軍，舉大數亦得爲一軍也。如此計之，夏、殷國地雖狹，亦得爲三軍矣。」

今按：公劉，殷時諸侯，已有三軍，可見成周「列爵惟五，分土惟三」之制，自虞、夏以來未有改也。特禮家以七十里、五十里之國軍數不足，遂以諸公五百里、諸侯四百里、諸伯三百里、諸子二百里、諸男一百里爲周制，而又附會夏、殷無羨卒之説，是三代之制大相懸絶矣，此豈聖王繼治同道之意哉！蓋公劉詩意，本謂天子六軍則有副卒，而大國但有三軍之單，蓋因成周有天下而追論王迹始基時耳，豈謂諸侯之國亦有副卒之軍邪！〇又按：尚書大傳云：「百里之國，三十里之遂，二十里之郊，九里之城。七十里之國，二十里之遂，九里之郊，三里之城。五十里之國，九里之遂，三里之郊，一里之城。」其數具見第二卷諸侯郊野圖下矣。夫鄭玄論小司徒「井牧之法」，主於一井三家之説；詹道傳論孟子「班禄之制」，則主三分去一之説；而孔穎達此疏，則又專主「二而當一」之説。夫百里之國，以孔氏所用九萬夫之半，蓋通國論三軍之正也，故數尚有餘，而副亦不足，若七十里、五十里之國，則不足又不待言矣，而況於書傳所限鄉遂之法乎！其説眞有不可通者，故委之於夏、殷之制，殊不知公侯方百里，伯七十里，子男五十里，固周制也。禮家本以城郭溝塗三分去一爲定法，雖詹道傳亦所不廢也，孔氏本宗鄭玄者，何以獨遺此乎！又其疏禮坊記則謂「畿内出軍，鄉爲正，遂爲副」，諸侯亦有鄉遂，謂之鄉則每鄉當有萬二千五百人矣，謂之遂則每遂亦當有萬二千五百人矣，謂之三鄉三遂則合之當有七萬五千人矣，是一正一副之數也。而春秋傳疏又謂「諸侯出兵，先盡三鄉三遂，鄉遂不足，然後總徵境内之兵」，則與此疏所謂「諸侯三軍，出其三鄉而已，其餘公邑采地不以爲軍」者，又何其自相牴牾邪！大抵禮家之説，駁雜失眞，孔氏本無定見，故其言多出入耳。且如天子六軍，將以待四方之變，故宜有副，諸侯三軍已足守國，而謂其亦有副，可乎！鄉遂家出一人，賦亦重矣，而都鄙又有計地之兵，兵則太衆，而民何以堪邪！故求「其軍三單」之本旨，而諸説皆不足信矣。餘見下條。

詩魯頌閟宫篇曰：「公車千乘，公徒三萬。」

鄭玄箋曰：「萬二千五百人爲軍，大國三軍，合三萬七千五百人。言三萬者，舉成數也。」

孔穎達疏曰：「大國之賦千乘，司馬法『兵車一乘，甲士三人，步卒七十二人』，計千乘有七萬五千人，則是六軍矣。與下『公徒三萬』數不合者，二者事不同也。禮：天子六軍，出自六鄉，萬二千五百家爲鄉，萬二千五百人爲軍。地官小司徒曰『凡起徒役，無過家一人』，是家出一人，鄉爲一軍。此則出軍之常也。天子六軍，既出六鄉，則諸侯三軍，出自三鄉。下云『公徒三萬』，自謂鄉之所出，非此千乘之衆也。此云『公車千乘』，自謂計地出兵，非彼三軍之事也。二者不同，故數不相合。所以必有二法者，聖王治國，安不忘危，故令所在皆有出軍之制。若從王伯之命，則侯國之大小，出三軍二軍。若其前敵不服，用兵未已，則盡其境内，皆使從軍，故復有此計地出軍之法。但鄉之出軍是正[二]，故家出一人。計地所出，則非常故，成出一車，以其非常，故優之也。」

孔穎達坊記疏又曰：「王畿之内，六鄉之法，家出一人，萬二千五百家爲鄉，則萬二千五百人爲一軍。凡出軍之法，鄉爲正，遂爲副，遂之出軍與鄉同。其公邑出軍，亦與鄉同，故鄭註匠人云『采地制井田，異於鄉、遂及公邑』，則知公邑地制與遂同。其公、卿、大夫采地，既爲井田，殊於鄉遂，則出軍亦異於鄉遂也。故鄭註小司徒：『井十爲通，士一人，徒二人；通十爲成，革車一乘，士十人，徒二十人；十成爲終，革車十乘，士一百人，徒二百人；十終爲同，革車百乘，士千人，徒二千人。』此謂公、卿、大夫采地出軍之制也。其王畿之外，謂諸侯大國三軍，次國二軍，小國一軍，皆出鄉遂，故費誓云『三郊三遂』，是諸侯有遂也。其諸侯計地出軍，則司馬法云『四井爲邑，四邑爲丘，四丘爲甸，出長轂一乘，甲士三人，步卒七十二人』，此謂諸

〔二〕原作「俱鄉之出軍是正」，據毛詩閟宫疏改。

侯邦國出軍之法。」又成元年，春秋左傳疏曰：「古者用兵，天子先用六鄉，六鄉不足取六遂，六遂不足取公邑采地及諸侯邦國。若諸侯出兵，先盡三鄉三遂，鄉、遂不足，然後總徵境内之兵。」

今按：孔氏後疏謂「鄉、遂出兵同法，鄉爲正，遂爲副。則三鄉三遂，各三萬七千五百人矣」。前疏但言「三鄉不及三遂者，舉正以見副，如天子六鄉六遂，正副本十二軍，而止言六軍」云爾。二疏雖言有詳略，本一義也。但其意以鄉遂家出一人爲出軍之常，三鄉則爲正軍三萬七千五百人，故舉成數而言「公徒三萬」耳。若「公車千乘」則别爲一法，不與「公徒三萬」合數，故以甸出一車、甲士三人、步卒七十二人釋之，而曰「諸侯邦國計地出軍之制」。計地者，計井也，蓋又指都鄙而言矣。則鄉出一軍者，三鄉之賦也；甸出一車者，都鄙之賦也。鄉遂家出一人，自爲正副；都鄙則計地出軍，以足千乘。「其賦非常，優之」者，謂六家出一人，輕於鄉遂也。此其爲數，比六軍又加一倍，皆强解耳。殊不知司馬法又言「通十爲成，成百井，革車一乘，士十人，徒二十人」，則一乘總三十人也。一乘總三十人，則千乘當爲三萬人，與魯頌正合，此可見萬人爲一軍矣。但百里之國爲井者萬，當以十井起乘，而不當以百井起耳。以百井起乘，此萬井之所以止得百乘，而禮家遂增國爲三百一十六里之方，賈氏因以司馬此法爲畿地之制歟？如此則與「家出一人」之禮不合，故陳祥道亦謂周家無十家出一人之役，而反以輕賦爲非先王之政矣。自「萬人爲軍」之制不明，而説者紛紛不一，惑亦甚焉。同一國也，同一民也，鄉遂、都鄙，豈可分爲二制哉！其詳已辯於前王畿郊野圖及後井邑丘甸圖下矣。然陳祥道於鄉遂出軍之法與孔疏不同，豈亦有疑其説乎？今載於後而别論之。

陳祥道曰：「諸侯地方百里，其賦雖止於千乘，而兵不過三軍。三軍，五百乘之所出也。千乘，闔境之所出也。何則？鄉萬二千五百家，合三鄉則三萬七千五百家，『凡起徒役，無過家一人』，則三軍爲三萬七千五百人矣。司馬法『兵車一乘，甲士三人，步卒七十二人』，合七十五人，則一卒所餘在後車矣。後卒復以五十人合二十五人爲一車士卒，則所餘五十人，又在後車矣。凡三卒而車四乘，三旅而車二十乘，三師而車百乘，三軍而車五百乘，由此推之，天子六軍則車千乘矣。此車人參兩以相聯糾之法也。詩曰『公車千乘』，又曰『公徒三萬』，則千乘之賦，豈特三軍而已哉！」

今按：鄉遂之軍，孔穎達以爲「家出一人」，則鄉、遂各萬二千五百家是也。而此外都鄙之軍謂之「計地所出」，則甸出一車七十五人是也。陳祥道以其說之不通，則以「百里之國，其賦千乘」爲率，由一車七十五人論之，則千乘得七萬五千人，以家出一人論之，則合三鄉三遂以爲七萬五千人。大國三軍止該三萬七千五百人，而數加一倍者，合三鄉三遂則爲六軍矣。是三鄉爲正，三遂爲副也。但以五百乘爲三鄉所出，五百乘爲闔境所出，其言「闔境」，即以爲三遂矣。此與孔疏鄉遂、闔境之說，所指不同。若其所謂鄉遂皆家出一人，則一而已。三鄉三遂，積至七萬五千人，而以分配千乘，則每乘七十五人，五百乘爲三萬七千五百人，合於三鄉之數。而「每乘七十五人」者，則謂之「車人參兩以相聯糾」，此即臨陣對敵之法也，蓋不主「邦國計地出軍」之說，大略得之矣。然三鄉之外尚有三萬七千五百人，則固三遂之數也，茲亦三鄉之副乎？故曰千乘之賦，豈特三軍，猶天子六軍七萬五千人，止當千乘之數，而萬乘之賦，則亦不止於六軍也。軍而有副，又萬二千五百人之中，數多二千五百，終與「公車千乘」、「公徒三萬」之本文不相湊合，烏足以解後人之惑哉！又其論畿內、郊、甸、稍、縣、都之制，具從鄭玄鄉遂、公邑、采地之分，而於此則似以鄉遂通言諸侯闔境者，豈以邦國制野之法異於畿内歟？此皆不可曉也。諸家論兵與古人合者惟管子耳，今附於後。

管子小匡篇曰：「桓公欲脩政以干時於天下，管子作内政而寓軍令焉。三分齊國，以爲三軍，萬人爲一軍，三軍教士三萬人。」

今按：齊桓軍制與魯頌相合，必古法也。三軍爲三萬人，則天子六軍當爲六萬人矣。周禮以萬二千五百人爲軍，内多二千五百人，豈非妄加之數乎！

論語：「孔子曰：『道千乘之國。』」

馬融曰：「『井十爲通，通十爲成，成出革車一乘』，然則千乘之賦，其地千成，居地方三百一十六里有畸，唯公侯之封乃能容之。」

包咸曰：「道，治也。千乘之國者，百里之國也。古者井田，方里爲井，十井爲乘，百里之國，適千乘也。」

邢昺疏曰：「馬云『唯公侯之封，乃能容之』者，謂諸公之地封疆方五百里，諸侯之地封疆方四百里也。包以古之大國不過百里，以百里賦千乘，計之每十井爲一乘，是方一里者十爲一乘，則方一里者百爲十乘，開方之法，方百里者一爲方十里者百。每方十里者一爲方一里者百，其賦十乘。方十里者百，則其賦適千乘也。

孟子云『公侯之制，皆方百里』，包氏不信周禮有方五百里、四百里之封也。」

三山李氏曰：「按司馬法『六尺爲步，步百爲畝，畝百爲夫，夫三爲屋，屋三爲井，井十爲通，通十爲成，成出革車一乘』，則千乘之地方三百一十六里有畸[一]。若以孟子所言『周公封魯，地方百里』，則無緣有千乘，司馬法之言，不足信也。包氏註論語，以爲『古者井田，方里爲井，十井爲乘』，百里之國，通計萬井，則魯地方百里當有千乘矣。合從包氏說。」

安城劉氏曰：「王制謂『公侯之田皆方百里』，以武成『列爵、分土』之說推之，與王制合，是魯當有百里之土田明矣。而古者以田賦出兵，據司馬法及小司徒之說推之：則成方十里，爲田百井，出車一乘；同方百里，爲田萬井，止出車百乘；十同爲十萬井，始得出車千乘。其十萬井，開方爲方三百十六里餘六十步有畸。然其里數增多，不合於侯封百里之制，故李氏以爲當從包氏之說。」

今按：馬氏引司馬法「成方十里，出革車一乘」之說，則以百井出一車也。然百里之封，爲方十里者百，僅能出百乘，不及千乘之數，則不得不增爲三百一十六里有畸之方，以附於周禮『諸侯封疆方四百里』之說。宜爲三山李氏、安城劉氏所不取焉。唯包氏之註與孟子合，可以見大國之賦，十井出一車，而百井出一車者，則天子畿内之賦也。詳見下條。

[一] 原作「三百六十一里有畸」，據論語學而注、詩傳大全卷二十改。

邑圖

井井

井井

四井方二里則爲邑。

丘圖

邑邑

邑邑

四邑方四里則爲丘。

甸圖

丘丘

丘丘

四丘方八里則爲甸；兩旁各加治洫者一里，共方十里則爲成。

縣圖

甸甸

甸甸

四甸方十六里，加甸旁積四里，方二十里則爲縣。

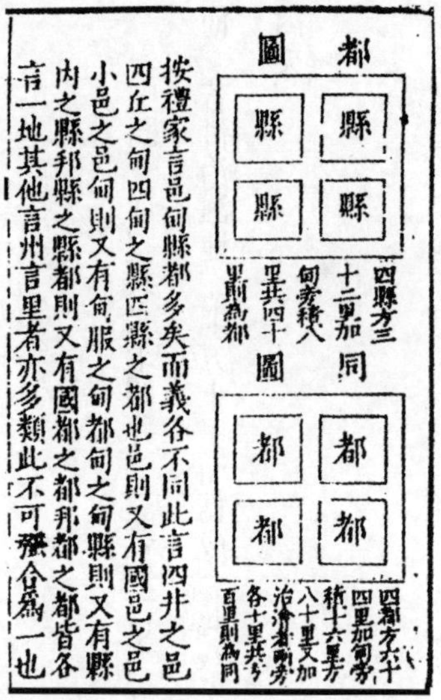

都圖

縣縣

縣縣

四縣方三十二里，加甸旁積八里，共四十里則爲都。

同圖

都都

都都

四都方六十四里，加甸旁積十六里，方八十里；又加治澮者兩旁各十里，共方百里則爲同。

按：禮家言邑、甸、縣、都多矣，而義各不同。此言四井之邑，四丘之甸，四甸之縣，四縣之都也。邑則又有國邑之邑，小邑之邑；甸則又有甸服制甸，都甸之甸；縣則又有縣内之縣，邦縣之縣；都則又有國都之都，邦都之都。皆各言一地。其他言州言里者，亦多類此，不可强合爲一也。

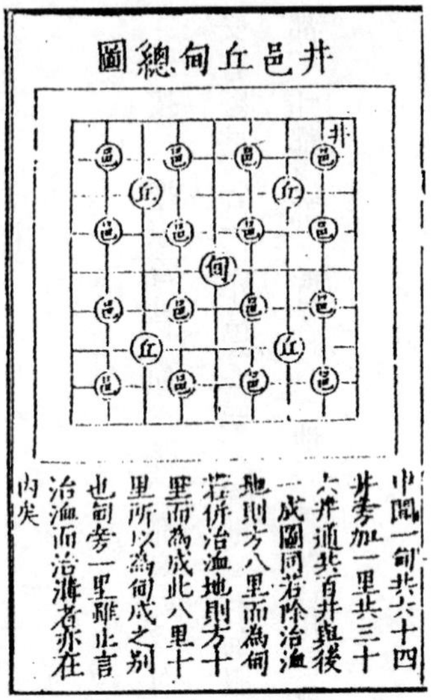

井邑丘甸總圖

井
邑　邑　邑　邑
丘　　丘
邑　邑　邑　邑
甸
邑　邑　邑　邑
丘　　丘
邑　邑　邑　邑

中間一甸，共六十四井；旁加一里，共三十六井。通共百井，與後一成圖同。若除治洫地，則方八里而爲甸。若併治洫地，則方十里而爲成。此八里、十里所以爲甸、成之别也。甸旁一里雖止言治洫，而治溝者亦在内矣。

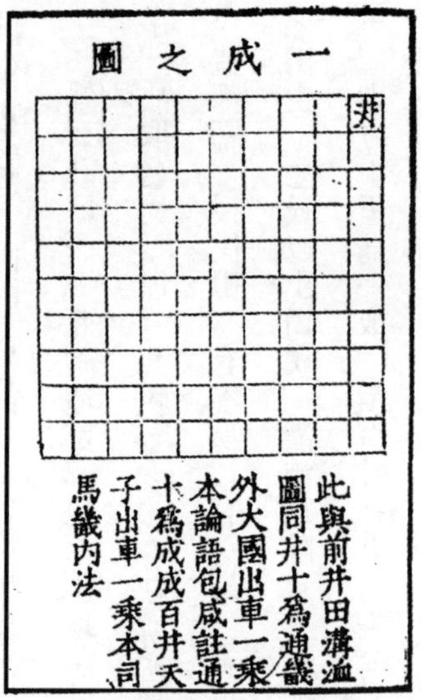

一成之圖

井

此與前井田溝洫圖同。井十爲通，畿外大國出車一乘，本論語包咸注。通十爲成，成百井，天子出車一乘，本司馬畿内法。

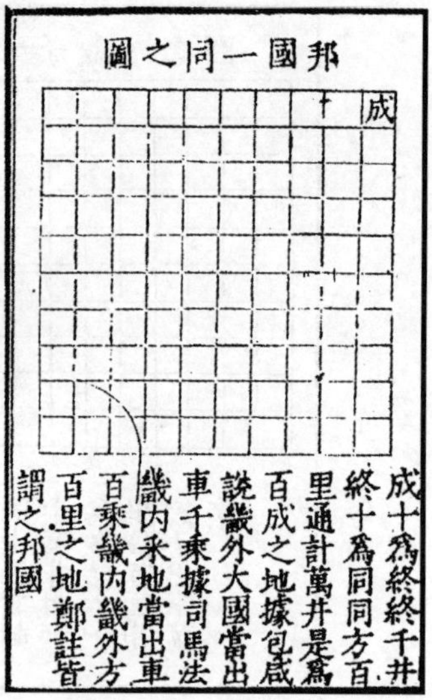

邦國一同之圖

成

成十爲終，終千井；終十爲同，同方百里，通計萬井，是爲百成之地。據包咸說，畿外大國當出車千乘。據司馬法，畿内采地當出車百乘。畿内、畿外方百里之地，鄭注皆謂之邦國。

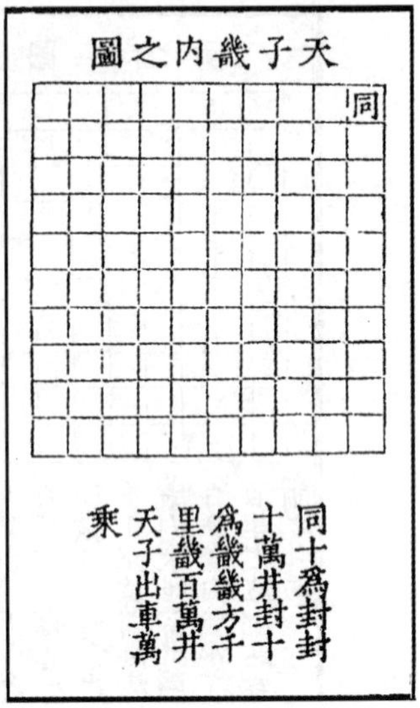
天子畿内之圖
同
同十爲封封
十萬井封十
爲畿畿方千
里畿百萬井
天子出車萬
乘

天子畿内之圖

同

同十爲封，封十萬井；封十爲畿，畿方千里，畿百萬井，天子出車萬乘。

小司徒之職，乃經土地而井牧其田野，九夫爲井，四井爲邑，四邑爲丘，四丘爲甸，四甸爲縣，四縣爲都，以任地事而令貢賦，凡稅斂之事。

鄭玄註曰：「此謂造都鄙也。采地制井田，異於鄉遂，重立國。小司徒爲經之，立其溝塗之界，其制似井字，故取名焉。曰『井牧』者，春秋傳所謂『井衍沃、牧隰皋』者也。隰皋之地，九夫爲牧，二牧而當一井。今造都鄙，授民田，有不易、有一易、有再易，通率二而當一，是之謂井牧。九夫爲井者，方一里，九夫所治之田也。邑丘以出田稅，溝洫爲除水害。四井爲邑，方二里。四邑爲丘，方四里。四丘爲甸，方八里。旁加一里，則方十里爲一成。積百井，九百夫。其中六十四井，五百七十六夫，出田稅；三十六井，三百二十四夫，治洫。四甸爲縣，方二十里。四縣爲都，方四十里。四都方八十里，旁加十里〔一〕，乃得方百里，爲一同。積萬井，九萬夫。其四千九十六井，三萬六千八百六十四夫，出田税；二千三百四井，二萬七百三十六夫，治洫；三千六百井，三萬二千四百夫，治澮。井田之法，備於一同。今止於都者，采地食者皆四之一。其制三等：百里之國凡四都，一都之田税入於王；五十里之國凡四縣，一縣之田税入於王；二十五里之國凡四甸，一甸之田税入於王。地事，謂農牧衡虞也。貢，謂九穀山澤之材也。賦，謂出車徒給徭役也。司馬法曰：『六尺爲步，步百爲畝，畝百爲夫，夫三爲屋，屋三爲井，井十爲通。通爲匹馬，三十家，士一人，徒二人。通十爲成，成百井，三百家，革車一乘，士十人，徒二十人。十成爲終，終千井，三千家，革車十乘，士百人，徒二百人。十終爲同，方百里，萬井，三萬家，革車百乘，士千人，徒二千人。』」

賈公彦疏曰：「此謂造都鄙者，鄉遂、公邑之中，皆爲溝洫之法，此則爲井田之法，異於鄉遂及公邑。不言公邑者，公邑亦與遂同也。重立國者，都鄙是畿内之國也。饒沃之地，九夫爲一井。隰皐之地，九夫爲牧，二牧而當一井。今造都鄙，授民田，不易者家百畝，一易者家二百畝，再易者家三畝。『通率二而當一』者，是三家受六夫之地，故云『二而當一，是之謂井牧』。云『甸方八里，旁加一里，則方十里爲一成』，一成之内方十里，開方之，得百井，井有九夫。『六十四井，五百七十六夫，出田税』者，此就『甸方八里』而言。八

〔一〕「四十里，四都方八十里，旁加」，原作雙行小字。

里之内，開方之，八八六十四，故云『六十四井』。井有九夫，故『五百七十六夫』。井税一夫，故云『出田税』。云『三十六井，三百二十四夫，治洫』者，此據甸方八里之外，四面加一里爲成而言。成有百井，中央八里，除六十四井，餘有三十六井。井有九夫，故三百二十四夫。治洫，不使税。四丘爲甸，據實出税而言，故不言成也。獨言治洫者，溝亦在内矣。四甸爲縣，甸方八里，縣應方十六里，云『方二十里』，據通治洫，旁加一里爲成而言。縣方二十里，四縣爲都，故方四十里，四都方八十里。自此已上，並據通治洫而言。旁加十里，乃得方百里爲同。同積萬井，九萬夫，據百里開方而言。百里者，縱横各百，一行方一里者百，百行故萬井，一井有九夫，故有九萬夫。其『四千九十六井，三萬六千八百六十四夫，出田税』，此據從甸方八里出田税。四甸爲縣，縣方十六里，四縣爲都，都方三十二里，四都方六十四里。據六十四里之内，開方之縱横各一里一截，爲六十四截；行别有六十四井，六十四行計得四千九十六井；井有九夫，計得三萬六千八百六十四夫，是實出田税者。『二千三百四井，二萬七百三十六夫治洫』，此據甸方八里，旁加一里爲成，是不出税而治洫之夫也。從四成積爲一縣，縣方二十里。四縣爲都，都方四十里。四都方八十里，開方之，縱横各一里一截，爲八十截。一行八十井，八八六十四，爲六千四百井。就裏除四千九十六井，其餘二千三百四井在。井有九夫，二千三百四井爲二萬七百三十六夫，不出税，使之治洫也。云『三千六是井，三萬二千四百夫，治澮』者，此據四成爲縣，縣方二十里，二十里更加五里，即爲大夫家邑也。縣方二十五里，四縣是小都，五十里是六卿之采地。四都爲方百里一同，即爲三公、王子母弟之大都也。但據百里開方之，既爲萬井；就萬井之内除去六千四百井，其餘三千六百井。井有九夫，則爲三萬二千四百夫，不出稅，使之治澮也。『井間有溝，成間有洫，同間有澮』，是井田之法備於一同。按諸男之地四之一，故云『采地食者皆四之一』。云『其制三等』者，謂家邑、小都、大都。云『百里之國凡四都，一都之地稅入於王』者，百里國謂大都也。四都謂方五十里者。四小都成一大都，一都之地稅入王，其餘三都留自入。云『五十里之國凡四縣，一縣之地稅入於王』者，『五十里之國』謂小都，一縣田稅入於王，餘三縣留自入。云『二十五里之國凡四甸，一甸之田稅入於王』者，『二十五里之國』謂家邑，四甸之中以一甸之稅入於王，其餘三甸留自入。言此欲見『四丘爲甸』是家邑，據稅於王者而言；『四甸爲縣』是小都，亦據一縣稅入於王者而言；『四縣爲都』是大都，亦據一都稅入於王者而言。故云『井田之法，備於一同』。今止於都者，采地之稅四之一也。賦謂軍賦，采地之外皆有公邑，公邑之内，口率賦錢，入於王家。采地無口率之賦〔一〕，唯有軍賦，革車、匹馬、士徒而已，故鄭引司馬之法證之。司馬法言『畝百爲夫』，謂一夫之地方百步。『夫三爲屋，屋三爲井』，謂九夫爲井，似井字。云『井十爲通』者，據一成之内，一里一截，縱横各十截，爲行一行，十井十行，據一成一畔通頭，故名『井十爲一通』。『通爲匹馬』者，十井之内，井有九夫，十井爲九十夫之地，宫室、塗巷三分去一，唯有六十夫地在。不易、一易、再易，通率三夫受六夫之地，三十夫受六十夫之地。唯三十家使出馬一匹，故云『通爲匹馬』。云『士一人，

〔一〕「采地無口率之賦」，周禮小司徒疏作「邦國都無口率之賦」。

徒二人』，三十家出三人。士謂甲士，徒謂徒卒。云『通十爲成，成百井，三百家，革車一乘，士十人，徒二十人』者，一成之内有十通，言『三百家』者，亦如前通率法。一成之内，地有九百夫，宫室、塗巷三分去一，不易、一易、再易通率二而當一，故一成唯有三百家，革車一乘，士十人，徒二十人。此謂天子畿内采地法。然司馬法又云『四丘爲甸，出長轂一乘，甲士三人，步卒七十二人』，彼謂畿外法，故甲士少，步卒多。此士十人，徒二十人，比畿外甲士多，步卒少，外内有異故也。云『十成爲終』者，謂同方百里之内，十里一截，爲縱横各十截，爲十行，行别十成。言『十成爲終』，據同一畔終頭而言。云『終千井』者，十成，成百井，故『千井三千家，革車十乘，士百人，徒二百人』。云『十終爲同，同方百里』者，萬井也。云『三萬家，革車百乘，士千人，徒二千人』者，所計皆如上一成爲法，其餘可知。凡出軍之法，先六鄉；賦不止，次出六遂；賦猶不止，徵兵於公邑及三等采地；賦猶不止，乃徵兵於諸侯，大國三軍，次國二軍，小國一軍，此軍皆出於鄉遂；賦猶不止，則諸侯有遍境出軍之法，則千乘之賦是也。」

今按：小司徒此禮，本不可通，註疏雖詳，義皆牽强。竊意此法本爲制軍而設，其間有誤字闕文。如「四縣爲都」之後，本脱「四都爲同」一句，而四井、四邑、四甸、四縣，「四」字皆當作「五」，惟四丘、四都當仍爲「四」耳。如此則甸外何必旁加一里哉！夫井出一人，則五井爲邑，邑出五人而爲伍；五邑爲丘，丘出二十五人而爲兩；四丘爲甸，甸出百人而爲卒；五甸爲縣，縣出五百人而爲旅；五縣爲都，都出二千五百人而爲師；四都爲同，同出萬人而爲軍。故井出一人，則同爲萬人，井出二人則同爲二萬人，井出三人則同爲三萬人，此魯頌「公徒三萬」所以爲大國之賦也。鄭玄以爲「采地制井田，重立國」，賈公彦以爲「畿内之國」，何所據哉！蓋畿外諸侯，一國之地當有鄉遂，而此則通言都鄙，又小司徒之所經也，故遂隨文附義，莫覺其非。夫一成方十里百井，均也。井地既均，賦役宜一。以方十里之成，爲田百井，除去中間六十四井出税，以其緣邊三十六井治洫。方百里之同，爲田萬井，除去中間六千四百井出税且治洫，以其緣邊三千六百井治澮。一甸内外，遂分兩制，此何義哉！蓋其爲説本與班固「一同百里，提封萬井，除山川沈斥、城池邑居、園囿術路三千六百井，定出賦六千四百井」之法同出「甸方八里，旁加一里」之宗。而班固則以三千六百井爲除去之數，鄭玄則以三千六百井爲治澮之夫，其法又自不侔也。夫禮本無「旁加一里」之文，而强附益之，卒亦莫能通也。故四甸爲縣，本方十六里，既加甸旁四里，爲二十里，又於其外加五里，以爲二十五里之國。四縣爲都，本方三十二里，既加甸旁八里，爲四十里，又於其外加十里，以爲五十里之國。四都本方六十四里，既加甸旁十六里，爲八十里，又於其外加二十里，以爲百里之國。又以其所食者皆四之一，此皆强解經文「四」字之義。故於百里之國，則四都之中食其一焉；五十里之國，則四縣之中食其一焉；二十五里之國，則四甸之中食其一焉。井田之法，雖備於一同，而天子所食，則自四甸、四縣以至於四都之一，故曰「止於都」，以見經文不言「同」之意也。然於四甸則須加「至二十五里」，四縣則須加「至五十里」，四都則須加「至百里」，然後成國，則又曷若直正以文之誤字乎！而都外不言「同」，則又所重在天子之食，不在采地之封；而食采地四分之一，又非分田制禄、各有定分之意；又以百里、五十里、二十五里爲畿内三等之國。皆無據之臆説也。已詳辯於第二卷引王制天子三公之田視公侯及大司徒諸男之地食者四之一下矣。其解「井牧」，既曰「二牧而當一井」，則宜通二爲一，覈歸實田矣。而又據司馬法之言，謂「十終爲同，同三萬家」，又以「一井九家，除宫室、塗巷三分之二」，所存六家，又以「二當一」之法折爲三家，故一同本九萬家，而曰「三萬家」也。夫宫室、塗巷除去三分之一，與班固除三千六百井之法，又自不同，姑從别論。但自四井積至四都，皆論已井之實田也，故註以「一成之地，六十四井出税，三十六井治洫」，又據此以定三等采地之里數，而末復引司馬法「一同三萬家」之説，則前所言者，又似牧而未井矣，何其自相戾邪！夫一同三萬家，亦不知司馬法本指何在？若果主於通二爲一，則但可言於隰皋未井之前，而計井成甸，計甸出車之際，又惡可不據井之實數乎！且一井九夫，除公田一夫，實止八家，而一井起三家，則三分九家之一也，將通公田而計之邪？其數必有所不能行矣。世儒論此，類多不同。如孔穎達疏公劉「制軍」，則但主通二爲一，而不及三分去一之法；詹道傳釋孟子「制禄」，則但主三分去一，而盡廢通二爲一之文。皆由不知畫野當論實田，故多不合，而「一同三萬家」之説，則尤不通耳。然司馬法之言，雖多繁雜，而古法庶有存者，今論列於下云。〇司馬法此條，所謂「井十爲通，通爲匹馬，三十家，士一人，徒二人；通十爲成，成百井，三百家，革車一乘，士十人，徒二十人；十成爲終，終千井，三千家，革車十乘，士百人，徒二百人；十終爲同，方百里，萬井，三萬家，革車百乘，士千人，徒二千人」云者，賈公彦以爲畿内采地法也。又司馬法有云：「四井爲邑，四邑爲丘，丘有戎馬一匹，牛三頭，是謂匹馬丘牛。四丘爲甸，出長轂一乘，馬四匹，牛十二頭，甲士三人，步卒七十二人，戈楯具，謂之乘馬。」賈公彥以爲畿外邦國法也。夫畿内一乘，士十人，徒二十人，凡三十人，則士多而徒少；畿外一乘，士三人，卒七十二人，凡七十三人，則士少而徒多。因以此爲内外之别。今以一同出車百乘言之，則成出一車之所積也，又積而至於百同，則萬乘矣。此其所以爲畿内之制歟？但禮家以都鄙異於鄉遂，故目爲公、卿、大夫之采地耳。若畿外大國地方百里，其賦千乘，則一通當出一車，十通爲成，當出十車，故一同爲車千乘也。然則一同百乘，豈可以語畿外國哉！司馬法所言，雖内外異制，其爲成出一車，一也。然於天子則畿方千里，其數可通；諸侯則地方百里，其數不足。故班固有「同十爲封，封方三百一十六里」之說，此與孟子「儉於百里」之制相背。故包咸曰「十井爲乘」，何休亦曰「十井共出兵車一乘」，皆自通出一車爲義，然後合於孟子之言。而司馬法「甸出一乘」之制，又豈所以語畿外國哉！蓋凡兵賦有平時制軍之法，有臨陣禦敵之法。司馬法前所言「車一乘，士十人，徒二十人」者，平時制軍之法也；後所言「一乘，甲士三人，步卒七十二人」者，臨陣對敵之法也。平時制軍，本有常數，故就一軍而制其卒伍，則皆用「五人爲伍，五伍爲兩，四兩爲卒，五卒爲旅，五旅爲師，四師爲軍」之法，此一定而不可易者也。至於應敵，則臨時量其衆寡，隨所部分。如武王「革車三百兩，虎賁三千人」，是一乘以十人爲兵也；楚子乘廣，「廣有一卒，卒偏之兩」，是一乘以百五十人爲兵也。此豈可以常數拘哉！然其臨時分數，亦必用卒伍之法，而廣之曰卒曰兩，未嘗改常名焉。故七十五人者，非常數也。若一乘而以七十五人爲常，則千乘當爲七十五萬人，不合三軍之數，而諸儒之說，不得不附會矣。然一乘出三十人，則疑其猶爲古制焉。夫車中一人爲御，其二則左持弓、右持矛者，止三人耳。車中之制，以十人爲一甲，三十人爲三甲，則十人之内，選一人之有材藝者，共三人焉，皆以主車，謂之甲士。若其臨時部署，以制戎車，則車中與爲御、爲右者三人，皆命卿大夫有將略及武藝者爲之，若左傳載晉里克帥師、梁由靡御、虢射爲右之類。將兵與常御不同，故御不居中，而以將其前，所謂甲士則夷於群卒之中矣。若常額三十人之中而有士十人如司馬法所云，則士烏用如此之多哉！故三十人者，止以共守一車，而就其中署甲士三人耳，皆卒也，一車之常賦也，畿内、畿外之制未有異焉。其不同者，則畿内萬乘，畿外千乘，萬乘之賦起於成，千乘之賦起於通。通爲十井，成爲百井，畿内則成出三十人，通出三人，畿外則通出三十人，井出三人，相去十倍耳。所以然者，蓋王畿地廣十倍公侯之國，故一成十通，或以十年一更番，而同歸於五井起五人爲伍歟？自是而積焉，千乘爲三萬人，萬乘爲三十萬人，則與「公徒三萬」之言相合。由此推之，天子六軍，亦不過六萬人耳，而何以加五倍哉！此所謂副卒也。蓋以三十萬人分爲六軍，則每軍五萬人，居重馭輕之勢，自不當與諸侯同例也。又以五萬人五分之，以待王畿守衛之居中，四方征討之更調，則每軍之分，適得萬人，合於「萬人爲軍」之數。然總而言之，比於諸侯雖多五倍，而十井僅出三人，亦輕於諸侯十分之一矣。古者，天子之於諸侯，燕賜厚而納貢薄，凡征討之事，恒出六師，畿内之役，十倍諸侯，則薄賦其民，以厚根本，先王重内輕外之政，豈有私乎！大國制軍三萬賦，十倍於畿内，亦豈不欲寬民哉？謂非是不足以守國耳，此皆井田之所出也，雖司馬法亦未别鄉、遂焉。但禮家泥於六鄉六遂各出六軍之説，則合十五萬人，已倍於六軍之數矣。而此外復有丘甸之制，遂謂：「出軍之法，先六鄉，次六遂；賦猶不止，徵兵於公邑及三等采地；

賦猶不止，乃徵兵於諸侯，大國三軍，次國二軍，小國一軍，皆出於鄉遂；賦猶不止，則諸侯有闔境出軍之法。」此與孔穎達閟宫疏所謂「侯國從王伯之命出軍，敵猶不服，用兵不已，則盡其境內，皆使從軍」意同。然以鄉遂論之，自五家爲里，積至五州之鄉，萬二千五百家而制一軍，則爲家出一人。以丘甸論之，自八家爲井，積至四丘之甸，五百一十二家而起一乘，則爲六家强而出一人。故朱子曰：「周制都鄙以四起數，至六家始出一人。鄉遂以五起數，家出一人爲兵，以守衛王畿，役次必簡，用之最輕。」此又似謂鄉遂之兵無所調發也。孔、賈「鄉遂出賦不已」之説，其果然與夫「一家而出一人」與「六家而出一人」相去五倍，鄉遂苟無調發，則亦宜與丘甸同耳，而其賦如此，鄉遂豈不重於丘甸邪！朱子雖欲强爲之解，亦難以文其政之不均矣，盍亦直斷其爲臆説乎！且先王之用兵也，諸侯會以聽禁，未嘗遠出兵車，故書曰「六事之人，恭行天罰」，詩曰「整我六師，以脩我戎」，孟子曰「三不朝則六師移之」。若方叔征荆而以車三千，則總計六軍所部之車數，此皆天子畿內自出六軍也。惟所至之鄰境，則各從其方之便而有應援之兵，其他則無所煩焉。何則？畿內之兵衆，本有餘也，而謂徵兵諸侯不已，必盡其境內，此豈先王懷萬邦之政哉！陳祥道曰：「賈公彦言：『出軍之法，先六鄉，次六遂，次公邑都鄙，乃徵兵於諸侯，不止，則諸侯闔境出焉。』然先王之於天下，大則有方伯，小則有連帥，其待卒應變，如身之使臂，臂之使指，各適其事之遠近而已。方伯、連帥所不能克，然後鄉遂之士應之。左傳曰：『五侯九伯，汝實征之。』又曰：『諸侯敵王所愾。』則出軍之法，顧豈先虛其內以實其外哉！」此謂倉卒之變，方伯、連帥可以因近地之兵而專成者耳。以此矯賈氏虛內之失，是或一道也。若山堂章氏論天子命將而曰：「古者畿内之兵不出，所以重内卒，有四方之役，即用諸侯。」是專用諸侯之兵供重役，而畿内無所調發也，而可乎？夫諸侯之兵不足以當畿内之衆，責之重役，夫豈能勝？至於軍興餉餽，雖難遠輸，橐橐裹糧之外，亦必輕賫，隨宜處備，豈可盡煩諸侯哉！故先王之寛商賈，於此亦賴其貿遷，若周禮賈師所謂「凡國之賣買，各帥其屬，嗣掌其月，師役、會同亦如之」者，而所調發之軍，亦使分供百役。故所至之地，秋毫無犯，而歸市者可以不止，芸者可以不變也。豈若後世之毒天下而不知恤者哉！〇又按：天子之兵，出於畿内，本皆農也。當其未爲兵時，三時務農，一時講武，則武事其所素習者也。每歲則計其丘甸所應出之兵，至冬番上，統於司馬，當時必有部分之制，而今不可詳矣。要之先選其忠勇尤精武藝者以衛王宫，則不復他用，蓋古者禁兵不出，以重宫衛故也。其次則以守京城，其次則以聽四方之征調，其次則以應卿、大夫、士、車馬、僕從之役，其次則以供送迎賓客、擔擎來往之事，此皆可以更番上下者也。其供百役者，一時奔走未遑，則姑聽其終事，若番上之兵，豈可使之偷惰哉！故宫衛之徒，宫正領之，城守之衆，祈父領之，各有專官掌其政令，教之時肄，以精其能。雖軍政寓於四時之田，而閒暇之日，則恆所訓練也，兵非常習，安可言練！如此則武藝益精，不患於弛，而天子萬乘三十萬人之中，調用自足，且兵精而亦不貴於多矣。奚必取賦不止，而盡徵天下之兵乎！〇又按：大國三軍，井賦三人；次國二軍，小國一軍，皆井賦四人。重於大國四分之一者，必以次國、小國外事之役不及大國之多，其法自有以均通勞逸，而亦不至於偏重歟？别有説在前郊野圖下。〇又，司馬法謂「兵車一乘，馬、牛、戈楯備具」，是計地令民自出也，此非民所能爲。孔穎達疏坊記一段，深得先王之意，今附於下云。

孔穎達坊記疏曰：「據司馬法之文，諸侯車、甲、牛、馬，皆計地令民自出。若鄉遂之衆七十五人，則遣出『革車一乘、甲士三人、馬四匹、牛十二頭』，恐非力之所能，皆是國家所給。故周禮巾車職云：『毁折，入齎於職幣。』又周禮質人云：『凡受馬於有司者，書其齒毛，與其賈。馬死則旬之内更。』司兵云：『及授兵，從司馬之法以頒之。及其受兵輸，亦如之。』是國家所給也。」

今按：天子畿方千里，歲入本充，凡車、甲、兵、戈、牛、馬之類，皆能自備。如周禮所載，則有巾車以授車，有馬質以授馬，有牛人以共牛，有司兵以授兵，有司甲、司戈楯、司弓矢以各授其器，不待取具於民間也。假使民間爲之，則器物不齊，烏能賴其用哉！不惟不能賴其用，而煩擾殆有甚焉。故禮「問國君之富，則數馬以對」，詩言「秉心塞淵，騋牝三千」，又言「思無疆，思馬思臧」〔一〕，皆諸侯自養馬之證。齊景公千乘，大國也，一車四馬，故有「千駟」之富，則天子萬乘，當有四萬匹，此常數耳。鄭玄因見校人「天子十二閑，其數止於三千四百五十六匹；諸侯六閑，其數止於千二百九十六匹」，而鄉師、均人皆掌牛馬之政，縣師、遂人、遂師、遂大夫皆及六畜之稽，牛馬亦與焉，遂以爲校人之馬，皆君所制，非爲馬賦。而司馬法「甸有戎馬四匹，長轂一乘」，此爲民出軍賦，無與於國馬之數。陳祥道因之，亦謂周制「凡軍之馬出於民，校人所養者，

〔一〕「思無疆，思馬思臧」，毛詩駉作「思無疆，思馬斯臧」。

特給公家之用」，而反以齊景公千駟過於天子十二閑之數，謂其僭侈踰禮。於是官民通牧之說行，而小民受養馬之害矣。夫周禮末世之見也，豈足盡信哉！先王之制，一乘賦三十人，止供力役，故孟子但言有力役之征，而未嘗及出車備器之說。惟以一車四馬，乃三十人之所共守，説者因以爲丘甸所出耳。其實車、馬、甲、兵，各從官給，雖有革車、輕車、衝車、輜車、副車之異名，亦隨公家所部署耳，別無副焉。此外又有所謂牛車者，則民間私用之車，而不與於兵車之賦也，此其所以事不煩而民不擾歟？且器物既成，不皆屢換，雖有損折，舊貫猶多，數歲較中，隨宜脩補，其費亦易給也，比於民間歲備，豈不力省而功倍哉！故孔氏此疏，可謂深得先王之意矣。然於春秋成元年「作丘甲」，疏則又曰：「長轂、車、馬、甲、兵、戈楯，皆一甸之民所共。鄉遂所用車馬、甲兵之屬，皆國家所共。以一鄉出一軍，則是家出一人，其物不可私備。若一甸出車一乘，則一乘甲兵，甸之所賦。」觀此，則前疏所謂「國家所給」者，乃謂鄉遂以其家出一人，役重不能堪也。而七十五人之制，鄉遂所無，蓋指丘甸而言矣。鄉遂則役重而賦輕，丘甸則役輕而賦重，以此通融，政亦繁瑣，孰若均爲一法乎？故竊謂周制田皆八家同井，而兵皆一乘三十人，固無鄉遂、都鄙之别也。前已備論之矣。〇又按：古者兵賦出於井田，國無養兵之困；而兵器製於官府，民無備物之勞。此法之甚善者也。至於歲冬番上爲兵，非有四方征調，則一年常在京師，其有巡邏擒擊之事，不過役於四郊五百里之内，無戍邊漕運之勞。至於後世，則戍邊漕運，皆取於軍，甚至工役，亦取用焉，軍亦有所不堪矣。凡此皆由不知古者制軍之法故耳。或曰：工役古有别征，漕運原非古法，則信然矣。謂戍邊之事，古亦無之，程子何以有「古者戍役防秋」之説，而朱子引之以釋采薇之詩邪？曰：程子之說，蓋亦後世之見也。今觀采薇之詩，其辭意似爲勞將士而作，但以其有「我戍未定」之一言，而遂謂之「遣戍役之詩」。殊不知古者諸侯之國各自爲守，如韓侯之國近於追貊，則使之纘祖考而榦不庭，因百蠻而受北國；與夫晉使重耳居蒲以備狄，趙使李牧居鴈門以備胡，固不待天子發兵爲之守也。若「玁狁孔熾」而出六軍以征之，待其事平，而始復如。周公征東，三年不歸者，亦以成名，則出於不得已耳，不可以爲常戍之證也。苟謂「番兵出戍，兩期而還」爲定制，則逆人情、冗國費甚矣，此豈先王之政哉！

春秋成公元年：「作丘甲。」

胡康侯曰：「周制：一乘步卒，七十二人，甲士三人，以二十五人爲一甲，凡三甲，共七十五人。然則一丘所出十有八人，積四丘而具一乘耳。今作『丘甲』者，即丘出一甲，是一甸共百人爲兵矣。」

今按：杜預註謂：「甸出長轂一乘，甲士三人，步卒七十二人。此甸所賦，今魯使丘出之，譏重歛也。」此則丘出甸賦，加四倍而爲三百人矣。夫「甸出一車，凡七十五人」之說，本非諸侯軍制。蓋甸有四丘，即一成之地也，成爲百井，自井出一人，至成當出百人而爲卒。大國一同之地，爲成者百，則得萬人而爲軍卒者，蓋即古百夫長總領之甲名也。井出一人則一卒，百人爲一甲；井出二人，則二卒二百人爲二甲；井出三人則三卒，三百人爲三甲。由是而積至萬人，則大國三軍之數也。今魯丘出一甲，則四丘爲四甲而有四百人矣。夫四丘共出三百人爲三甲，此舊法也，而今丘各出百人焉，故謂之作「丘甲」耳。杜預之說本魯國之常，惜乎其不知此也。其詳已辯於前，而成公益兵之罪亦自見矣。

班固曰：「殷、周以兵定天下矣。天下既定，戢藏干戈，教以文德，而猶立司馬之官，設六軍之衆，因井田而制軍賦。地方一里爲井，井十爲通，通十爲成，成方十里；成十爲終，終十爲同，同方百里；同十爲封，封十爲畿，畿方千里。有税有賦，税以足食，賦以足兵。故四井爲邑，四邑爲丘。丘，十六井也，有戎馬一匹，牛三頭。四丘爲甸。甸，六十四井也，有戎馬四匹，兵車一乘，牛十二頭，甲士三人，卒七十二人，干戈備具。是謂乘馬之法。一同百里，井定出賦，除山川沈斥、城池邑居、園囿術路三千六百井，定出賦六千四百井，戎馬四百匹，兵車百乘，此卿大夫采地之大者也，是謂百乘之家。一封三百一十六里，提封十萬井，定出賦六萬四千井，戎馬四千匹，兵車千乘，此諸侯之大者也，是謂千乘之國。天子畿方千里，提封百萬井，定出賦六十四萬井，戎馬四萬匹，兵車萬乘，故稱萬乘之主。」

今按：班固此條，純用司馬法「一乘七十五人」之説，略不及於鄉遂制軍之法，其所去三千六百井，亦不合於三分去一之數。此與註疏之説不同者也，其餘則固禮家之意。夫以七十五人起一乘，則萬乘當爲七十五萬人，兵亦烏用如此之衆哉！前已屢辯其非矣。但曰「因井田而制軍賦」，則有合於先王之意耳。蓋制地分田，容民畜衆，則均丘甸之征，而立卒伍之部，家有土著，用異市驅，故歲以冬更，丁皆壯役，所謂寓兵於農者如此。若夫三時務農，一時講武之法，乃通在鄉。同纘武功者，言以爲更番之備耳，非專指番上卒伍之兵也。卒伍之兵，已有部分，宜專肄習，不然則訓練不精，何以應敵。古者寓軍政於四時之田，蓋都試也，豈特講武於一時哉！而況徭役車徒，官有常用，倉卒變生，不時調發，豈宜取辦於田畝邪？唐太宗日引諸衛、將、卒數百人，教射於顯德殿庭；宋初，有「日習武技」之法，後又有「夏三月止習短兵、春秋大教弓射」之詔。其知此矣。胡康侯云「侵伐事畢，則車復於甸，甲散於丘，卒還於邑」，是謂從田畝調兵，而非國家所素備也。夫兵農雖同原迭用，而其業不得不分，若臨時就農取兵，則緩急難齊，可及於事哉！此迂儒之談耳。其說蓋本唐之府兵，然亦不知府之所籍，皆以材力入選，而常加訓練之兵，其器具雖民自備，而亦輸之庫，不待臨時取辦也。故因井田制賦之法而併及之。〇又按：朱子曰：「萬乘之國，天子畿内地方千里，出車萬乘。千乘之家者，天子之公卿采地方百里，出車千乘也。千乘之國，諸侯之國。百乘之家，諸侯之大夫也。」又曰：「百乘之家，有采地者也。」所謂采地者，蓋本諸班固。然班固以百里出車百乘，而朱子則以百里出車千乘，有不同焉。何則？諸侯一同百里當出千乘，而天子一同之地則出百乘，此天子、諸侯出車輕重之差也。前已論之矣。夫天子之公卿，十取萬乘之一，豈宜以百乘言哉！既曰千乘之家，又豈宜以地方百里言哉！故千乘之家方千里，内取萬乘之什一也；百乘之家方百里，内取千乘之什一也。以地方百里言千乘之家，則王畿之内爲方百里者百，是爲百而取一矣；以地方百里言百乘之家，則不得不增千乘之國爲三百一十六里之方矣。此其爲説各有不通者也。至以家乘爲采地所出，則又不可。夫公、卿、大夫、士所食之采，即爲助法之公田，有分地者也。車乘則通國之所賦，就其中十分而取一焉耳，豈有專地哉！故以采地即爲出車之處則非矣。餘見下文。

孟子曰：「萬取千焉，千取百焉。」

朱子曰：「臣之於君，每十分而取其一分。」

今按：臣取於君之乘皆賦其人，千乘爲人三萬，百乘爲人三千，計丁出役，以供輿夫出入、賓客將迎之用者也。十而取一，但可言於當國大臣之一人耳，以其官盛務繁，用度宜廣，必以什一，庶不困窮。若其餘諸卿，則事務漸少，數宜有差。天子之卿，不必皆千乘也；大國之卿，不必皆百乘也。否則天子有三公、九卿，如皆千乘焉，則萬乘之中去九千乘矣；大國有三卿，如皆百乘焉，則千乘之中去三百乘矣。九室之車餘幾哉！故畜馬乘、伐冰之家，皆諸侯之大夫也。則但有畜馬、伐冰之夫，以供其出入之用而已，固不與百乘之家同等也。觀孔子稱陳文子之富，止於「有馬十乘」，亦可以見不皆百乘之證矣。且「萬乘之國，弒其君者，必千乘之家；千乘之國，弒其君者，必百乘之家」，則非强家又安能行弒君之事哉！故十分取一之乘，專爲當國者而言，故如此其多也。多與之乘，聽其制用而不稽其所餘，則當國者不患於貧，而亦如用己財無妄費矣。此民賦之所以有常，而國用之所以不困歟？若有調發，則公私同征其乘，非私家所得專也。〇又按：鄭玄釋「賦」，以爲「出車徒給繇役」，繇役即車徒之繇役也，豈若今之别有一項均繇差役哉！今之弓兵、鋪兵、獄卒、驛卒、祗候、馬丁之類，皆均繇之所編也。軍旅之外，别應均繇一年，猶漢所謂正卒給中都官，唐所謂防閤、庶僕、白直、執衣也，古者豈能無是役哉！故千乘之家、百乘之家與夫十乘之家、畜馬乘之家，其所役門幹僕隸之等差皆取足於軍旅。而軍旅之中，自禁衛之兵不出，率以一年罷遣外，其餘諸役皆可按季更番。至於後世士大夫之從人，猶名軍將。而宋建隆以後，常以軍供百役，如京諸司庫務役兵與夫馬遞鋪兵、祗應，以至迎送官員，擔擎來往，皆取諸兵士，則意其猶古法也。夫迎送官員、擔擎來往之事，則周禮罪隸註所謂「小役若牽傍」者是也。此四時常有之事，宜皆役之罪隸，罪隸不足，而濟之以無事之兵，亦庶幾焉。但黄河執役，并修葺倉、營城池，此宜專役於冬月者也。不出於「歲用民力三日」之内，而併取於軍，則一切之政而與古異矣。嗟夫！兵農既分，而税混於兩，尚安望其能有條理哉！詳見第四卷宋田制及卒役條下。又考司厲之職掌「男子入於罪隸，女子入於舂、藁」之奴，是爲奴婢，即漢之隸臣妾也；司隸掌隸法，有「搏盜賊，役國中之辱事，爲百民積任器[一]，凡囚執人之事」。皆奴婢之任役使者也。古者皁隸之役，必亦以奴婢爲之，故有罪隸之法。但當時化行俗美，犯者不多，恐不足以充用，則亦必以出於車乘者爲常役耳。〇又按：成周賦税雖出於民而輸於官，然必有長吏督率之者，故敘鄉職以附於後。

[一] 「爲百民積任器」，據周禮司隸作「爲百官積任器」。

鄉職

周禮里宰：「每里下士。掌比其邑之衆寡與其六畜、兵器，治其政令。以歲時合耦於鋤，以治稼穡，趨其耕耨，行其秩序，以待司之政令，而徵斂其財賦。」

今按：里宰，即古之邑宰也。孔子云「千室之邑，可使爲宰」，則因其聚廬，所治必廣，非必二十五家之里也。蓋古者天子畿内，提封萬井，當有八百萬家，合千室而置一邑，爲宰者已有八千，設官太衆矣，而况未必限於千室始置一宰乎！竊意古者邑之置宰，雖有力者主之，大抵由民所推，故俸禄皆民自給，不預於天子設官之數。家臣亦然，觀原思爲宰，而孔子與粟九百，蓋自分其禄以食家臣也。推此義，則邑宰必非若卿、大夫、士之有公田矣。不然，唐、虞建官惟百，夏、商官倍，當時豈無邑宰與其有司衆職，而設官如是其簡邪？故知周禮官數之多，皆盡鄉職而又濫焉，非古意矣。衆職，謂分任邑中比閭族黨之事者，如漢三老、嗇夫、游徼之類是也。故賢者以之申明教化，老者以之督勸農桑，壯者以之催徵追捕，皆邑中之所自署，亦非若漢三老之有秩而官給禄也。法從鄉立，豈不易簡哉！且同井八家，田皆均授，凡有輸納，止於五百里之間，家家可以直達，人人可以親賫，或配貼通融，或分番更代；户無貧富之可言，事無安危之可擇，惟虞畏法，莫敢推奸，故徵令一行而事畢集矣。豈若宋以里正爲衙前而展轉避役者哉！知古鄉職之法，則可以知末世之弊矣。

孟武伯問：「求也何如？」子曰：「千室之邑，百乘之家，可使爲之宰也。」

子游爲武城宰。子曰：「女得人焉爾乎？」曰：「有澹臺滅明者，行不由徑。非公事，未嘗至於偃之室也。」

子之武城，聞絃歌之聲。夫子莞爾而笑，曰：「割雞焉用牛刀？」子游對曰：「君子學道則愛人，小人學道則易使也。」子曰：「二三子！偃之言是也。前言戲之耳。」

子夏爲莒父宰，問政。子曰：「無欲速，無見小利。欲速，則不達；見小利，則大事不成。」

仲弓爲季氏宰，問政。子曰：「先有司，赦小過，舉賢才。」曰：「焉知賢才而舉之？」曰：「舉爾所知。爾所不知，人其舍諸？」

子路使子羔爲費宰。子曰：「賊夫人之子。」子路曰：「有民人焉，有社稷焉。何必讀書，然後爲學？」子曰：「是故惡夫佞者。」

原思爲之宰，與之粟九百，辭。子曰：「毋！以與爾鄰里鄉黨乎！」

今按：千室之邑有邑宰，百乘之家有家臣，皆謂之宰。如仲弓爲季氏宰，原思爲孔子宰，家臣也。其餘則皆邑宰，費雖季氏邑，然其采地之公田在是，遂爲季氏所據耳，實亦邑宰也。宰雖有邑長、家臣之不同，而其職一也。觀孔子告仲弓「先有司」之一言，則宰固當有有司分任其事矣。此數條足以見古人爲宰之道，大抵以學道愛人爲主，而舉賢才以分任有司之事，則民心附而數可稽，上令行而事易集，否則雖欲言治，皆苟而已。

禮記學記曰：「古之教者，家有塾，黨有庠，術有序。」

鄭玄曰：「術當爲遂。古者仕焉而已，歸教於閭里，朝夕坐於門，門側之室謂之塾。」

今按：此皆鄉學之教。及年十五，擇其俊秀者，升於國學而爲士，餘則歸農矣。公羊傳所謂「里巷中爲校室，選其耆老有高德者，名曰父老，旦開門坐塾上」，亦學記之意也。蓋欲使民勸，莫切於舉善而教不能，故曰「小人學道則易使也」，此豈俗吏所能爲哉！

讀禮疑圖卷之四

禮圖本原

古者聖人爲治，必以養民爲本。當法制未備之時，如烹小鮮，未宜撓擾，則因天地自然之利而順農時、禁數罟、時斧斤，以撙節愛養之，使民飲食、材木足以充用，庶無憾焉。及養既有資，法制可備，則爲之制田里、教樹畜，使有常生之業，不但休養生息，期於小康而已，此至誠悠久之道也。三代之治功，至周大成，然壞於春秋、戰國，泯滅殆盡，至併其籍而不存。重以周禮雜衰世之事，附迂儒之言，富國强兵之説行，而先王之法亂益甚矣。惟孟子猶能言其大略，則讀禮疑圖之所本也，故備述之。

孟子曰：「有布縷之征，粟米之征，力役之征。君子用其一，緩其二。用其二而民有殍，用其三而父子離。」

朱子曰：「征賦之法，歲有常數，然布縷取之於夏，粟米取之於秋，力役取之於冬，當各以其時。若併取之，則民力有所不堪矣。」

今按：織麻曰布。析絲曰縷。帶殼曰粟。脱殼曰米。布縷出於五畝之宅，匹婦所蠶也，其成在夏，故夏征之。粟米出於百畝之田，匹夫所耕也，其成在秋，故秋征之。力役出於同井之家，丁男所賦也，至冬有暇而始征之。力役有二：其一軍賦，以冬而更番；其一工賦，以冬而應役。徭役則在軍賦之中，雇役則從工賦之便，皆力役之征也。三者之外，别無征焉，而取之又各以其時，亦可以見民之不擾矣。詳見前卷。

孟子曰：「不違農時，穀不可勝食也；數罟不入洿池，魚鱉不可勝食也；斧斤以時入山林，材木不可勝用也。穀與魚鱉不可勝食，材木不可勝用，是使民養生喪死無憾也。養生喪死無憾，王道之始也。五畝之宅，樹之以桑，五十者可以衣帛矣；雞豚狗彘之畜，無失其時，七十者可以食肉矣；百畝之田，勿奪其時，數口之家可以無饑矣；謹庠序之教，申之以孝弟之義，頒白者不負戴於道路矣。七十者衣帛食肉，黎民不飢不寒，然而不王者，未之有也。

朱子曰：「農時，謂春耕、夏耘、秋收之時。數，密也。罟，網也。洿，窊下之地，水所聚也。爲治之初，法制未備，且因天地自然之利，而撙節愛養之。飲食宫室所以養生，祭祀棺槨所以送死，今皆有以資之，則人無所恨矣。王道以得民心爲本，故以此爲王道之始。」〇又曰：「庠、序，皆學名也。申，重也，丁寧反復之意。負，任在背。戴，任在首。夫民衣食不足，則不暇治禮義；而飽煖無教，則又近於禽獸。故既富而教以孝弟，則人知愛親敬長而代其勞，不使之負戴於道路矣。衣帛食肉但言七十，舉重以見輕也。此言盡法制品節之詳，極財成輔相之道，以左右民，是王道之成也。」

今按：王道主於得民心。始之以順民之情，生死有所賴焉，此仁心之所發端也；終之以制民之産，教養無所遺焉，此仁政之所推極也。仁政不可以急行，而亦不可以不行，故其施爲之序如此。説已見前禮圖本原總論下。又按：一夫上父母，下妻子，以五口、八口爲率，故或言八口之家，或言數口之家。庠序是鄉學之教，使人人親其親，長其長者也。此又仁政教養之序，而王道之所以成也。餘詳見第一卷。

孟子曰：「昔者文王之治岐也，耕者九一，仕者世禄，關市譏而不征，澤梁無禁，罪人不孥。老而無妻曰鰥，老而無夫曰寡，老而無子曰獨，幼而無父曰孤。此四者，天下之窮民而無告者也。文王發政施仁，必先斯四者。」

朱子曰：「九一者，井田之制，九分而税其一也。世禄者，仕者之子孫皆教之，教之而成材則官之。如不足用，亦使之不失其禄。蓋其先世嘗有功德於民，故報之如此，忠厚之至也。關，謂道路之關。市，謂都邑之市。譏，察也。征，税也。關市之吏，察異言異服之人，而不征商賈之税也。澤，謂瀦水。梁，謂魚梁。與民同利，不設禁也。孥，妻子也。惡惡止其身，不及妻子也。先王養民之政：導其妻子，使之養其老而恤其幼。不幸而有鰥寡孤獨之人，無父母妻子之養，則尤宜鄰恤，故必以爲先也。」

今按：文王之時，有罪未嘗不刑，但養民有政，以遂其恒心，而刑又不及無辜之妻子，則非罔民也。先斯四者，非別有一事以先之，蓋加意於窮民之無告者，欲使親戚相賙，鄰里相恤耳。若家賜而人與之，則勢有所不能遍也。

孟子曰：「五畝之宅，樹墻下以桑，匹婦蠶之，則老者足以衣帛矣。五母雞，二母彘，無失其時，則老者足以無失肉矣。百畝之田，匹夫耕之，八口之家可以無飢矣。所謂西伯善養老者，制其田里，教之樹畜，導其妻子，使養其老。五十非帛不煖，七十非肉不飽。不煖不飽，謂之凍餒。文王之民，無凍餒之老者，此之謂也。」

朱子曰：「西伯，即文王。田，謂百畝之田。里，謂五畝之宅。樹，謂耕桑。畜謂雞彘。」又曰：「田中不得有木，故於墻下樹桑以供蠶事。」

今按：導其妻子，使養其老，是王者皞皞之氣象。若家賜而人益之，則爲霸者驩虞之政矣。

孟子曰：「尊賢使能，俊傑在位，則天下之士皆悦而願立於其朝矣。市廛而不征，法而不廛，則天下之商皆悦而願藏於其市矣。關市譏而不征，則天下之旅皆悦而願出於其路矣。耕者助而不税，則天下之農皆悦而願耕於其野矣。廛無夫里之布，則天下之民皆悦而願爲之氓矣。」

今按：王政必以用賢爲急，虞書稱「安民」而首及「知人」，大學論理財而推本用人，凡以急親賢爲務也。故孟子論王道，以「尊賢使能」先焉，此賢君之所以必本恭儉，而分田制禄，所以不可偏廢也歟？商藏市，言居貨。旅出途，言行貨。詳見第二卷。助即上百畝之夫所助耕者，詳見第一卷。

滕文公問爲國。孟子曰：「民事不可緩也。詩云：『晝爾於茅，宵爾索綯；亟其乘屋，其始播百穀。』民之爲道也，有恒産者有恒心，無恒産者無恒心。苟無恒心，放僻邪侈，無不爲已。及陷於罪，然後從而刑之，是罔民也。焉有仁人在位，罔民而可爲也？是故賢君必恭儉禮下，取於民有制。夏后氏五十而貢，殷人七十而助，周人百畝而徹，其實皆什一也。徹者，徹也；助者，藉也。龍子曰：『治地莫善於助，莫不善於貢。』貢者校數歲之中以爲常。樂歲，粒米狼戾，多取之而不爲虐，則寡取之；凶年，糞其田而不足，則必取盈焉。爲民父母，使民盻盻然，將終歲勤動，不得以養其父母，又稱貸而益之。使老稚轉乎溝壑，惡在其爲民父母也？』詩云：『雨我公田，遂及我私。』惟助爲有公田。

由此觀之，雖周亦助也。設爲庠序學校以教之：庠者，養也；校者，教也；序者，射也。夏曰校，殷曰序，周曰庠，學則三代共之，皆所以明人倫也。人倫明於上，小民親於下。」使畢戰問井地。孟子曰：「夫仁政，必自經界始。經界不正，井地不均，穀禄不平。是故暴君汚吏必慢其經界。經界既正，分田制禄可坐而定也。夫滕壤地褊小，將爲君子焉，將爲野人焉。無君子莫治野人，無野人莫養君子。請野九一而助，國中什一使自賦。卿以下必有圭田，圭田五十畝。餘夫二十五畝。死徙無出鄉，鄉田同井。出入相友，守望相助，疾病相扶持，則百姓親睦。方里而井，井九百畝，其中爲公田。八家皆私百畝，同養公田。公事畢，然後敢治私事，所以別野人也。」

今按：恭則以禮接下，故有制禄以養君子之法。儉則取民有制，故有分田以養野人之法。公田私田，上下各有定分，此井田之所以爲善也。田既均平，民皆得養，然後遂仰事俯育之願，於是禮義易興，而老老幼幼，各親其親，各長其長矣。庠序之教，亦是遂其孝弟之本心而已，導妻子以養老，亦豈外於孝弟哉！惟凡民中俊秀者，則年登十五，不使歸農，升於國學，以士養之，而講修己治人之道，與鄉學之自善其身者異矣。故庠序者，鄉學也，所以善民俗者也。古之治道不過如此。餘詳見第一卷。

北宫錡問曰：「周室班爵禄也，如之何？」孟子曰：「其詳不可得聞也。諸侯惡其害既也，而皆去其籍。然而軻也，嘗聞其略也。天子一位，公一位，侯一位，伯一位，子男同一位，凡五等。君一位，卿一位，大夫一位，上士一位，中士一位，下士一位，凡六等。天子之制，地方千里，公侯皆方百里，伯七十里，子男五十里，凡四等。不能五十里，不達於天子，附於諸侯，曰附庸。天子之卿受地視侯，大夫受地視伯，元士受地視子男。大國地方百里，君十卿禄，卿禄四大夫，大夫倍上士，上士倍中士，中士倍下士，下士與庶人在官者同禄，禄足以代其耕也。次國地方七十里，君十卿禄，卿禄三大夫，大夫倍上士，上士倍中士，中士倍下士，下士與庶人在官者同禄，禄足以代其耕也。小國地方五十里，君十卿禄，卿禄二大夫，大夫倍上士，上士倍中士，中士倍下士，下士與庶人在官者同禄，禄足以代其耕也。耕者之所獲，一夫百畝。百畝之糞，上農夫食九人，上次食八人，中食七人，中次食六人，下食五人。庶人在官者，其禄以是爲差。」

今按：天子、公、侯、伯、子、男之位，是通於天下；卿、大夫、上士、中士、下士之位，是通於天子諸侯之國中。皆言班爵之制也。天子、公、侯、伯、子、男，千里、百里、七十里、五十里之地，是通於天下；卿、大夫、士，所受之地、所食之禄，是通於天子諸侯之國中。皆言班禄之制也。班禄之制，即前章井田中制禄以養君子者，區處停當，條理分明，非此則無以見古人田禄之差。然孟子猶自謂所聞之略，則不知當時所謂詳者又何如也。詳者既已去籍不傳，而周禮封國設官、取民制用之説，果何據邪？蓋有以知其必爲衰世瀆亂不經之書矣。餘詳見第二卷。

魯欲使慎子爲將軍。孟子曰：「天子之制地方千里；不千里，不足以待諸侯。諸侯之地方百里；不百里，不足以守宗廟之典籍。周公之封於魯也，爲方百里也；地非不足也，而儉於百里。太公之封於齊也，亦爲方百里也，地非不足也，而儉於百里。今魯方百里者五，有王者作，則魯在所損乎？在所益乎？」

今按：國家賦税，皆出於民。故天子千里，諸侯百里，皆據井田實地而言。雖都邑苑囿，猶當不在其内，少則不足於用，多則太過於封，皆不可也。儉者，止而不過之意。如此則班固所謂「諸侯一封國，方三百一十六里」者，非矣。魯地方五百里，皆吞併小國而得之，有王者作，必在所損。則周禮所謂「諸公之地方五百里」者，亦非矣。世儒不信孟子之言而其説遂紛紛焉，然則舍孟子其將何所折衷哉！

白圭曰：「吾欲二十而取一，何如？」孟子曰：「子之道，貉道也。夫貉，五穀不生，惟黍生之。無城郭、宫室、宗廟、祭祀之禮，無諸侯幣帛饔飧，無百官有司，故二十取一而足也。今居中國，去人倫，無君子，如之何其可也？欲輕之於堯舜之道者，大貉、小貉也；欲重之於堯舜之道者，大桀、小桀也。」

今按：貉，北貉，夷狄之國。桀，夏桀，暴虐之君。什一之税，天下中正也，少取則國用闕，多取則民財傷。因田之多寡以爲什一之税，因税之多寡以制取用之節，此上下相安之政也。若能量入爲出，則三年之耕必餘一年之食，以備歲凶，何必輕之於什一之道，而不爲久遠之圖哉！故爲政者節用愛人，勿至因出制入而已矣。

孟子曰：「古之爲關也，將以禦暴。今之爲關也，將以爲暴。」

今按：禦暴，謂譏察非常。爲暴，謂征税出入。蓋關譏而不征，文王之政也，今則征賈之貨矣。言此以見關之有征是衰世之事。

孟子曰：「古之爲市者，以其所有易其所無者，有司者治之耳。有賤丈夫焉，必求龍斷而登之，以左右望而罔市利。人皆以爲賤，故從而征之。征商，自此賤丈夫始矣。」

今按：有司者治之，謂治以市官之法。如分地奠居、審權謹量、禁靡除詐、成價止訟、稽奸去盗之類，此廛法也。文王之政，廛而不征，則征商古所未有，特始於賤丈夫，蓋亦衰世之事。餘見第二卷。

戴盈之曰：「什一，去關市之征，今兹未能。請損之，以待來年，然後已，何如？」

孟子曰：「今有人日攘其鄰之雞者，或告之曰：『是非君子之道。』『請損之，月攘一雞，以待來年，然後已。』如知其非義，斯速已矣，何待來年。」

范氏曰：「若使孟子用於諸侯，必行文王之政。凡此之類，皆不終日而改也。」

今按：孟子當戰國征歛無藝之時，未嘗遷就世俗之説，只主於行文王之政，與有若告哀公「盍徹」意同。可見孔門之學，惟有王道一端耳。若末世之見，必以國用不足而横征雜賦，有增無減矣。〇又按：古者布縷之征、力役之征，其詳無所考見。惟田禄之有制，關市之無征，則因孟子之言而可以見其大略。有志於用世者，宜於此求焉。

禮圖參考

先王之法，壞於春秋、戰國，至秦而蕩廢盡矣。漢初去古未遠，興復何難，而因循秦書，不爲遠圖。民無恒産，百度皆非，是以未及百年，法已盡弊。但其始年，政依寛大，猶有先王之遺意焉，故文景繼之，亦成富庶。然而經制不立，後嗣何規，至於國匱民窮，日不暇給，人皆盻盻，稱貸不遑，豈爲民父母之心哉！末世英君，雖有損益，抑又不及漢矣。故述漢初兵農所由，稍加論敘，以其近古，猶能存什一於千百焉耳。自漢以後，大略可見矣。蓋於讀禮疑圖亦有足相發明者，故名其篇曰參考，而分爲田制、軍制二類云。

田 制

漢興，天下既定。高祖約法省禁，輕田租，十五而税一，量吏禄，度官用，以賦於民。而山川園池市肆租税之入，自天子以至封君湯沐邑，皆各爲私奉養，不領於天子之經費。漕轉山東粟以給中都官，歲不過數十萬石。

索隱曰：「經訓常。言封君以下皆以湯沐邑爲私奉養，不領於天子之常税，爲一年之費也。漕，水轉穀也。一云：車運曰轉，水運曰漕。中都猶都内，皆天子之倉府。以給中都官者，即今太倉以積官儲者也。」師古曰：「中都官，京師諸官府也。」

今按：漢仍秦舊，貧民耕墾富家之田，十分之中，以五輸田主，但於田主所得五分之中率十五而税一。至平帝元始時，總計天下，定墾田不過八百二十七萬五百三十六頃，以周步百爲畝之法約之，得周田一千九百八十四萬九千二百八十六萬四千頃〔一〕。此漢之極盛也，不及周家王畿内外田四分之一，畿内之地，抑又少矣。況

〔一〕「一千九百八十四萬九千二百八十六萬四千頃」，疑當作「十九萬萬八千四百九十二萬八千六百四十頃」。

當高祖初年，度田未廣，諸侯分封，又皆自食其地，天子止有江陵以西至巴蜀，北自雲中至隴西，與京師內史凡十五郡。而十五郡之中，又往往有列侯、公主之邑，各爲私奉養，不領於天子之經費。而十五郡租稅之入，又於田主所得什五之內止取十五分之一，其征甚薄矣。故轉漕山東粟以給中都官者，僅有數十萬石，併京師內史而計之，亦必不能過百萬石矣。夫周之田稅，未嘗資於畿外也，即畿內千里之地，百萬井之田，當有公田一萬萬畝以上，農夫治田百畝，歲收粟一百八十石，爲米九十石者而計之，當有米九千萬石，視漢幾多百倍，而漢之所入，將何以能充哉！所恃者恭儉而已。夫爲民立君，欲使天下之歸於平也，必竭心思以計久遠，垂典則以貽子孫，故立什一中正之法，使用者不至匱乏，而供者不必加增，然後相安於無事，而得以長治也。豈但爲苟且節約之政，以貉道取驩虞於目前而已哉！漢高以創業之君，起周京之地，當時遺老豈無一人知先王之意者哉！果能誠心爲民勤勞不倦，而群臣之中，復以王道相勸，則必先登民數，首正經界，因民授田，因田制賦，而量入爲出，使有贏餘，何患乎財用之不足也。顧佐命功臣，類皆俗吏，賢者莫如張良，亦一黃老之學耳。故當天下既定，遂以休息爲期，民之貧富，不復經綸，而終漢之世，無善治矣。且因出制入，豈經國之道哉！惟以人方厭亂，國事不煩，而蒞衆以寬，約法省禁，故十五稅一而足耳。至武帝志存經略，喜於有爲，則府藏皆虛，國用遂屈，而管鹽鐵、置平準、筭緡錢、增口賦、稅舟車、榷酒酤、責酎金、贖死罪，盡籠天下之利，而不惜民財之窮，豈非因出制入之家法有以啓之邪！後世田賦大失古意，皆自漢始，故備論於此，以見創業者當以民事爲急，使後世有法守焉可也。

高祖令賈人不得衣絲乘車，重租稅以困辱之。四年八月，初爲筭賦。

如淳曰：「漢儀註：『人年十五以上至五十六出賦錢，人百二十爲一筭，爲治庫兵并車馬。』」應劭曰：「漢律：人出一筭，唯賈與奴婢倍筭。」

今按：漢初用莢錢。索隱曰「莢錢重三銖」，當今之一錢二分五釐。杜佑曰「重銖半」，則其數減半，佑必有所受矣。然其直亦未有考也，今姑以銖半者大約計之，一筭多亦不過當銀一錢二分之直，與王莽時朱提銀所直之錢不同，蓋錢重則民不堪矣。惟其直輕，故一百二十之筭遂爲歲賦之常，而民不以爲苦也。至十一年，詔：「欲省賦甚，今獻未有程，吏或多取以爲獻，令諸侯王、通侯每歲以十月朝獻，各以口率，人歲六十三錢，以給獻費。」蓋餘五十七錢，仍留郡國自用，而所獻筭錢與田租，皆治粟內史所領之經費也。但車馬、兵甲之需，古者取於粟米、布縷之餘，而漢則別爲一賦，賈人倍之，大略與九賦同。已説見第二卷太宰職下矣。兼併之家，多畜奴婢而無限，故亦倍筭以抑之也。然漢於布縷，未見有征焉，豈其以布縷爲園市之所出，而別以供天子之私奉養歟？毋將隆言於哀帝曰：「大司農錢，乘輿不以供養，供養勞賜，一出少府。」大司農即高帝時治粟內史，掌穀貨以供軍國之用者也。少府掌天子之私藏者，故文帝時賜九十以上者帛及絮，武帝時賜三老帛，九十以上與鰥寡孤獨者帛及絮。此皆勞賜之物，少府掌之，而大司農不與焉。但漢時重用錢，嘗以錢代租，而內史所領，惟有錢、穀二事，故於布縷常略言之耳。宣帝時貢禹欲罷鑄錢，而租稅禄賜皆以布帛及穀，議者謂交易待錢，布帛不可尺寸分裂，議寢不行。至章帝時張林以穀貴錢賤，欲盡封錢而一以布帛爲租，於是布帛始迭爲用，而漢初之以錢爲重也，因可見矣。然則口筭之賦，亦因布縷移於別用而變其名耳。然當時又有户賦如貨殖傳所謂「秦漢之間，列侯封君食租税，歲率户二百，千户之君則二十萬，朝覲聘享出其中」者，意必郡國未定口筭時之賦邪？既定口筭百二十，而户筭猶如故，或更益之，故曰「今獻未有程」也。減五十七錢以留郡國，而户賦之紛紛者盡可省矣，兹非高帝之惠政歟？〇又按：漢司農掌經費，少府掌私奉養，其職不相關。故鹽鐵山海之藏，本屬少府，武帝以經費不足，以屬司農。上林鐘官本掌鑄錢，以上林財物衆，乃令水衡主之，亦天子之私藏也。故宣帝本始二年，以水衡錢爲平陵，徙民起第宅。應劭註曰：「水衡與少府皆天子私藏。縣官公作，當仰給司農。出水衡錢，言宣帝即位，爲異政也。」夫天子而有私財，示人不廣，雖周禮有内府、外府，各專所用，蓋亦衰世自便之事，非先王之法也。宣帝之出水衡錢以供司農之用，蓋知此意矣。其後光武併禁錢掌之大司農，以絶一己之私，當時豈無宫掖之私費哉？夫宫掖之費，亦經費也。雖有私與，自可周於奉養之餘，量度宫中應用一歲幾何，量數奉入，苟加節約，亦自有餘，何待私藏而後可取足邪？至唐以正庫爲左藏，而私藏則爲大盈庫，猶西漢之舊也。其後併左藏而歸大盈，主以中官，則天下之財盡爲人君私藏，而有司不得程其多少矣。此其所以進奉羡餘，日增不足歟？若宋亦有内藏諸庫，如封樁者，然皆蓄積以待非常，軍興賞賚則用之，災傷賑濟則用之，財用乏則出以助之，非以自奉也。故仁宗曰「國家禁錢，本無内外，蓋以助經費」，然則所謂内藏者，其即魯人長府之類歟？雖藏於内而實司國計者之所宜總會也。否則利權分於多門，職守牽於衆主，費出無經，而咎諉不任，國事何由而得濟乎！

景帝二年，令民半出田租，三十而税一。

今按：三十税一，以官計之，税爲甚輕。以民計之，則富民之田爲貧民所耕，所入之租，各得其半，則貧民之租已去什之五矣。如耕三十畝之田，當得租六十石，耕者止得三十石，以其半與田主，是什而去五爲耕者言也。若富民有田者得三十石，是不耕而坐收租者也。官家優惠，乃三十分而取其一，又豪强者占田逾多而税益少，豈不資强豪哉！三十税一比之十五税一者益輕，雖不可以爲中正之法，然非恭行節儉，何以能賦薄而用充哉！此亦可見量入爲出之效矣。〇自此以下，田租皆以二百四十步爲畝計數。

董仲舒説武帝曰：「秦用商鞅之法，除井田，民得賣買，富者田連阡陌，貧者無立錐之地。或耕豪民之田，見税什五。漢興，循而未改。古井田法雖難卒行，宜少近古，限民名田，以贍不足，塞兼併之路。去奴婢，除專殺之威。然後可善治也。」

師古曰：「名田，占田也。」

今按：奴婢者，有罪没入官役作之名，男曰奴，女曰婢。漢初，高帝令民得自賣於是豪家，遂多鬻奴婢以供役，而得以擅殺。不但奴婢，凡佃客耕豪家之田，亦服屬之矣。夫人得賣買則丁多隱蔽，而民數不可以周稽；田得賣買，則户多兼併而民生不得以均養。此皆廢井田之所必至也。後世皆以井田爲難行者，拘於周禮遂溝洫澮、井邑丘甸之形，謂其截然正方，整如棋局故也。殊不知孟子當井田既廢之餘，而力勸滕君行之，不過

「正經界」之一言耳。經界之中，但足九百畝之田，即爲一井，而田間水道，則可聽其自治矣，何必一一與之開渠置路哉！當洪水初抑之時，天下皆無可居之地，而大禹畫野分州、則田定賦，雖究土最下之區，亦攸同於十三載之内，固無不可爲之事也。當時但以未見貢之不善，故不必變耳，否則田亦何難於井哉！井田之法，非始於黄帝，蓋法之最善者莫如井田，使果先有此制，則堯舜當必因之，禹又豈肯變而爲貢哉！蘇老泉謂井田始於唐虞，蓋亦不察乎此矣。然則井田無難，待人而舉，其人亡則其政息，所難者在人耳。以高帝之才略猶不能，復他又何望焉。仲舒限田之法，井田之遺意也，而「去奴婢」之一言，又限田之先務也。蓋民數者，國之本，民數不周，則事皆失實，雖欲均田，亦苟而已。故有實德以聚人而處之有方，則民數無不得矣；有實德以制産而行之有漸，則田數無不平矣。後世所以雖嘗舉議及此，而訖無成功，其咎在德之未實耳，而豈法之果不可行哉！

王莽篡位，下令：「漢氏減輕田租，三十而税一，而豪民侵陵劫假，厥名三十，實什税五也。今更天下田曰王田，奴婢曰私屬，皆不得買賣。其男口不過八，而田滿一井者，分餘田與九族鄉黨。」犯令者，至死。制度不定，吏緣爲奸，天下謷謷，陷刑者衆。莽知民愁，下詔王田及私屬皆得賣，勿拘以法。

今按：王莽之令，亦董仲舒限田之意也。德不足以服人，而欲以政刑一天下，所謂徒法不能以自行也，而況制度又不定乎！自莽以後，言均田者多矣，皆此類耳，何怪乎人心之不信從哉！○王莽本在文帝後，以限田類從董仲舒耳。

漢文帝十三年除肉刑，張倉定律：「罪人獄已決，完爲城旦舂，滿三歲爲鬼薪白粲。鬼薪白粲一歲，爲隸臣妾。隸臣妾一歲，爲庶人。隸臣妾滿二歲，爲司寇。司寇一歲，及作如司寇二歲，免爲庶人。」

應劭曰：「城旦者，旦起行治城。取薪給宗廟爲鬼薪。坐擇米使正白爲白粲。」

如淳曰：「城旦者，論決、輸邊，晝防寇虜，夜暮築長城。舂者，婦人不外徭，但舂作米。」

師古曰：「男子爲隸臣，女子爲隸妾。鬼薪白粲滿三歲爲隸臣。隸臣一歲免爲庶人，隸妾亦然。」

今按：漢改秦正卒一歲屯戍之法，有罪謫乃戍邊一歲，此城旦亦戍邊也。云「二歲」者，蓋文帝自肉刑重罪減從完者而言，謫戍之重者也。隸臣妾，即官奴婢也。司寇，罪之降爲防寇者，即周禮司隸所掌隸法有「博盜執人之事」，蓋官所遣之辱役也。作如司寇，謂比於司寇之工作，如罪隸所謂「守王宫與野外之厲禁」，則今巡警之役也，蓋又輕於防寇矣。城旦舂三歲，鬼薪白粲一歲，通爲三歲，又加隸臣妾一歲，此四歲刑也。漢初，亦以城旦舂爲四歲刑；至惠帝初年，以城旦舂者分爲鬼薪、白粲，降三歲刑；而文帝又定此律復爲四歲刑也。隸臣妾二歲，又加司寇一歲，此三歲刑也。作如司寇，謂正司寇二歲刑也。此皆刑徒輸官作者也。自古有之，如傅説爲胥靡、箕子爲奴是也。周禮有罪隸：「掌役百官府與凡有守者，使令之小事，凡國若家，牛助則牽徬。」註謂：「役，給其小役。牛助轉徙也。在前曰牽，在旁曰徬。」此即今擔擎牽挽之役夫，在古亦任除治煩汙之辱事，役之小者也。若大役别有歲用三日之庸，非隸所供，故云小役耳。漢承秦亂，犯法者多，罪謫之徒，動以萬計。故惠紀發諸侯王、列侯徒隸至二萬人；昭紀發三輔、太常免刑之徒；宣紀發三輔、中都官弛刑之徒。雖不言其數，而以徒發多可知已。漢初庸法未有常錢，止役囚徒，似亦充用，然凡有興作，往往兼發軍、民。夫軍者，聽調之卒，取於一歲力役之征者也；民者，歸休之人，取於一月踐更之外者也。得無謫徒多所隱占，倉卒無以應實用邪？抑亦以工役非常，而徒隸有所不足邪？觀惠帝時，兩發長安六百里内男女城長安；文帝時，大興卒塞金堤；武帝時，河決瓠子，注鉅野，興人徒塞之，其後穿渭渠、河渠、洛渠，與塞瓠子決河，皆發卒數萬人。夫力役聽調之卒，本皆自備衣糧者也，宜未與直焉，民則不知何以處之。至元帝時，治河卒非受平價者，爲著外繇六月。孟康曰：「外繇，邊戍也。」師古曰：「以治河卒有勞，雖執役日近，皆比繇戍六月也。著謂著於簿籍。」蘇林曰：「平價，以錢取人作卒，雇其時庸之平價也。」如淳曰：「律説，平價一月得錢二千。」如此，見當時卒多雇募，而官無見錢，故未給直，姑增外繇爲六月之久而著之於籍，以酬其勞耳。此見漢庸之無常法也。然漕運則常用卒，故宣帝時耿壽昌言「故事，歲漕運山東穀四百萬斛，用卒六萬人」，非如唐之以民丁送租，而量其水陸之直斛計庸錢者矣。此漢養兵之費尚未甚廣，而何元帝時遂無以給治河之卒乎！漢之庸法無可考，姑述徒隸一節而附論其下云。

魏武初定鄴都，令收田租，户絹二疋、綿二斤，餘皆不得擅興，藏强賦弱。

今按：漢初但以田出租、口賦出錢，未嘗以布帛爲調也。惟章帝時，始以布帛爲租，亦不過因錢賤爲通融之術耳。然其名爲租，則以當時租亦嘗用錢代故也。自此錢帛迭用，故齊竟陵王子良曰：「錢帛相半，爲制永久。」而布帛本征，混於園市私奉養之租，已失先王調布帛之意矣。至魏始以田出粟，户出絹二疋、綿二斤而有布帛之調，必因漢不以布帛入於粟米之經費，而又混於錢中，故特分一調，而於筭賦則不復言。蓋欲正粟米、布帛二征之名，以附於古義耳。然觀魏武之調，户調也，其調尚輕；後魏孝文變户調爲口調，其調始重矣。

晉武帝平吳之後，制户調之式：丁男之户，歲輸絹三疋，綿三斤，女及次丁男爲户者半輸。其諸邊郡或三分之二，遠者三分之一。夷人輸賨布，户一疋，遠者或一丈。男子一人占田七十畝，女子三十畝。其外丁男課田五十畝，丁女二十畝，次丁男半之，女則不課。遠夷不課田者輸義米，户三斛，遠者五斗，極遠者輸筭錢二十八文。其官品第一至於第九，各以貴賤占田，第一品占五十頃，每品減五頃以爲差，第九品十頃。而又各以品之高卑蔭其親屬，多者及九族，少者三世。宗室、國賓、先賢之後、士人子孫亦如之。而又得蔭人以爲衣食客、佃客。量給官品，以爲差降。

今按：此晉武帝太康之法也。云「丁男之户」至「遠者或一丈」，是言户調絹布之法。云「男子一人占田七十畝」至「輸筭錢人二十八文」，是限庶民田之法。男子、女子，以户長言。其外丁男、丁女，以户丁言。皆年十六至六十之正丁也。次丁男、女，皆年十五以下至十三之次丁也。户丁、次丁，皆與户長同一户者也。「義米」見後北齊均田條下。云「其官品第一」至「第九品十頃」，是限京官田之法。皆占田以爲永業，非職田也。外官之限，未有考焉。云「各以品之高下蔭其親屬」至「以爲差降」，是後世優免之例。衣食客，即僮客也。佃客，即佃户也。東晉以後，又有典計，皆京官所附蔭之人也，是時官奴婢皆放復籍。其良人遭難，附於士大夫者，謂之僮客。武帝時雖有限田之令，不三十年，而王戎田園、水碓周徧天下，在群臣已不能守，况能及於遠乎！宜乎江左别有更制也歟？降及孝武，田亦難定，而王公以下，止是計口税租，唯蠲在身之役，則隱占之多，因亦可見，不得不爲一切之政矣。〇又按：隋志載東晉工役之法，見下條。

東晉寓居江左以來，都下人多爲諸王公貴人左右，佃客、典計、衣食客之類，皆無課役。官品第一第二以下，佃客每品減五户。典計多者不過三人，少者止一人，皆通在佃客數中。衣食客亦自三人至一人，皆注家籍。其課，丁男調布絹各二丈，綿三兩，絲八兩〔二〕，禄絹八尺，禄綿三兩二分，租米五石。丁女並半之。男年十六，亦半課，年十八正課，六

〔二〕「綿三兩，絲八兩」，隋書卷二十四食貨志作「絲三兩，綿八兩」。

十六免課。其丁男，每歲役不過二十日。又率十八人出一運丁役之。其田，畝税米二升。其度量，三斗則當今一斗，稱則三兩當今一兩，尺則一尺二寸當今一尺。

今按：此隋志所載東晉江左之制也，蓋變太康之舊矣。丁男，計成丁之男而言也。丁男租米至於五石，而其量又以三斗當一斗。調則稱尺亦增。不知庸法歲役二十日，其外又十八人而出一運丁，其重何以能堪也？會計當時贏縮之數，不可得而詳，但以晉極盛時户口論之，僅得漢六分之一，而當時用度又廣，雖欲輕賦，安可得哉！既不能輕徭薄賦以結人心，欲限以一切之法，裁抑衣食、典計、佃客之數，人誰信之！此永嘉喪亂，人多饑乏，所以更相鬻賣，而卒不能禁也歟？〇晉制本無足取，特以後魏均田之法本此，故備述之。

魏初，民多蔭附，蔭附者皆無官役，豪强徵斂，倍於公賦。孝文太和間，給事中李安世上言：「州縣之民，年儉流移，棄賣田地，漂居異鄉。强家豪族，肆其侵陵，爭訟遷延，連犯不判。雖桑井難復，宜更均量，使力業相稱。又所爭之田，宜限年斷，事久難明，悉歸今主，以絶詐妄。」魏主善之，九年十月，詔均給天下之田：諸男夫十五以上，受露田四十畝，婦人二十畝，奴婢依良。丁牛一頭受田三十畝，限止四牛。所受之田率倍之，三易之田再倍之，以供耕作及還受之贏縮。人年及課則受田，老免及身没則還。奴婢、牛隨有無以還受。初受田，男夫給二十畝，課種桑五十株。桑田皆爲世業，終身不還，恒計見口。有盈者無受無還，不足者受種如法。盈者得賣其盈，不足者得買所不足。不得賣其分，亦不得買過所足。諸麻布之士，男女及課，别給麻田十畝，婦人五畝，皆從還受之法。諸遠流配謫、無子孫、及户絶者，墟宅、桑榆盡爲公田，以供授受。〇又：民調，一夫一婦，帛一疋、粟二石。民年十五以上未娶者，四人出一夫一婦之調；又奴任耕，婢任績者，八口當未娶者四；耕牛二十頭當奴婢八。麻布之鄉，一夫一婦，布一疋，下至牛，以此爲降。大率十疋爲公調，二疋爲調外費，三疋爲百官俸，此外復有雜調。

今按：蔭附，謂衣食、典計、佃客也。均田所以招徠蔭附，將使衣食客之類皆爲齊民，民間又安有奴婢哉！奴婢是没官者，人皆賤之，不欲與齒，既放從良，則亦與齊民無異，故别授以田，使自爲户。然必因牛而授之，限止四牛，謂一户之數止此，不欲過也。其牛有官給者，有非官給者。非官給者，聽其賣買，故隨有無還受奴婢。八口當一夫一婦之調，其所以取賦輕者，優之使樂於復業也。自魏、晉以來，崇世族而賤寒門，嘗爲奴婢者永不得齒焉，故優之使與良人相似也。露田，不栽樹者，蓋亦無主及户絶之田也。其有主者，則栽樹而爲世業之田，所謂「得賣其盈」，正指此耳。所受之田，即露田也。露田不若桑田之成業，故率加一倍，其最下者，則再加一倍。率倍者，兼一易、再易而言，皆同於周禮「一易之地」也。再倍者，專指三易而言，惟此比於周禮「再易之地」也。如此則桑田當爲不易之地矣。一夫一婦，乃成家初受田，男夫止給二十畝，謂原無世業田者。及課，謂及十五受田之年也。桑田，使之用力栽種，以其私家所成，故與爲世業，不在還受之列，但有餘者許賣，取於足其二十畝之分而已。所謂有餘，乃是未均田時所原有之業，即前有主田也。均令既行，則安得買過所分哉！若露倍之田，則口分田也，皆以無主户絶而没爲公田者給之，不得私賣買也。孝文此法，雖本晉太康，而田里區分，頗有條貫。分給公田，無亟奪富人之擾，聽賣私業，有損歸畝限之期，不特視晉爲善，而後之行租、庸、調者，鮮或過焉。但愛有未洽而信不孚，事有異宜而法難一，計口而調，及於耕牛，此非可久之道也。但經累朝戰爭，殘殺之餘，土曠人稀，利輕命重，故若可行耳。後三年，韓麒麟言：「京師民庶，不田者多。游食之民，三分居二。工商之族，僕隸玉食。耕者日少，田有荒蕪。」則亦無實效矣。○後魏庸法無可考。孝文季年於司州民十二夫内調一吏，以供公私力役，則漢更卒供力役一年之意，恐非後世「租庸調」之庸也。至西魏文帝作府兵，而曰「身租庸調，一切蠲之」，則當時固已有庸矣。

北齊武成帝河清三年，令民十八受田，輸租調，二十充兵，六十免力役，六十六還田，免租調。執事官及百姓請墾田者，名爲永業。一夫受露田八十畝，婦人四十畝。奴婢依良人。牛一頭，受田六十畝，限止四牛。每丁給永業田二十畝，爲桑田，其田人還受之分。

土不宜桑者，給麻田，如桑田法。率人一牀，調絹一疋、綿八兩，墾租二石，義租六斗〔一〕。奴婢準良人之半。牛調二尺，墾租一斗，義租五升。墾租送臺，義租納郡，以備水旱。

今按：北齊此制，大抵與魏太和制同。云「二十充兵，六十免力役」，則兵亦在力征内也。執事官，謂京官之有職事者。墾田，亦名永業，不言其數，意必承晉，武官以貴賤占田之制，未有改歟？受露田者，視魏加半，其必魏計正田之數，而北齊則併言其所倍耳。然亦可見三易之田，不再倍矣。一夫一婦爲一牀。墾租者，田内所出也。義租者，非田内所出，蓋計户口而税也。臺謂尚書省之臺。宋孝王關東風俗傳曰：「齊雖有當年權格，時暫施行，爭地文案有三十年未了者。」露田雖不聽賣買，賣買亦無重責。奴婢請田，亦與良人相似。以無田之良口比有地之奴牛，宜以富豪牛地先給貧人，觀此則齊令其亦不久而廢者歟？〇又按：北齊之庸，仍文宣九等户之制，富者税其錢，貧者役其力，則凡工役、差役皆在其中矣。然自魏以來，運納租税之遠近，亦以三等爲差，則别有租輸三等九品之制，而不與於役法焉。後世三等九則之法，蓋本於此。

後周文帝霸政之初，置司均掌田里之政令。凡人口十以上，宅五畝；口九以上，宅四畝；五以下，宅二畝。有室者田百四十畝，丁者田百畝。司賦掌功賦之政令。凡人自十

〔一〕「義租六斗」，隋書卷二十四食貨志作「義租五斗」。

八以至六十有四，與輕疾者，皆賦之。有室者，歲絹一疋，綿八兩，粟五斛；丁者半之。其非桑土，有室者，布一疋，麻十斤；丁者又半之。豐年則全賦，中年半之，下年三之[二]。若艱凶札，則不徵。司役掌力役之政。凡人自十八以至五十有九，皆任於役。豐年不過三旬，中年則二旬，下年則一旬。凡起徒役，無過家一人。若凶札，無力征。

今按：後周做周禮以行六官之政，其司役所掌力役，工賦、兵賦皆在其內，庶幾近古。但工賦歲至三旬，兵賦家起一人，則過於信周禮而役太重矣。

隋文帝自諸王以下至都督，皆給永業田，各有差。多者至一百頃，少者至四十頃。其丁男、中男永業露田，皆遵後齊之制。並課樹以桑榆及棗。其園宅率三口給一畝，奴婢則五口給一畝。丁男一牀，租粟三石。桑土調以絹絁，麻土以布絹。絁以疋，加綿三兩。布以端，加麻三兩[三]。單丁及僕隸各半之。未受地者皆不課。○令軍人以二十一成丁。每歲爲二十日役。

[二] 「下年三之」，隋書卷二十四食貨志作「下年一之」。
[三] 「加麻三兩」，隋書卷二十四食貨志作「加麻三斤」。

今按：隋初采周制，置都督，以酬功勞，故在勳戚之列。晉制官以貴賤占田，則一品以至九品，皆有永業矣。惟國王諸侯，未有永業，故至此始併都督而給之。其受田多寡之數，則莫考其詳。以唐永業田親王百頃、職事官正一品六十頃以至五品六十畝者觀之，其所損益亦略可知矣。絁兼絲也，絲經枲緯曰絁。四丈曰疋。二丈曰端。自晉以下，分田定賦之法，數則或多或少，賦則或户或丁。蓋喪亂之後，地曠人稀，則田數多；輯寧之時，地闢人衆，則田數少；草昧之初，民勞事簡，則賦以户；用繁之日，民侈弊生，則賦以丁。皆因勢而爲重輕也。此歷晉、魏、齊、周、隋、唐，相仍爲制，其間損益，雖有不同，然大約主於因出制入之一言而已。

唐高祖武德七年，始定均田賦税。凡天下丁男十八以上者給田一頃，篤疾、廢疾給四十畝，寡妻妾三十畝。若爲户者加二十畝。皆以二十畝爲永業，其餘爲口分。永業之田，樹以桑、榆、棗及所宜之木。身死則承户者受之。田多可以足其人者爲寬鄉，少者爲狹鄉。狹鄉受田，減寬鄉之半。其地有厚薄，歲一易者，倍授之。寬鄉三易者，不倍授。工商者，寬鄉減半，狹鄉不給。凡庶人徙鄉及貧無以葬者，得賣世業。自狹鄉而徙寬鄉者，得并賣口分田。已賣者，不復授。死者收之，以授無田者。凡收授皆以歲十月。先貧及有課、役者。凡鄉田有餘以給比鄉，縣有餘以給比縣，州有餘以給比州。凡授田者，丁歲輸粟二石[一]，謂之租。丁隨鄉所出，歲輸絹、綾、絁各二丈[二]，布加五之一，綿三兩。輸布者，麻三斤。謂之調。用人之力，歲二十日，閏加二日，不役者日爲絹三尺，謂之庸。有事而加役二十五日者免調，三十日租、調皆免。通正役並不過五十日。若嶺南諸州則税米，上户一石二斗，次户八斗，下户六斗。夷獠之户，皆從半輸。蕃人内附者，上户丁税錢十文，次户五文，下户免之。附經二年者，上户丁輸羊二口，次户一口，下户三户共一口。水旱蟲蝗爲災，十分損四分以上免租，損六以上免租調，損七以上課役俱免。

劉恕曰：「後魏均田制度，似今世佃官田及絶户田出租税，非如三代井田也。魏、齊、周、隋兵革不息，農民少而曠土多，故均田之法存。至唐承平日久，丁口滋衆，官無閒田，不復給授，故田制爲虚文。唐志云『口分、世業之田壞而爲兼併』，似指以爲井田之比，失之遠矣。」

今按：丁男田一頃，内八十畝爲口分，二十畝爲世業。狹鄉丁男授田止得四十畝，減寬鄉之半。一易者倍授，指口分田而言。三易之田雖寬鄉亦不再倍，言授田一概限於一倍而已。此與北齊制同。蓋已變後魏三易之田，别有再倍之法矣。至於工商之田，狹鄉遂不給，此皆以其田數不足故耳。近地輸粟，嶺南輸米，見粟與米

[一]「粟二石」，新唐書卷五十一食貨志作「粟二斛」。
[二]「歲輸絹、綾、絁各二丈」，新唐書卷五十一食貨志作「歲輸絹二匹，綾、絁二丈」。

異也。課謂租、調。役謂庸。唐制本魏均田法，租出米粟，調出布帛，庸出力役，舊有此名。但以人丁爲本，因之以均租庸調而立爲一代之法，則自唐始。然給田則多寡不齊，量地則廣狹異制，遷徙聽其出鄉，賣買從其易業，即其規限，視魏孝文又繁瑣矣。況三者並征，又皆戰國苟簡之法乎！當時所以稱善者，特以法度方立，户口方明，以丁授田，以田定户，人雖轉徙，無所容奸耳。玄宗開元以後，天下户籍久不更造，丁口轉死，田畝賣易，貧富升降不實。其後國家侈費無節，而盜起兵興，財用益屈，遠近異規，内外殊制，而租庸調壞，天下紛紛，遂相兼併。自代宗時始以畝定税而斂以夏秋，則不待楊炎而兩税之勢已先成矣。○調在漢時未立此名。至魏武令收絹綿，亦未定以爲調也。至晉武始立户調之式，而後絹綿之征，遂名爲調矣。然後魏孝文調布帛以十疋爲公調，二疋爲調外費，三疋爲内外百官俸，自後多以帛充俸。至宋，給俸猶以帛綾，則布帛之用，不止爲軍需也。而蘇轍論租庸調則曰「人入布帛以爲兵之調」，又曰「調者，兵之所當費」，而宋志論布帛亦云「承前代之制，調絹、紬、布、絲、綿以供軍需」，豈以後世兵每資之，故遂專主以爲名邪？○唐之庸也，人率以歲二十日爲常，閏則又加二日。其直則日絹三尺。比古歲不過三日，歲加六倍矣。夫庸錢者，本以備河渠梁道之修，宫殿城池之建者也。然太宗貞觀中則發卒以修乾元殿；高宗顯慶中則發卒以鑿門山梁〔一〕；玄宗開元中則抽衛士以備三宫城浚池。其他如德宗建中三年，楊炎請於豐州置屯，發關輔人開陵陽渠者，不一而足。楊炎

〔一〕「鑿門山梁」，新唐書卷五十三食貨志作「鑿三門山爲梁」。

在兩稅之後，無恠其然。太宗、高宗、玄宗時租庸調法尚未廢也，何以工役之直不盡取於庸，而或發卒，或發人邪？要之當時江淮粟至京師，民送租者，皆有水陸之直，率兩斛，計庸錢千。蓋古所未有之費，而庸錢所用者廣，不得不別出一途耳。然亦可見其不能量入爲出而倚於因出制入矣。

玄宗開元八年，頒庸調法於天下。是時天下户未嘗升降。監察御史宇文融獻策：括籍外羡田、逃户，自占者給復五年，每丁稅錢千五百，分行括實。諸道所括得客户八十餘萬，田亦稱是。州縣希旨張虛數，以正田爲羡，編户爲客，歲終，籍錢數百萬緡。

杜佑理道要訣曰：「宇文融檢責客户，除每州計會歸本貫外，更令所在編附。其寬鄉有剩田者，約三四十州。其浮户，任其親戚鄉里相就，每十户以上，共作一坊。每户給五畝充宅，并造一兩間屋宇，開巷陌，立閭伍，種桑棗，築園蔬，使親隣不失。丁別給五十畝以上爲私田，任其自營種。率十丁於近坊更共給一頃，以爲公田，共令營種。每丁一月役工三日，十丁一年，得三百六十日。營公田，不啻得足，計平收一年不減百石，便納隨近州縣。倉更無租稅。既是營田，且免征行，按堵有餘，必不流散。」

沙隨程氏曰：「唐令：授田，里長預造簿，縣令總集應退應授之人，對共給授。律文脱户者有禁，脱口者有禁，漏口者有禁，浮浪者有禁，占田違限者有禁，官司應授田而不授、應課農桑而不課者有禁。但使後世謹守高祖、太宗之法，其爲治豈易量哉！中間法度廢弛，凡史臣所記時弊，皆州縣不舉行法度耳。時天下有户八百萬，而浮客乃至八十萬，此融之論所以立也。使融檢括剩田以授客户，責成守令而不收額外之賦，户口既增，租調自廣。雖有不善，其振業小民，審脩舊法，所得多矣。故杜佑稱融之功。當是時，姚崇、宋璟、張九齡輩皆在，豈雷同默默者邪！故唐人後亦思之。然陸贄稱租庸調法曰：『不檢閲而衆寡可知，是故一丁之授田，決不可令輸兩丁之賦。非若兩税，鄉司能開闔走弄於其間也。』史臣謂『州縣希融旨意，空張其數，務多其獲。』與贄之説背馳。贄又言融取隱户剩田以中主欲，夫隱户而不出，剩田而不取，則流亡浮寄者，何以振業之乎？楊炎改兩税法，固宜因融之善以扶舊法，去其不善，務爲簡易，而不知出此。此陸贄之論所以諄複而發也。」

今按：宇文融欲修租庸調之法者也，觀理道要訣所記，猶有成周之遺意焉。其曰「一月役工，三日營公田」，則歲當役三十六日，通計一歲三百六十日，而役三十六日，亦十分役一耳，而十丁共田一頃，豈爲過役哉！當時民苦征戍之多，撓壞租調之法，故融以是救之，欲使免征行而不流散也，其意善矣。而史臣或反譏之，無亦未稽其實邪！大抵州縣有司，所以虚應故事，不實舉行者，皆由教化不明，心術不正也。故道德一而後風俗可同，必有關雎、麟趾之意，而後可行周官之法度，否則同歸於徒法不能自行而已。融之失，惟在不知以學術先正人心，而欲倚法以一天下，安能免有司僞增之弊哉！後世之欲行善政者率類此耳。程氏云「一丁之田，輸兩丁之賦」者，即蘇轍所謂「爲農者陰出游民之所入也」。○緡，絲也，以貫錢千文爲一貫。

德宗時，楊炎爲相，作兩税法：夏輸無過六月，秋輸無過十一月。唐初賦斂之法曰：

租庸調，有田則有租，有身則有庸，有户則有調。玄宗之末，版籍浸壞，多非其實。及肅宗室德兵起，所在賦斂，迫趣取辦，無復常準。所司增賦而莫相統攝，各隨意增科，自立色目，新故相仍，不知紀極。民富者丁多，率爲官、爲僧以免課役，而貧者丁多，無所伏匿，故上户優而下户勞。吏因緣蠶食，旬輸月送，不勝困弊，率皆逃徙爲浮户，其土著百無四五。至是，炎建議作兩税法：先計州縣每歲取應費用及上供之數而賦於人，量出以制入。户無主、客，以見居爲簿；人無丁、中，以貧富爲差。商賈税三十之一，與居者均。比來新舊徵科色目，一切罷之，皆統於度支。二税外輒率一錢者，以枉法論。

今按：兩税之法，合租庸調而分爲兩也。夏輸即庸調，秋輸即租也。當租庸調之始制也，租出穀，庸出絹，調出繒、纊、布、麻，各從物力，不强所無。及兩税之行，則或以錢當税，或以布帛當錢，雖得通融之術，終非課役之常，將使男有餘粟而減價，女有餘布而折輸，非所以利民也。租庸調以人丁爲本，其數可稽，今舊法既亡，人丁無據，觀陸贄疏稱「富者萬畝，貧者無容足之居」，則大異高祖、太宗時矣。故一以人之主客、家之貧富爲差，則奸人安得不開闔走弄於其間乎！特以乘租庸調法弊之初，少有裁正，故人猶以爲便耳。雖云「税外不率一錢」，其後如間架，如借商，如除陌，取於民者，不一而足，然則天下豈有治法邪！蓋不能量入爲出，以立經用之節，而徒欲因出制入，以定會計之常，則後人將謂國用不足，可以加征，而不知民貧則君不能獨富，卒歸於亡而已。故兩税即租庸調，租庸調即漢之租賦也。制雖不同，而計其所出，不過田與丁而已。粟米之税，則或以畝，或以夫；布帛之輸，則或以口，或以户。乃因一時輕重之勢，固後世因出制入之常，不足論也。當其行時，或便或不便，亦五十步、百步之間耳，以其皆失先王之意，豈可以爲久安長治之道哉！久安長治之道，愛民而已矣。愛民則必能節用，而民富藏焉，當其危急之時，則下必好義，不遺其親，不後其君，財不患於不足矣。浚民膏血，怨懟日深，雖嚴刑峻罰，徒滋離散耳，亦何益乎！

德宗罷諸道兩税外榷率，分天下之賦以爲三，一曰上供，二曰送使，三曰留州。宰相裴垍又令諸道節度、觀察使調費取於所治州，不足則取於屬州，而屬州送使之餘與其上供者，皆輸度支。

胡三省曰：「唐制：諸州田賦爲三[一]。一上供，輸之京師以供上用也；二送使，輸送於節度、觀察使府；三留州，留爲州家用度。其後天下悉列爲藩鎮，支郡則仍謂之留州，會府則謂之留使。」

今按：所治州，即會府也。屬州，即支郡也。古者，天子國都則有一圻之賦，諸侯封境則有一同之賦，而諸侯之賢者，受命爲方伯，惟以聯合與國而經略其地方耳。唐節度使即古之方伯也。當楊炎初行兩税：「歲斂

[一]「諸州田賦爲三」，資治通鑑卷二百八十後晉紀作「諸州財賦爲三」。

錢二千五百餘萬緡〔一〕，米四百萬斛，以供外錢；五百九十萬緡〔二〕，米千六百餘萬斛，以供京師。」供京師者，即上供也；供外者，即留州也。當時亦未有留使之名也，自置節度使而後有留使之賦矣。節度使得專諸州利權，則貢賦無常，非浚民以進羨餘，必沮兵以肆叛逆，其害豈止於爲聚斂之臣而已哉。度支，自魏至隋皆爲户部尚書之職。至唐，改爲户部，而所領有度支郎中，掌國用租賦多少之數，每歲計其所出而支其所用。

宋制歲賦，其類有五：曰公田之賦，凡田之在官，賦民耕而收其税者是也；曰民田之賦，百姓各得專之者是也；曰城郭之賦，宅税、地税之類是也；曰丁口之賦，百姓歲輸其丁錢米是也；曰雜變之賦，牛革、蠶鹽之類，隨其所出，變而輸之是也。其輸有常處，而以其餘補不足，則移此輸彼，移近輸遠，謂之「支移」；其人有常物〔三〕，而一時所輸則變而取之，使其直輕重相當，謂之「折變」。其輸之遲速，視收成早晚而寬爲之限，所以紓民力。諸州歲奉户帳，具載其丁口，男夫：二十爲丁，六十爲老。兩物折科，非土地所宜而抑配者，禁之。受民租調，有增羨者輒得罪。租多者或至棄市。二税須於三限前

〔一〕「歲歛錢二千五百餘萬緡」，新唐書卷五十二食貨志作「歲歛錢二千五十餘萬緡」。
〔二〕「五百九十萬緡」，新唐書卷五十二食貨志作「錢九百五十餘萬緡」。
〔三〕「其人有常物」，宋史卷一百七十四食貨志作「其入有常物」。

半月畢輸。開封府等七十州夏税，以五月十五日起納，七月二十日畢[一]。河北、河東諸州氣候差晚，五月十五日起納，八月五日畢。潁州等一十三州及淮南、江南、兩浙、福建、廣南、荆湖、川陝，五月一日起納，七月十五日畢。秋税自九月一日起納，十二月十五日畢，後又並加一月。或值閏月，其田蠶亦有早晚不同，有司臨時奏裁。秋税多輸邊郡，常限外更加一月。江南、兩浙、荆湖、廣南、福建土多秔稻，須霜降成實，自十月一日始收租。掌納官吏以限外欠數差定其罰。

今按：唐之兩税：限無定期，常先期而苛歛；賦無定額，每增額而繁征。至於五代，弊斯極矣。宋興，雖有五賦之名，實仍兩税之舊，蓋兩税爲綱，而五賦爲目也。其初，移、折通於衆情，而嚴增加之罰，地里量於三限，而紓急迫之程，蓋有以監唐末之弊矣。當太祖、太宗時，君則惟守恭儉簡易，民則不爲巧僞淫奢，是以上下給足，府庫溢餘，兩税亦未爲不善也。至眞宗用侈財傷，仁宗兵興費廣，乃始以財爲患。而熙寧興利之臣，遂益加多之額。皆由不知量入爲出，以恭儉率人故耳。蘇轍有言曰：「國之財賦，非天不生，非地不養，非人不長，取之有法，收之有時，止於是矣，而宗室、宮吏之衆，可以禮法節也。祖宗之世，士之始有常秩者，

[一]「七月二十日畢」，宋史卷一百七十四食貨志作「七月三十日畢」。

俟闕則補，否則循資而已，不妄擾也。仁宗末年，任子之法，自宰相以下無不減損。英宗之初，三載考績，增以四歲。神宗之始，宗室祖免之外，不復推恩；祖免之内，以試出仕。此四事者，使今世欲爲之，將以爲逆人心、違舊法，不可言也，而況於行之乎！苟能裁之，天下之幸也。」夫此四者，古之所謂庶官世禄，及王子弟之分封者也。唐虞建官惟百，夏商官倍，周官不必若周禮之盛，則官備而非其人者，皆冗員也。仕者之子孫，教之而不才，不以入官者，雖世其禄，必以其先世功德爲差，而君子之澤，五世而斬，亦不濫及也。創業之君，如文、武二王之子弟，皆分封以國，若嗣王之子孫，鮮有封者。惟鄭伯友有定難之功，乃始封之，其在春秋可考也。其餘無功德者，則但授以畿内之采邑，亦如世禄之法，當以五世爲節，不得而過也。蘇轍之言，蓋知此意矣。然周之衰也，政漸陵夷，事無限制，王子弟之分封益衆，卿大夫之增置日多，世家之子孫皆不絶其禄，民屬於私，地不充養，而周室於是乎不支矣。夫以王畿千里之廣，公田百萬頃之饒，歲入充盈，何用不濟，尚有餘蓄，以備凶荒。況當時井田之賦，自備衣糧，國中無養軍之費，鄉遂之租止輸都邑，甸内無遠漕之勞，諸侯之國各守邊陲，京軍無徭戍之役。又春秋二百四十二年之間，未見有出六師征討之事，徒以冗食者多，遂至荒替。蓋在幽王之亂，瘨我饑饉，民已流亡。至其末世，又可知矣。況於役煩費重，而經制不及成周者乎！昔梁惠王東敗於齊，南辱於楚，西喪地於秦，而又重以河内、河東之歲凶，正所謂「加之以師旅，因之以饑饉」之時也，其國促民稀，豈能比强於宋哉！然而孟子告之別無富國强兵之術，惟欲以愛民爲本，因天地自然之利，開休養生息之端，擇勞而勞，因利而利，不違其所欲，不强其所難，俟其恩信既孚，催驅不怨，然後爲制常生之業，使無俯仰之憂，則民知尊君親上，可使制梃以撻大國之堅甲利兵矣。此古之賢君所以爲恭儉，而非求急效以罔民也。漢之文、景，能使民臻於富庶，亦由此道，但無志於王道之成，故治止小康耳。然當爲治之初，亦宜以文、景爲法，欲法文、景，其道無他，節用愛民，量入爲出而已矣。〇又按：宋仍唐兩稅之制，則庸與租調，混而爲一矣。經用之外，養兵之費尤多。故太祖憫民之勞衆，役多以廂軍給之，所謂「漕輓、營繕力役之任，悉用士伍」者也。故牽輓漕船則發卒；堤築河渠則發卒；起造園陵則發卒；修葺倉、營城池則發卒；差直京諸司庫務役兵與夫馬遞舖兵之役，則亦以卒。而丁夫罕有發者，正以有用之食養無用之兵爲可惜也。雖太祖於建隆中嘗發浚儀民修皇城宫殿；乾德中嘗發近甸丁夫修京城，又發畿甸民以治澶、滑河堤；開寶中嘗發平凉潘原民治渭州城隍。蓋亦因利而利，擇勞而勞，而又有傭錢以充廩食之給，如諸州輦送官物至京，必計其舟車役人之直以付主綱也。蓋太祖未嘗輕於役民，浚河通漕，日加廩給，且立爲定式。先是多以道路居民爲遞夫，而太宗乃詔郡國悉行禁止，其不忍於役民如此。故李燾云：「自五代後，凡國之役，皆調於民，民以勞弊。宋有天下，悉役廂軍，凡役作、工徒、營繕，民無與焉。故天下完固，承平百年。」至其後世廂軍不足而召募日增，召募不足而丁夫屢起，民不勝其急役矣。祖宗之美意，安在哉！夫古者之征，惟有粟米、布縷、力役三者而已。力役之中，則有軍、工二役。軍役不但以之居守調征，而凡百官之輿園僕從，境内之牽挽擔擎，皆取給焉；工役不但以之營廬繕廩，而凡濬治甸服之河渠，修築要區之城堡，皆取給焉。此其事各有區分，而用亦不出於畿外也。唐租庸調，實本此意，但調外又有府兵，則力役不兼軍賦，蓋其征其用，合天下而一之，與古異焉。至宋之養兵，率多召募，則所用皆兩稅之錢，而軍賦不在兩稅外矣。雖不明立庸科，然稅其財與役其力，一也。特古者役民取於歲用三日之直，而今則混於兩稅之中。兩稅不以人丁爲本，而因田以課民財，則游閒蔭附之人，每得倖免，而所不能免者，惟有田之農民耳。蘇轍嘗言「兩稅之後，爲農者嘗陰出游民之所入，而天子常任養兵興役之大患」，蓋謂此耳。重以冗食日多，空言無補，卒歸於因出制入而已矣。○自漢以下，又有卒役、職役，不在工役之内，附見於後。

卒役

秦用商鞅之法，月爲更卒，已復爲正。漢興，循而未改。

今按：更卒，給郡縣一月而更。正卒，給中都官一歲而更。而百官有司之僕從，皆在其中矣。僕從取於卒中，猶有古軍賦出馬乘之遺意焉。詳見後軍制引漢事條下。○又按：漢有弛刑之徒，所謂隸臣妾者，皆以分給諸官府之役。如宣帝發三輔、中都官徒，云「三輔」則給郡縣官者也，云「中都」則給中都官者也。周禮司隸掌隸法，有搏盗執人之辱役，其即此類歟？詳見前田制論漢庸法下。

北齊官自一品以下，至流外勳品，各給事力。三十人至一人爲等。刺史、守、令以下，幹出所部之人。一幹輸絹十八疋，幹身倣之。力則郡、縣白直充。

今按：幹，卽南齊僮幹，疑必門僕之類。身倣之，謂身自役者亦依絹數也。白直，僕從也。觀司馬光乞罷將官狀内有云「量留羸弱下軍，以充本州白直及諸般差使」，又云「頃歲以來，自轉運使、知州以下白直及迎送少人，日朘月減，出入導從，大爲蕭條」之語，則可見矣。此役在成周時，皆取於車乘，故謂之千乘之家、百乘之家。漢則别爲一役，而給郡縣者爲更卒，給中都者爲正卒矣。至齊始有僮幹之名，而史不詳其制，或有以書僮辦幹爲吏者，蓋亦因所任而異名耳。北齊則謂之幹力，但外官有準絹十八疋之輸，蓋别爲一科矣。而京官事力不言所出，豈亦給傭錢爲雇直邪？

唐太宗貞觀十二年，以天下上户七十人爲胥士[二]，准防閤例而取其課，三年一更。

高宗永徽元年，職事官有防閤、庶僕：一品防閤至五品；六品庶僕至九品。公主有邑士至縣主。外官以府、州、縣上中下，至主簿、縣尉各有差。折衝府官則有仗身，亦以上中下及官品爲差，皆十五日而代。

武后光宅元年，京文武職官三品以上給親事、帳内，以六品、七品子爲親事，以八

[二]「以天下上户七十人爲胥士」，通典卷三十五職官作「置胥士七千人」。

品、九品子爲帳內，歲納錢千五百，謂之「品子課錢」。二品以下至九品，又有白直、執衣，以官品爲差，皆中男爲之。防閤、庶僕，皆滿歲而代。外官五品以上亦有執衣。都護府亦有仗身，亦以上中下鎮及官品爲差，皆取於防人衛士，十五日而代。宿衛官仗身，視品有差，取於番上衛士，役而不課。藩府佐史、典軍有事力，數如白直。諸司、諸使有守當及廳子，以兵及勳官爲之。白直、執衣以下分三番，周歲而代，供役不踰境。後皆納課：仗身錢六百四十，防閤、庶僕、白直錢二千五百，執衣錢一千。其後親事、帳內亦納課如品子之數。

玄宗開元十年，諸州縣無防人者，籍十八以上中男及殘疾以守城門及倉庫門，謂之「門夫」。番上不至者，閒月督課，爲錢百七十，忙月二百。至是以門夫資課給州縣官。

今按：胥士掌公廨，錢之吏也，不久而廢。云「準防閤例見收課」，本唐舊制也。故楊億言：「唐制，內外官俸錢支外，給防閤、庶僕、親事、帳內、執衣、白直、門夫，各以官品差定其數，收其課資於家。」杜鎬言：「唐月俸之外，又有白直、執刀、防閤、掌固之類，悉許私用役使，潛有所輸。」凡此皆衙門給使令之役，若今之門子直廳是也。此外又有引導驅辟之役，鄭漁仲蓋嘗言之，見後宋職役條下，别爲一科，其來久矣。惟都護府之仗身，諸司、諸使之守當廳子，獨役於軍，庶幾古法焉。然後世軍數不足，安得不於庸外加役於民哉！○又按：掌固自漢初置，本主故事。唐則主守當倉庫，及廳事鋪役，職與古異。番爲上下謂之番官。轉入府史，從府史轉入令史，選轉皆試判。此出六典尚書省註。則掌固蓋以民充而非試判，則亦不得爲吏也。故杜鎬言於白直、執刀之列，見其皆非吏也。

宋隨身、元隨、傔人之制。凡任宰相、執政有隨身，太尉至刺史有元隨，餘止傔人。中書、樞密、宣徽、三司及正刺史以上，皆有衣糧，餘止給餐錢。凡禄粟，隨身、元隨、傔人糧，斗折錢三十文，衣紬絹每疋一貫，布每疋三百五十文，綿每兩四十文。

今按：隨身、元隨、傔人之役，在唐先已有之。新史食貨志：「左右衛上將軍以下皆有雜給，曰隨身。隨身則有糧米。」通鑑五代晉天福二年：「范延光以軍府之政委元隨左都押衙孫鋭。」六典兵部所掌：「凡諸軍、鎮大使、副使以上皆有傔人、别奏以爲之使。」依軍鎮官品大小有差，皆令自召以充，而傔下又有别奏，則今總兵官奏帶人員之類也。當其初置，止在軍衙，故謂之衙前將吏。至宋，則併内外大小官而皆有之，然以錢粟爲禄，則亦唐隨身有糧米之遺制也。蓋此三役者，若今辦事官吏之類，而不在僕隸之中矣。僕隸之差，則京諸司庫務自有役兵與夫馬遞鋪兵、祗候之類，皆取於軍，於民無役焉。餘見第六卷宋軍制廂軍供百役下。

職役

漢高祖二年。舉民年五十以上，有脩行，能帥衆爲善，置以爲三老，鄉一人。擇鄉三老一人爲縣三老，與縣令、丞、尉以事相教，復勿繇戍。以十月賜牛酒。十里一亭，亭有長。十亭一鄉，鄉有三老有秩、嗇夫、游徼。三老掌教化。嗇夫職聽訟，收賦稅。游徼循禁盜賊。大率方百里，其民稠則減，稀則曠，鄉、亭亦如之，皆秦制也。

今按：縣以百里爲率，則古之侯國也。漢令雖名邑宰，與千室之邑宰大小不同矣。三老與嗇夫、游徼皆鄉職，而三老有秩，至後漢游徼亦有秩，則皆爲庶人在官之職也。三老與令長得相教，孝文、武、宣、成、哀之間，各有賜孝弟力田爵級事，蓋因其人而加重之，則當時之設，三老任亦不輕矣。今之老人，蓋三老之遺意，而不知自重，則不過應一奔走之役而已，何足以與於漢之三老哉！亭長，主亭之吏，謂停留客旅宿食之館，又傳送文書鄉所治處也。史記正義曰：「國語有『寓室』，即今之亭也。亭長，蓋今之里長。民有爭訟，吏留平辨，得成其政。」嗇夫收賦稅，若今糧長然。嗇，省也，謂省百姓而均其賦役者。〇又按：漢之鄉職，但主化民禁盜，非若後世之應户役也。漢户役即是更賦，亦爲富者税錢，而貧者役力。然三老任尊，鄉有常法，未見有深弊焉。詳見第五卷軍制漢更卒條下。

後魏初不立三長，唯立宗主督護，所以人多隱冒，五十、三十家方爲一户，謂之蔭附。蔭附者皆無官役，豪强徵斂，倍於公賦。孝文太和十一年，給事中李沖言：「三正理人，所由來遠。宜準古，五家立一鄰長，五鄰立一里長，五里立一黨長，取鄉人强謹者。鄰長復一夫，里長二，黨長三。三長三載無愆則陟用之一等。」太皇稱善，見公卿議，遂立三長，公私便之。

今按：晉初鄉法，亦置嗇夫史佐，視漢雖稍變更，然民猶有統攝。東晉中原喪亂，流寓江左，人多蔭附，避役停私。所以哀帝隆和中大閱户口，令西北士民僑居東南者，所在以土著爲斷，謂之土斷。其後流移僑寓者，亦常有之。然魏、晉以來，最崇世族公家，以此定選舉私門，以此訂婚姻，華族則役常輕，寒門則役常重，是以僑居者必依流品之家以爲避免之計。而周官於貴者、賢者與新民之遷徙者，皆有復其征役之法，後世因之，故六朝議征役，必先以土斷僑居釐正譜籍。然貴者之澤既斬，則同於編；氓僑者之居既久，則同於土著。豈有世族可以永不應傜，僑民可以久不著役之理乎！而有所蔭附，亦未盡閱實也。魏初雖因民貧富爲三等九品之制，然所役大抵皆無所蔭附之民也。復免之家無制，土斷之令不嚴，而欲人之無蔭附也難矣。魏孝文本以蔭附者多行均田之法，各有口分永業，可出租調矣。而京師之民，尚多不田游食之口，三分居二，故復有三長之議，蓋專爲蔭附者而發也。徐幹有言：「治平在庶功興，庶功興在事役均，事役均在民數周，民數周爲國之本也。先王周知萬民衆寡之數，則勤惰者可聞也。故周禮司寇『獻民數於王，王拜受之，登於天府』，其重如此。是以制六鄉六遂之法，所以維持其民而爲之綱目也。使其鄰比相保愛，賞罰相延及，故出入存亡臧否逆順可得而知也。亂君之爲政也，户口漏於版圖，夫家脱於聯伍，避役逋逃者有之，奸心競生僞端並作，嚴行峻令不能救也。人數者，庶事之所自出也，莫不取正焉。以分田里，以令貢賦，以制禄食，以作軍旅，國以建典，家以立度，其惟審人數乎！」孝文之立三長，蓋知此意矣。然不能脩德愛民，處之曲盡，是以心不樂從，終安冒僞。隋、唐以來，大抵如此，徒法亦何爲哉！宗主，猶言户長。

周顯德五年，詔諸道州府，令團併鄉村。大率以百户爲一團，每團選三大户爲耆長。凡民家之有姦盗者，三大户察之；民田之有耗登者，三大户均之。每三載即一如是。

今按：此即後魏三長之意，但魏主於閲户口，周主於察姦盗耳。○周顯德本在唐後，以三長類從於魏也。

唐令：諸户以百户爲里，五里爲鄉，四家爲鄰，五家爲保。每里設正一人，若山林險阻，地遠人稀之處，聽隨便量置。掌按比户口，課植農桑，檢察非違，催驅賦役。在邑居者爲坊，别置正一人，管坊門管鑰，督察奸非，並免其課役。在田野者爲村，别置村正一人。其村滿百家，增置一人，掌同坊正。其村居如滿十家者，隸入大村，不須別置村正。諸里正，縣司選勳官六品以下、白丁清平𨊻幹者充。其次爲坊正。若當里無人，聽於比鄰里簡用。其村正取白丁充。無人處，里正等並通取十八以上中男。殘疾免充。

今按：唐之里正，即漢亭長之制也。坊正、村正，其即漢游徼歟？漢於鄉置三老、嗇夫、游徼，晉、魏之名雖不同，其職一也。自漢以來，其任最重，至隋反有專理詞訟、公行貨賄之弊，未見人之避鄉職也。唐初猶以六品以下、白丁清平𨊻幹者充里正，則亦取門閥足以服人者爲之，亦以隆其任也。故當其時，望尊而人服，權重而事行，鄉中户役，亦每得平。但以鄉官判事，頗涉愛憎，里閭親戚，始有以爲不便，或廢或置，而在上者亦稍裁抑之矣。由是責承難事，恒至破家，每有科差，輒嘗下等，但遇點充，便至亡逸。觀睿宗時，御史韓琬以此爲政令漸弊，豈非鄉職之累，古所未有哉！蓋古之里長，爲宰者之有司，而孔子以爲當先者也。苟有小過，則姑赦之，如不足用，則舉賢才以任之而已。唐以六品以下、清平𨊻幹之白丁充之，庶幾古意焉。然而卒輕其任，使之困於重差，尚安望其共治成功邪！宣宗以後，雖據人貧富，署部輪差，終亦無補於救弊耳。自鄉職輕而職役爲户役矣。

天下户，量其升降，定爲九等。三年一造户籍，凡三本：一留縣，一送州，一送户部。

今按：此籍專爲查審户役而設也。蓋在後魏獻文帝時，因人貧富，爲租輸三等九品之制，千里内納粟，千裡外納米。上三品户入京師，中三品入他州要倉，下三品入本州，故傅思益曰「九品差調，爲日已久」。第以宗主督之，難稽隱弊，於是孝文始立三長。三長者，古之鄉職也。當時均田令行，無所賴於九品，然受田衆寡不齊，爲户大小隨異，兼以游食之口尚多，不田租輸遠近，無所據依，則九品法豈能盡廢哉！故北齊復爲三梟，即三等也，以至於唐未有改焉。前朝法令方嚴，鄉職得專聽斷，故九品調民，莫敢違誤，而鄉亭正長，未見其有累也。其後鄉權荐輕，事多督責，公家調遣，艱苦難勝。於是九品之法，當先以第一等户爲里正，而古鄉官之職，夷於衆役矣。〇又按：唐初，防閤等役官收其課，三年一更，其亦據九等籍而編定者歟？

宋因前代之制，衙前以主官物，里正、户長、鄉書手以課督賦税，耆長、弓手、壯丁以逐捕盜賊，承符、人力、手力、散從官以奔走驅使；在縣曹司至押、録，在州曹司至孔目官，下至雜職院、虞侯、揀、掐人等[一]，各以鄉户等第差充。

今按：衙前，主典府庫，或輦運官物，即今庫子并解户也。里正、户長、鄉書手，即今鄉中里書主催税者也。耆長、弓手、壯丁，即今鄉中團保主捕盜者也。承符，即今州縣承差之役。人力，唐亦謂之手力。六典户部所掌，「内外百官家口應合遞送者，皆給人力車牛」，註云：自一品手力三十人，至九品五人，與車牛俱有

[一]「下至雜職、院虞侯、揀、掐人等」，宋史卷一百七十七食貨志作「下至雜職、虞候、揀、掐等人」。

差。又唐食貨志肅宗乾元元年「京官給手力課」，至德宗建中三年「李泌爲相，復置手力資課」，又「左右衛將軍加雜給，曰手力，有資錢」。蓋即今長夫水手也，宋則分爲二役耳。散從官，猶言散手，蓋亦迎送之人。故役志言「熙寧以前，散從、弓手、力手諸役人常苦迎送」，則散從蓋與弓手、手力均爲迎送官員之役，當時民俗必以官稱，故相仍謂之散從官耳。或以鄭漁仲嘗據沈約宋志解伍伯之官爲：「伍，當也。伯，道也。使之當道陌中以驅馳。」而曰：「今州縣官有雜職，掌行鞭撻，每官出則導引，呵避行路，殆其職也。」遂以散從官爲伍伯，則與役志所言者不合，未敢以爲是也。曹司、押、録，即今州縣當該之吏典。孔目官，唐謂之孔目吏，胡三省曰「今之都吏也」。在宋皆役於鄉民，以其爲庶人在官，故相沿亦以官稱。虞侯、揀、掐，蓋雜職衙門人役，其即今應捕巡攔之類歟？成周時，食庶人在官之禄者，主典府庫則爲治藏之儲，吏典則爲掌書之史，孔目則爲治敘之胥，承差則爲徵令之徒，其給驅使奔走之役者則爲車乘所賦之軍，凡此皆爲京職言也。若甸邑宰官，雖亦不無此役，然各有分民，自相配給，不列於庶人在官者之禄秩焉。至於鄉中催税捕盗，則比閭族黨之職，民間所自署。而輦運官物，則農民所自輸於五百里内者也。彼列甸農家，力均地近，輪輸朋貼，歲有常規，奚所累乎？今皆與古異矣。蓋各役雖有輕重，率皆科配役錢，故合此數端取於户役，而古鄉職反困重差矣。馬端臨所謂：「唐以後鄉亭之職，奉行不過文書之事，而期會追呼，笞箠比較，至於破家蕩産，不能自保。則差役之名，後世以其困苦卑賤，同於徭役而稱之，非古人置比閭族黨之本意也。」其有感於役法之弊如此。夫鄉亭者，要政也。上之人既賤其職，而略無體悉之恩；下之人復賤其身，而惟圖苟免之計：則合鄉人皆習爲欺詐矣。課農無主，化俗無司，孰與稽物力而清弊源哉！故役法之不善，始於唐而甚於宋。宋之役議，徒託空言，苟求其本，則不待吕氏鄉約而風俗美、賦税平矣。

太宗太平興國三年，程能上言：「諸州户供官役素無等第，望品定爲九等，著於籍，以上四等量輕重給役，餘五等免之，後有貧富，隨所升降。」詔令躬裁定之。

今按：官役，即職役也。九等籍本唐制，至仁宗即位，爲五等籍，據九等内上五等之可選差者而言，其實九等不廢也。

淳化五年，令天下諸縣以第一等户爲里正，第二等户爲户長，勿得冒名給役。

今按：里正、户長，本主督租税。里正常應衙前之役，最爲重難，故以第一等户爲之。而貪官汙吏，非禮徵求，極意凌蔑，期會追呼，笞箠比較，則雖不爲衙前，而里正之役亦已難應。故以第二等户爲户長，所以代里正也。冒名，謂包攬之徒，借其名應役，以爲長名。衙前者，則當時尚未許人募役也。

仁宗景祐中，詔川、陝、閩、廣、吳、越諸路衙前仍舊制，餘路募有版籍者爲衙前。

今按：宋制役之重者，自里長、鄉户爲衙前，主典府庫，或輦運官物，往往破産。景祐中稍欲寬其法，乃命募人充役。

皇祐中，又禁役鄉户爲長名衙前，使募人爲之。

今按：衙前，役之最重者也。蓋主典官庫，則庫司供應，雜費不貲；輦運官物，則奸吏邀求，陪償不足。故吴充以爲：「鄉役之中，衙前最重。被差之日，官吏臨門籍記貲産，定爲分數，以應須求。至有家資已竭，而逋負未除，子孫已没，而鄰保猶逮者。」殆謂此也。然衙前常以里正爲之，里正之役，率二年一番，而又差爲衙前，孰與催辦公務？故罷里正、衙前，而通計縣籍在第一等，選貲最高者一户爲鄉户衙前。舊時第一等户本爲里正，今第一等户爲鄉户衙前，則即向之里正户也，但不使應里正之役，而以第二等户爲户長者代之耳，其實里正轉而爲鄉户衙前矣。司馬光有言：「里正止管催税，人所願爲。衙前所管官物，乃有破壞家産者。」然則民之所苦，在於衙前，不在里正，今廢里正而存衙前，是廢其所樂，而存其所苦也。然而後世里正已爲賤役，亦豈人之所樂哉！故以第二等户代里正，則其重難亦可知矣。惟以衙前方之，則猶爲不甚苦耳。鄉户衙前多是山野愚戇之人，不能辦事，或因水火損破官物，或因上下侵欺乞取，以致欠折，備償不足，乃有破産者，豈可使之長當此役哉！長名者，長當此役者也。惟衙門慣熟之人，情願投名承攬，州縣吏胥，知其習事，乞取自少，及至勾當，動乘空便，費亦有常，雖經重難，亦無破産之患。故仁宗每聽募人，時尚未有雇役之錢，要之所謂募人者，乃本被差衙前之鄉户自酬雇直耳。然浮人應募，侵漁必多，鄉户輪差，民將盡困，此熙寧雇役之法所以起歟？

宋神宗熙寧三年行募役法，先是帝閲内藏庫奏，有衙前越千里輸金七錢，庫吏邀乞，逾年不得還者。帝重傷之，乃詔制置條例司講立役法。條例司言：「考合衆論，以使民出錢雇役，即先王致民財以禄庶人在官者之意也。」奏諭諸路：「如部水陸運及領倉驛、場務、公使庫之類，舊煩擾且使陪備者，今當省，使無費。承符、散從等舊苦重煩償欠者[一]，今當改法除弊，使無困。凡有産業物力而舊無役者，今當出錢以助役。」命判司農寺吕惠卿、曾布相繼草具條貫，踰年始成：「畿内鄉户，計産業若家資之貧富，上下分爲五等。歲以夏秋隨等輸錢，鄉户自四等、坊郭自六等以下勿輸。若官户、寺觀、未成丁，減半輸。皆用其錢募三等以上税户代役，隨役重輕制禄。開封縣户二萬二千六百有奇，歲輸錢萬二千九百緡。以萬二百爲禄，贏其二千七百，以備凶荒欠閣，他縣倣此。」募法：「三人相任，衙前仍供物産爲抵；弓手試武藝，典吏試書計；以三年或二年乃更。」令下，募者執役，被差者得散去，於是頒其法於天下。天下土俗不同，役重輕不一，貧富不等，從所便爲法。凡當役人户，以等第出錢，名免役錢。其坊郭等第户及成丁[二]、單女户[三]、寺觀、

[一]「承符、散從等舊若重煩償欠者」，文獻通考卷十二職役考作「承符、散從等舊苦重役償欠者」。
[二]「成丁」，宋史卷一百七十七食貨志作「未成丁」。
[三]「單女户」，宋史卷一百七十七食貨志作「單丁、女户」。

品官之家，舊無色役而出錢者，名助役錢。凡敷錢，先視州若縣應用雇直多少，而隨户等均取；雇直既已足用，又率其數增取二分，以備水旱欠閣，雖增毋得過二分，謂之免役寬剩錢。

今按：制置條例司，本制置三司條例司也。三司之職，合鹽鐵度支户部之事而置使，其名始於唐昭宗天祐三年，宋沿五代之制，亦置三司，使總國計，應四方之入。而制置條例司，則熙寧二年王安石參知政事時所創，經畫邦計，議變舊法，以通天下之利，而安石領之者也。募法未行之前，衙前固爲重役，而里正、弓手、承符等役，其費亦煩。故神宗初即位時，韓絳言差役之法：「重者衙前多致破産，次則州役亦須重費。」而條例司言：「承符、散從等舊若重煩償欠者〔一〕，今當改法除弊，使無困。」蘇轍亦言：「熙寧以前，散從、弓手、力手諸役人常苦迎送。」然散從、承符、弓手、力手、耆長、户長、壯丁，司馬光以爲未聞有破産者，則其役未若衙前之重耳。至於州縣胥吏，舊無賦禄，惟聽其受財爲生，則亦役使白丁，限年而止；今則例有募直，通謂之制禄也。然重役則用募法，輕役仍用丁差，已具於曾布之奏矣。大抵安石此議，專以先王致民財以禄庶人在官之一言爲主，殊不知先王制禄蓋出於助法之公田，未嘗别賦民財也。至其所禄在官之庶人，則惟府史胥徒耳，而民間職役，則公禄之所不及，其卒徒取之於車賦之中，亦未嘗别有役賦也。山堂章氏曰：「庶人有田則有

〔一〕「承符、散從等舊若重煩償欠者」，文獻通考卷十二職役考作「承符、散從等舊苦重役償欠者」。

租，今之秋苗是也；有家則有調，今之税絹是也；有身則有庸，今之役錢是也。其後併租庸調爲兩税，而役錢蓋在其間。今兩税之外，復隨税起科役錢。」是尚得爲先王之法哉！

募人代役法既試於開封府，遂推行於諸路。既而東明縣民數百紛然詣開封府訴，帝知之，以詰安石，安石力言外間搖扇役法者〔一〕，謂輸多必有羸餘，若群訴必可免，彼既聚衆僥倖，當仍役之。監察御史劉摯奏曰：「上户常少，中下户常多，故舊法上户之役數且重，下户之役率常簡而輕；今不問上下户，概視物力以差出錢，故上户以爲幸，而下户苦之。優富苦貧，非法之善。況歲有豐凶，而役人有定數，助錢歲不可闕，則是賦税有時減閣，而助錢更無蠲損也。役人必用鄉户，謂其有常産則自重，今既招雇，恐止得浮浪姦僞之人，則帑庾、場務、綱運，不唯不能典幹，竊恐不勝其盜用而冒法者多。至於弓手、耆、壯、承符、散從、手力、胥吏之類，恐遇寇則有縱逸，因事輒爲騷擾也。司農新法，衙前不差鄉户，其舊嘗爲長名者，聽仍其舊，却用官自召賣酒税坊場并州縣坊郭人户助役錢數，酬其重難，惟此一法有若可行。然坊郭十等户，緩急科率，郡縣賴之，難更使之均助錢。乞詔有司，若坊場錢可足衙前直，則詳究條目，徐行而觀之。」

今按：劉摯論募役法之未善，大略得之，而亦未盡，故曾布猶得而辯焉。衙前之法，舊閔其難，而以税務官收官賣之錢酬獎，此亦非常道也。坊郭十等人户，舊雖免輸，今司農司議，自六等以下勿輸，亦既比鄉户爲

〔一〕「搖扇役法」，宋史卷一百七十七食貨志作「扇搖役法」。

逸也。今摯欲使五等以上皆勿輸，則以坊郭附於郡縣，緩急賴以辦事故耳。此則但可稍減從輕而不可盡免也。

司馬光言：「上等户自來更互充役，有時休息，今使歲出錢，常無休息之期。下等户及單丁、女户，從來無役，今盡使之出錢，是鰥寡孤獨之人俱不免役也。若錢少則不足以雇人；若錢多則須重斂於民；雇人不足則公家闕事；重斂於民則衆心愁怨。自古以來，徭役皆出於民，今日變之，未見其利。且受雇者皆浮浪之人；使之主守官物，則必侵盜；使之幹集公事，則必爲奸；事發則挺身逃亡，無有田宅宗黨之累。若雇人不足，則依例輸差，徒有免役之名，而役猶不免。無故普增數倍之數，民安有不困蹙者哉！」

今按：司馬光時知永興軍，而上此奏，其曰「自古徭役皆出於民」，則足以知雇役之法爲難行矣。

曾布條奏曰：「畿内上等户盡罷昔日衙前之役，故今所輸錢比舊受役時，其費十減四五；中等人户舊充弓手、手力、承符、户長之類，今使上等及坊郭、寺觀、單丁、官户皆出錢以助之，故其費十減六七；下等人户盡除前日冗役，而專充壯丁，且不輸一錢，故其費十減八九。大抵上户所減之費少，下户所減之費多。言者謂優上户而虐下户，臣所未喻也。凡州縣之役，無不可募人之理。今投名衙前半天下，未嘗不主典倉庫、塲務、綱運；而承符、手力之類，舊法皆許雇人，行之久矣；惟耆長、壯丁，以今所措置最爲輕役，故但輪差鄉户〔二〕，不復募人。言者則以爲衙前雇人，則失陷官物；耆長雇人，則盜賊難止。此臣所未喻也。」

今按：曾布之辯，爲法亦周。然而諸路希旨，欲留羡餘；至減省役額，損抑雇錢，而民輸數，一如其舊；寬剩數倍，募直太輕，役人多不願就。衙前重役，仍舊累人，三等以上人户不願受雇，則劉莊次所謂：「三等以上户既無願者，郡縣必陽循雇名，陰用差法。而耆、壯之役，則歸於保甲之正、長；户長之役，則歸於催税之甲頭矣。」是時本立保甲之法，以保甲代耆、壯，未爲不可，而往日所募耆、壯之錢，何不均減百姓原額邪？至於甲頭則固輪差户長之役也，特易户長之名爲甲頭耳。是使民出錢免役，而又使之執役也。故馬端臨曰：「熙寧之徵，免役錢也，非專爲供鄉户募人充役之用而已。官府之需，吏胥之廩，皆出於此。及其久也，則官吏可以破用，而役人未嘗支給，是假免役之名以取之，而復他作名色以役之也。爲法之弊，一至此哉！」竊謂冒破輪錢，勢所必至，此雇役之所以卒歸於輪差也歟？詳見下條。

司農寺乞廢户長、坊正，其州縣坊郭擇相鄰户三二十家，排比成甲，迭爲甲頭，督輸税賦苗役，一税一替。若催科外别令追呼者，以違制論。從之。熙寧七年，詔問罷耆户長、壯丁之法何人建議，因曰：「已令出錢免

〔二〕「故但輪差鄉户」，宋史卷一百七十七食貨志作「故但輪差鄉户」。

役，又排甲使爲保丁，責之催科，失信於民。又保正本令習兵，何可更供二役？」安石曰：「保丁、户長皆百姓爲之，今罷差户長，使爲保丁，數年或十年方催一税，其在役不過二十餘家，於人情無所苦。」其後，諸路皆言甲頭催税未便，遂詔耆户長、壯丁仍舊募充，其保正、甲頭、承帖法並罷。

八年，哲宗即位。詔：「舊以保正代耆長催税、甲頭代户長、承帖人代壯丁並罷，如元充保正、户長、保丁，願不妨本保應募者聽。」

今按：保正代耆長等役，既罷復行，而今又罷也。論已見上條。

哲宗元祐元年，門下侍郎司馬光曰：「自行免役法來，富者差得自寬，而貧者困窮日甚。又監司、守令之不仁，於雇役人之外，多取羨餘，以希恩賞，此農民之所以重困也。臣愚以爲莫若直降令勑，應天下免役錢一切並罷，其餘役人並依熙寧以前舊法，人數委本縣令、佐親自揭五等丁産簿定差之人。若正身自願充役者，即令入役，不願充役者，任便選雇有行止人自代，其雇錢多少，私下商量。若所雇人逃亡，即勒正身别雇，若將帶官物，勒正身陪塡。如此，則諸色公人盡得根柢行止之人，少敢作過，官中百事無不脩舉。其見雇役人候差到新役人，各放逐。」

監察御史王巖叟：「請於衙前大役立本等相助法，以盡變通之利。借如一邑之中當應大役者百家，而歲十人，則九十家出力爲助，明年易十户，復如之，則大役無偏重之弊。其於百色無名之差占，一切非理之資陪，悉用熙寧新法禁之，雖不助猶可爲也。」

今按：此三條者，論宋之役法，頗切時宜，但亦有未盡耳。蓋役人當官，常供百用；公使無藝，私費不貲。此其用財，豈可以常額拘哉！上之人既無以清乞取者之弊源，又不能隱應差者之情實，而但限其常數，抑減庸錢，則役人亦終於破家而已，何役之可議哉！夫雇役之法，即漢之更賦也。更卒，人役一月，不役者輸錢二千入官以爲雇直，而漢何以不至如後世之大弊乎？蓋當其時富者稅錢，貧者役力，欲使貧民得雇直以資生，猶有恤民之意焉。而三老主教化，得與令、丞、尉相教〔一〕，則治道猶明，而民風猶美。故官不失方，而民知畏法，此更賦之所以可行也。至宋則議論多而政治闕，官吏縱而民僞滋，不探其本，而欲盡求治法之善，難矣。由是言之，則破家之害，不在於雇役之法，而在於行法之人也。苟得其人，雇役可也；不得其人，則雖復差役之舊，亦同歸於弊而已。夫役法之更，本去重差之害人，豈盡以爲不便哉！善治者，但當因勢之順，去弊之尤，不可徇人言、執已見，而必以不雇役爲是也。及司馬光相而免役之法盡罷，安石聞之，愕然失聲，以爲此法終不可廢。及光卒，而免役法復焉，則前日之急於罷者，亦失於熟思審處矣。知變通宜民者，豈徒如是之紛擾哉！漢更賦詳見後軍制漢更三品下。

〔一〕「得與令、丞、尉相教」，漢書卷一高帝本紀作「與縣令、丞、尉以事相教」。

高宗建炎四年初，帝在河朔，親見閭閻之苦，常歎知縣不得其人，一充役次，即至破家。及即位，深加講議，乃定差役法：以二十五家爲一保，十大保爲一都。內選才力高富者二人充都保，主一都盜賊煙火之事。其次有保長。若品官，則一品限田五十頃，至九品五頃。免差。子孫蔭盡，則同編户。太學生及得解、經省試者，許募人充役軍。丁、女户及孤弱悉免。

今按：此高宗中興以後差役法也。高宗爲康王時，以靖康元年十月，奉使至磁、相二州，皆屬河北路，故云「帝在河朔」。此所謂保，乃因國初耆長之役而小變之，非保甲法也。品官限田優免，則可革假名詭寄之弊矣。熙寧時，以保正代耆長等役；元豐八年，哲宗既罷之，而紹聖間又復。皆不行。支給雇錢，此高宗所以定爲此法也。已充役者，謂之批朱。未充役者，謂之白脚。

孝宗隆興二年，以言者謂近來州縣違法，保內事無巨細，一一責辦。至於承受文引、催納税役、抱佃寬剩、修葺舖驛、置買軍器、科賣食鹽、追擾陪備，無所不至，一經執役，家業隨破。於是詔：諸充保正、副，依條只令管煙火、盜賊外，並不得泛有科擾差使。

寧宗慶元五年，右諫議大夫張奎言：「乞行下州縣，保正止許幹當本都賊盜、鬬毆、煙火公事，不許非泛科配；户長止許專一拘催都内土著租税，不許抑勒代納官物[一]，違者官吏重責。」又臣僚言：「户長催納苗税，内有逃絶之家户籍如故，見存之户恃頑拖欠，爲户長者迫於期限，不免與之塡納。雖或經官陳訴，而乃視爲私債，不與追理，勢單力窮，必至破蕩，此户長之所以重困也。乞行州縣，如有恃頑拖欠之徒，即與嚴行追斷，仍勒還代輸之錢，庶使充役者不至重困破家。」並從之。

今按：保正、副，所職在於煙火盜賊、橋梁道路，今或使之督賦租、備修造、供役使，皆非所役。而執役者，每患參役有錢；知縣到罷，有地里錢；時節參賀，有節料錢；官員過都，醋庫月息。皆於是而取之。抑有弓兵月巡之擾；透漏禁拘之責；捕盜出限之罰；催科塡代之費；承判追呼之勞。至於州縣官吏，收買公私食用及土産所有。皆其所甚懼也。若夫户長催夏税，則先期借絹；催秋税，則先期借米。坍溪落江之田，逃亡死絶之户，又令塡納。凡此之弊，皆所當知。此亦當時臣僚之言，可以見保正、户長之執役，而必至於破家也。故特揭之，使爲民牧者有警焉。

孝宗乾道五年，處州淞陽縣首創義役，衆出田穀，助役户輪充。守臣范成大嘉其風

[一] 「不許抑勒代納官物」，文獻通考卷十三職役考作「不許抑勒代納逃絶官物」。

義，爲易鄉名，自是所在推行浸廣。而當時浮議胥動，多有伺其隙而敗其謀者。十一年，御史謝諤言：「義役之行，當從民便，其不願義役者，乃行差役。」上然之，且美其言爲法意圓備。

朱子曰：義役有未善者四。上户、官户、寺觀出田，以充義役，善矣。其間有下户只有田一二畝者亦皆出田，或令出錢買田入官；而上户田多之人，却計會減縮，所出殊少。其下户今既出田，將來却不免役，無由復收此田之租，乃是困貧民以資上户，此一未盡善也。如逐都各出役首，管收田租，排定役次，此其出納先後之間，亦未免有不公之弊，將來難施刑罰，轉添詞訴，此二未盡善也。又如逐都所排役次，今日已多不公，而況三五年後，貧者或富，富者或貧，臨時未免却致爭訟，此三未盡善也。所排役次，以上户輪充都副保正，中下户輪充夏秋户長，上户安逸而下户陪費，此四未盡善也。

水心葉氏曰：保正、長法不承引帖、催二税，今州縣以例相驅，訶繫鞭撻，遂使差役不行，士民同苦。至預醵錢給費，逆次第至先後〔一〕，以應期會，名曰義役，則有司失義甚矣。爲保正長者，少不破家蕩産，民之惡役，甚於寇讐。官人以牧養百姓爲職，當潔身馭吏，除民疾苦。且追賊有期，約日以集，使賄必行，應追者任之可也。民實有産，視税而輸，使賦必重，應輸者任之可也。保正、長會最督促而已，何用費至破家蕩産乎？

〔一〕「逆次第至先後」，文獻通考卷十三職役考作「逆次第其先後」。

且此錢合而計之，歲以千百巨萬，既不歸公上，官人知自愛，又不敢取，誰則有此？余行江、淮、閩、浙、洞庭之南北，蓋無不爲此言者矣。

今按：義役者，民間因差役之累而倡爲此法也。其初雖起於鄉閭之善士，而踵接爲義首者，未必皆善士也。必以才力把握，而差役利權，盡爲所制。至有冒破刻削，傭錢不支，而當役者之困，猶夫前也。議者謂義役之名立，而役户不得安其業，信矣哉！

軍　制

秦用商鞅之法，月爲更卒，已復爲正，一歲屯戍，一歲力役，三十倍於古。漢興，循而未改。

師古曰：「更卒，謂給郡縣一月而更者也。正卒，謂給中都官者也。」又曰：「中都官，京師諸官府也。」

今按：此條食貨志載董仲舒之言，乃漢初所承之秦法也。更卒以給郡縣中僕隸使令，本郡縣之差役、户役，故云「給郡縣也」。然可以出錢雇役，不必皆可任之正卒也。正卒則必年二十三可任而非疲癃者，給中都官既曰「正卒」，則固三輔材官、騎士番上而戍京城者，以其分守諸司，爲中都官戍卒，而因以爲百官僕從，故云「給中都官也」。一歲力役，謂番下爲材官、騎士一年也，與郡國同。即山堂章氏謂：「關中三輔之卒屬於中尉，無事則散於三輔，如州郡法者也。」故番上則入衛，番下則講肄，皆此材官、騎士也。材官、騎士屬於中尉，未上番者，力宜有餘，其入直京師，則合各郡所上之兵成其衆，不必盡發一郡未番之卒也。假令盡發，則番下者當待次年之番，豈不竭人之力哉！故更番兩年，但爲上番者當復番下，下番者當復番上而言耳，非謂留郡之材官、騎士與入直之數等也。屯戍者，戍邊也，亦是正卒乃可任役一年。屯戍至於一年之久，此役之最重者也。賢良鹽鐵論曰：「古者，天子封畿千里，繇役五百里，無踰時之役。」今秦民於四年之中，除一年給郡縣一月外，既又戍中都官者一年，又聽調供力役者一年，而又加以戍邊一年，故曰「三十倍於古」。然秦虐用其民，南戍五嶺，北築長城，戍卒連年不歸，而死者多矣。至高后五年，始令一歲而更，則秦之屯戍，尚不止一年也。雖更一歲，重亦難堪，使非後遂改易，定爲三日戍邊之令，而以有罪謫者乃始戍邊一歲，幾何而不爲亡秦之續哉！詳見下二條。

漢調兵之制，民年二十三爲正卒，一歲爲衛士，一歲爲材官、騎士，習射御、騎馳、戰陳。年五十六衰老，乃得免爲庶民，就田里。

如淳曰：「律言二十三傅之疇官，各從其父疇學之，高不滿六尺二寸者爲疲癃。未二十三爲弱，過五十六爲老。」師古曰：「傅，著也，著名籍給公家徭役也。」

王應麟曰：「正，謂二十三歲後應爲衛士、材官者。」

今按：此本高紀二年「蕭何發關中未傅者詣軍」註。關中即漢三輔地。未傅，謂老弱也，詣軍，從高帝與項羽戰滎陽也。高帝時爲漢王，正卒之制尚未定，註所言蓋漢更定之制也。與上條互相發。上條言給中都官主三輔，而通論庶民四年之役；此條言衛士主郡國，而專論正卒二年之役也。三輔番上之兵屬於中尉，以守京城之内，爲中都官；戍郡國番上之兵屬於衛尉，以守宫城之内，爲衛士。三輔地近，發人必多，而便於護家，則使之居外以守京城；郡國地遠，發人必少，而專於護國，則使之居内以守宫城。其部分之不同，各有意也，然均有一年之勞。上直一年既畢，則又番下爲材官、騎士，以聽力役之調，即所謂一歲力役也。則三輔與郡國之兵一耳。既以二十三爲正卒，至五十六乃得免就田里，則王應麟所謂「凡在官三十四年者也」，非老免豈得就田里哉！然漢前紀載：「元帝罷甘泉、建章宫衛，令就農。」衛士就農，勿令番也。謂之「就」，則亦依於田里，使得兼脩本業也。後志載：「光武遣衛士，必勸以農桑。」則其時既罷郡兵都試，而衛士歸，無都尉可屬，則罷遣之時，自當勸以農桑矣。若正卒亦有退就田里，以待番上之時，則爲材官、騎士。郡國者一年之後，當應踐過二更。非若宇文周，府兵之身，租庸調皆免，故亦得就田里耳。其隸於都尉以從季秋講肄，則固未嘗廢也，豈謂正卒遽得離伍符而爲農哉！蓋漢之選兵，高不滿六尺二寸者爲疲癃，則正卒皆以滿六尺二寸入選者也。漢官儀曰：「高祖令天下郡國，選能引關蹶張、材力武猛者，以爲輕車、騎士、材官、樓船，常以秋後講肄課試，各有員數。平地用車騎，山阻用材官，水泉用樓舩。」山堂章氏曰：「漢兵散於郡國，各有異習，而不可以一律齊。巴蜀、三河、潁川則多材官，隴西、天水、安定則多騎士，關東、上郡、北地則多輕車，博昌、潯陽、會稽諸郡則多樓舩，各隨其土之所宜而習熟。一旦有事，以羽檄召天下兵，而無有不集者。方其兵之在郡國也，則屬之都尉。每歲八月會都試，郡太守、都尉、令、長咸預，各以方之所習而課殿最焉。」據漢儀及章氏之説，雖爲郡國發，而三輔之制可以概見矣。何則？郡國典武者爲都尉，左右京輔亦有都尉，兵卒屬於中尉。每歲都試，蓋卽古者農隙講武之意，使其藝益精，如此則爲常練之兵，而後以之番上應敵，無所不宜矣。雖三輔以護京城，而調發則亦與郡國同，其所選者固皆材力武猛之人，而不與選者則使歸田里以供軍士之衣糧。如後魏以十二夫調一吏，供力役；唐以六家賦一兵，備糧具。故所選之材官、騎士，得以專應三十四年之役，雖有時番下就田，可以兼脩本業，然亦豈使遽離伍符哉！蓋漢無計口授田之法，故賦兵以丁而不以田，丁衆而無田，雖貧者不免爲兵。故凡爲兵者，皆家人子起民間，而非若井田之人人習兵於素也。但丁合有田、無田之家而共供一役，則兵皆土著之人，而集異市驅之衆，入則身依田里，出則衆助衣糧，有井田之遺意焉，而兵農尚未分也。是漢之制兵，庶幾近古耳。○又按：漢之選卒，有車騎、材官、樓舩，而此自衛士番下爲材官、騎士者，不及樓舩，何邪？豈關中非水泉之地，而樓舩之入有不便邪？然樓舩之卒，非無材官、騎士也，特樓舩乃其常技，所占居多耳。觀武帝募知越事者爲越騎校尉，而越人以騎入京師，則樓舩亦可以爲材官、騎士矣。

更有三品：有卒更，有踐更，有過更。

如淳曰：「古者正卒無常人，皆當迭爲之，一月一更，是爲卒更也。貧者欲得雇更錢者，次直者出錢雇之，月二千，是爲踐更也。天下人皆直戍邊三日，亦名爲更，律所謂繇戍也。雖丞相子亦在戍邊之調。不可人人自行三日戍，又行者當自戍三日，不可往便還，因更往一歲一更。諸不行者，出錢三百入官，官以給戍者，是爲過更也。律說，卒踐更者，居也，居更縣中五月乃更也。後從尉律，踐更一月，休十一月也。食貨志曰：『一歲屯戍。』此漢初因秦法而行，後遂更易，有謫乃戍邊一歲耳。」

今按：此出昭紀元鳳四年，「勿收三年以前逋更賦未入者」註。師古曰：「逋，未出更賦者也。」是當時已賦更錢，故令未入者勿收也。蓋本更繇而言，通乎京輔、郡國之制也。更卒則一月而更，邊戍則三日而更，皆可以出錢雇役，故謂之更。正卒無常人，常人謂不入材官、騎士之選，如疲癃之類是也。既爲正卒，皆當親身更番，故曰迭爲，非若更卒之不必親役，而可出更錢也。故王莽傳言「漢代常有更賦，疲癃咸出」，正謂此也。更卒與正卒不同，正卒皆材官、騎士也，選於郡國者則爲衛士，選於京輔者則爲給中都官，而番下復爲材官、騎士。每歲秋後，常從都尉講肄，以待番上調發。故補兵志曰：「更卒非正卒也。」更卒以給郡縣，則郡縣中僕隸使令之役，而差役、户役悉在其中。如淳言：「更卒一月而更，貧者欲得雇更錢，次直者出錢雇之，月二千。」此蓋富者税錢，貧者役力之意，欲使貧者得雇直以資生，而官爲收傭，但其説未備耳。山堂章氏謂：「每歲當給郡縣官一月之役，其不役者爲錢二千，入於官以雇傭者。」補兵志亦謂此爲「入錢於官，是爲更賦」，又謂「更卒一月，官收其傭，其輕重未詳」，又謂「漢錢重，不得定爲二千」，則緣元紀註而言也。元帝河平元年，「卒治河非受平賈者，爲著外繇六月」，如淳曰「律說，平賈一月，得錢二千」。則月二千者，内地雇人之常直也。漢初行莢錢，其重三銖，或曰重銖半，本甚輕也。至元帝時，用五銖錢，已重十分之四。此補兵志之所以有疑耳。但如淳引律說，乃本漢初莢錢而言，非指五銖也。過更行者，必亦正卒，然後可以任戍。其不行者，不必皆可任者也，但使出三日之錢三百，輸之縣官，縣官以給代行者。歲爲錢三萬六千，蓋遠役之直，自宜重耳。此與唐戍卒賫練數百匹自隨，以爲久戍計者同。可以見其皆自備衣糧也。行者當自戍三日，并受僱之錢，通計役一年而還，此即晁錯所謂「遠方之卒守塞，一歲而更」也。馬端臨謂「遠戍以兩月爲行程，當役者十月」，則非矣。夫更役，歲事之不能無者也，而過更戍邊，於事尤急。然觀昭紀所云，則錢猶有逋，豈官府亦先爲那借，以俟補支邪？民出更錢，官收雇直，宜有多取羡餘、陰爲冒破之弊，與宋熙寧法無異。然在漢則無議焉，意者踐更月錢二千爲雇直，足以售其傭。又官制傭錢，得以權役之輕重，而民不必至於破家邪？抑以三老主教化，得與令、丞、尉相教，民既知畏法，而爲官者亦以寬大卹民，不敢肆行邪？「五月」之「五」當作「二」，蓋字之誤也。或以爲當作「三」，則非矣。後從尉者，縣尉掌捕盜，更卒下番之後，境内或有不時之警，則與鄰保聽尉共追胥也。故補兵志曰「其番上尉主之，更一月，而休十一月」，則十一月之後，復當番上。觀董仲舒言「月爲更卒，已復爲正」，則番上者當爲正卒矣。正卒在三輔則爲衛士，在郡國則爲給中都官，俱役一年。更卒雖止役一月，亦列爲一年。正卒番下則爲材官、騎士，應力役者一年，此外則又屯戍一年，凡四年而一周。正卒上下之番，材官、騎士身自爲之，而衣糧皆民户同供，其供軍之家數，則多寡未詳焉。材官、騎士番滿兩年，餘二年者亦不免踐更、過更之賦，但當番則爲正卒，都試則從講肄，其所以異於常人者如此而已。漢初諸役皆仍秦舊，四年之中，既有一月踐更之賦，又有兩歲供軍之資，而重之以屯戍，一年有三萬六千錢之費，此董仲舒所謂「三十倍於古者也」。一丁之力，何以辦焉，所幸高帝奮興，漸從末減，如踐更則限莢錢之直，過更則定三日之期，而精選材官，人不甚衆，亦省供軍之費。至於田租則十五稅一，得免於什二之加增；口賦則丁壯筭錢，得免於户賦之無藝。視秦日以輕矣。故富者出錢，更無他擾；貧者役力，亦得取傭。而民皆得以相安於無事也。此文、景繼以恭儉，所以遂成富庶之俗也歟？〇又按：漢之制兵，班史無志。所可考者，不過郡國之兵番上爲衛士守宫城、三輔之兵番上爲正卒守京城之兩端，如前所云而已。然論者尚多混淆，如前書天文志載昭帝元鳳五年「發三輔、郡國少年詣北軍」，則郡國亦調守京城之卒矣。補兵志謂「南北二軍衛士，皆調發郡國材官、騎士」，則守京城者亦衛士，而不必調於二輔矣。意其皆後來變亂之事，而雜言於初制耳，如此類者，不一而足。又如戍中都之卒，即中尉之兵也；而或謂中尉有材官、騎士，中都有戍卒，是以一役分爲二役也。衛士與給中都官，本二役也；而或謂給於中都官則爲衛士，是以二役併爲一役也。又謂衛士衣食於縣官，此亦無據。蓋漢初郡國之所番上，皆民間自備衣糧，如唐府兵兵甲糧裝，皆自備也，故官無所費。若謂衣食縣官，則已是昭帝募兵以後事矣。恐武帝選六郡良家子爲期門、羽林，亦止從郡國選充侍從，未必即募衛士也。詳見後八校尉條下。〇又按：晁錯當文帝時言募民徙塞下，而曰「此與東方之戍卒不習地勢而心畏胡者，功相萬也」，則更戍之兵，固有無益於用者矣。此後世募兵之議所由起歟？

讀禮疑圖卷之五

京師有南北軍之屯。

山齋易氏曰：「古者前朝後市，王宫在南，故漢宫門屯衛兵，則以南軍名。宫城之軍，既謂之南，則京城之軍，遂謂之北，所以别也。」又曰：「北軍徼循京師，屬中尉，别有壘垣軍門，必有漢節而後入。南軍列於宫垣〔一〕，北軍亦不得入。」

山堂章氏曰：南軍有郎衛、兵衛，掌天子宿衛。北軍止於護城。

今按：南軍猶今之親軍，北軍猶今之京軍也。或曰：親軍環衛於前，故曰南；京軍護從於後，故曰北。

惠帝七年，帝崩，太子即位，吕太后臨朝稱制。八年，秋，七月，太后病甚。乃令趙王禄爲上將軍，居北軍；吕王産爲梁王，居南軍。太后誡産、禄曰：「吕氏之王，

〔一〕「南軍列於宫垣」，文獻通考卷一百五十兵考作「惟南宫列於宫垣」。

大臣弗平。我即崩，帝年少，大臣恐爲變。必據兵衛宮，愼毋送喪，爲人所制！」太后崩，遺詔：呂產爲相國。諸呂欲爲亂，未敢發。朱虛侯章有氣力，居長安宿衛，以呂祿女爲婦，知其謀，陰告其兄齊王襄，令發兵西，己爲内應，以誅諸呂，立齊王爲帝。於是齊王發兵擊濟南，遺諸侯王書，陳諸呂罪，產等遣灌嬰將兵擊之。嬰至滎陽，謀曰：「諸呂欲危劉氏，今我破齊，是益其資也。」乃諭齊王與連和，以待呂氏變，共誅之。齊王乃還兵西界待約。時太尉絳侯周勃不得入軍中主兵。酈商老病，其子寄與祿善。勃乃與丞相陳平，使人劫商，令寄紿説祿曰：「高帝與呂后共定天下，劉氏所立九王，呂氏所立三王，皆大臣之議，諸侯亦以爲宜。今太后崩，帝少，而足下不急之國，乃將兵留此，爲大臣諸侯所疑。何不歸將印，以兵屬太尉。請梁王歸相印，與大臣盟而之國。齊兵必罷，足下高枕而王千里，此萬世之利也。」祿然其計，諸呂老人或以爲不便，猶豫未決。九月，平陽侯曹窋見產，會郎中令賈壽使從齊來，具以灌嬰與齊、楚合從告產，且趣產急入宮。窋聞其語，馳告平、勃。勃欲入北軍，不得。襄平侯紀通尚符節，乃令持節矯納勃北軍。復令寄説祿解印，以兵授勃。勃入軍門，令曰：「爲呂氏者右袒，爲劉氏者左祖！」軍中皆左袒。然尚有南軍。乃召朱虚侯章佐勃，勃令章監軍門，令窋告衛尉：「毋入產殿門。」產欲入宮爲亂，至殿門，弗得入，徘徊往來。勃尚恐不勝，未敢公言誅之，乃謂章曰：「急入宮衛帝！」予卒千餘人，入未央宮掖門，見產廷中，遂擊殺之。帝遣謁者持節勞章，章欲奪其節，不得，則從與戰〔二〕，因節信馳，斬長樂衛尉呂更始。還，報勃，勃起拜賀。遂遣人分部悉捕諸呂男女，無少長皆斬之。而遣章告齊王罷兵，灌嬰兵亦罷歸。

今按：兩漢書皆無兵志，惟遷、固於高后紀序南北軍之説。北軍居外，中尉掌之；南軍居内，衛尉掌之。軍分内外，各有司存。而太尉尊官，位在丞相之下，專掌武事，蓋本兵之重任也，南北二軍，宜皆統焉。然非有漢節，則軍壘亦非太尉所得而入。既以紀通持節矯入北軍，則南軍亦可以入矣。然曰「尚有南軍」，則南軍時爲呂產之所制，猶恐不能勝耳。故先以計使曹窋告衛尉毋入產殿内，蓋衛尉者，必平、勃先所更置，以陰携產黨者也。而劉章又本親臣，久居宿衛，則使監軍門而予之以北軍千餘之卒，因入未央宮掖門誅產，此皆假紀通之節而制權者也。未央宮，天子所居也，宿衛之臣，可以入

〔二〕「則從與戰」，據資治通鑑卷十三漢紀作「則從與載」。

焉。長樂宮則太后所居也，别有長樂衛尉，各掌其宮而不常置，時則吕更始爲之。雖章以宿衛之臣，亦不易入，故必因謁者之節而後能通，此可以見漢南北軍制之嚴矣。昔成王將終，命大臣相康王。方是時，掌親兵者，太公望之子伋也。宰臣召公奭命仲桓、南宮毛取二干戈、虎賁百人於伋，以逆嗣子。伋雖掌兵，非有宰臣之命，不敢發也；召公雖制命，非二諸侯將命以往，伋亦不敢承也。如此則體統尊嚴，樞機周密，而兵權散主，安有偏屬一人之患哉！觀周勃以太尉掌武，又與丞相協謀，而南北軍皆不得入，然猶能監護諸將也。苟有天子之命，則亦倚太尉以行焉。漢制庶幾近古矣。詳見後分敘南北軍條下。〇謁者亦郎衛之官，屬郎中令，掌賓贊受事及上章報問。漢皆用孝廉，年五十威容嚴恪能賓者爲之。

南軍，衛尉主之，掌宮城門内之事。

百官表：「衛尉，秦官，掌宮門衛屯兵。」

師古曰：「漢書儀云：『衛尉寺在宮内。』胡廣云：『主宮闕之門内衛士，於周垣下爲區廬。』」

今按：南軍，即自郡國番上爲衛士一歲者。

郎中令，秦官，掌公殿掖門。其屬有諸郎，掌守門户，出充車騎，多至千人。武帝更名光禄勳，期門、羽林皆屬焉。

武帝始微行，詔隴西、天水、安定、北地、上郡、西河良家子能騎射者期諸殿門，故有期門之號，以六郡良家子選給，常執兵迭從〔一〕，比郎，以材力爲官，名將多出焉。又取從軍死事者之子孫養羽林，教以五兵，號曰「羽林孤兒」。平帝又更期門爲虎賁，主宿衛。

師古曰：「羽林，宿衛之官，言其如羽之疾，如林之多也。」今按：六郡，本南軍衛士所當番上之郡國也，但於其中選良家子能騎射者爲長從耳。期門，父死子代；羽林，死事者子孫。皆家世爲之。故朱子曰：「漢時宿衛皆是子弟，不似今用軍卒。」

徐氏官考曰：「周之兵制，宿衛常養之兵則有虎賁之士八百人，而虎賁之禄比下士，足以代耕，蓋庶人在官者也。漢期門千人，而秩比郎，亦虎賁之遺意歟？」

今按：虎士八百人，非兵也，食禄之士也。漢貴游子弟宿衛宫門之内，即此制。

漢舊儀曰：「殿外門舍屬衛尉，殿内門舍屬光禄勳。」

山齋易氏曰：「古者環衛有二等，宫正則領貴游子弟〔二〕，宫伯則領宫徒從事〔三〕。漢有衛郎、衛兵，亦此制

〔一〕「常執兵迭從」，文獻通考卷一百五十兵考作「掌執兵迭從」。
〔二〕「宫正則領貴游子弟」，文獻通考卷一百五十兵考作「宫伯則領貴游子弟」。
〔三〕「宫伯則領宫徒從事」，文獻通考卷一百五十兵考作「宫正則領宫徒役事」。

歟！論者以衛兵既屬衛尉，而郎中令均是宿衛，皆爲南軍，此殆不然。郎衛、兵衛，固均爲宿衛之職，而郎中令、衛尉所掌，又皆宫門内外之事。郎中令更爲光禄勳，殿外門舍屬衛尉，殿内門舍屬光禄勳，其職實相關，特有内外之別耳。此正周官所謂宫正、宫伯之職歟？兵衛之屬衛尉者，固可考知。若光禄勳之屬官郎將，是皆親近天子之官，別爲一府，非可屬之南軍。所謂守門户、充軍騎者，若今之環衛出爲天子導從儀衛而已，非可以軍名也。

今按：「宫正掌王宫之戒令、糾禁。以時比宫中官府、次舍之衆寡。國有故，則令宿。辨内外而時禁，稽其功緒，糾其德行，幾其出入，均其稍食〔一〕。」「宫伯掌王宫之士庶子。掌其政令，行其秩序，作其徒役之事。授八次八舍之職事。若邦有大故作宫衆，則令之。」夫宫正則曰「均稍食」，可見其皆食禄之貴游，故以德行爲主，欲其暱近，皆正士也。宫伯則曰「作徒役」，可見其爲領軍之兵衛，故以政令爲主，欲其徼候，皆同心也。此兵衛之所以爲南軍，而郎衛不得以軍名也。郎衛雖不得以軍名，而亦執戟以衛王宫，如周書虎賁之類，蓋亦侍衛之要職焉。故東萊吕氏曰：「古者執戈戟以宿衛王宫，皆士大夫之職。無事而奉燕私，則從容養德，有膏澤之潤；有事而司禦侮，則堅明守義，無腹心之虞。」然則古者郎衛之職，殆不止於守殿門、充軍騎而已。〇又按：後志虎賁、羽林俱掌宿衛侍從，故謂之長從。

〔一〕原作「均其稍令」，據周禮宫正改。

北軍，中尉主之，掌京城門内之兵。

百官表：「中尉，秦官，掌徼循京師。武帝更名執金吾，屬官有中壘等令、丞。」胡廣曰：「衛尉巡行宫中，則執金吾徼於外，相爲表裏，以擒奸討猾。」師古曰：「徼，巡繞也〔一〕。」今按：北軍自三輔番上，以掌京城門内兵者，一曰巡徼京師，一曰戍中都官，又曰給中都官，皆此兵也。但其部分之法，則不可得詳耳。中尉屬官有中壘，則北軍别有壘垣軍門。自周勃爲太尉，亦必得漢節而後入。蓋壘門者，重兵所屯之處，其地甚嚴，漢初已設，則不待武帝分置中壘校尉而始有壘門矣。補兵志曰：「南軍則衛士是也。北軍在未央宫北爲軍壘，置中壘守之，有事屯兵其中，事已輒罷。武帝時有諸校，則常屯矣。」蓋漢初未有中壘校尉，所謂中壘者，乃屬於中尉之令、丞也。中壘之設，宜常屯重兵，補兵志何所據而以爲事已輒罷邪？

武帝增置八校尉。

帝用兵四夷，發中尉之卒，遠擊南粤，恐内無重兵，或致生變，於是創置七校尉，募知胡事者爲胡騎，知越事者爲越騎。又取中尉屬官所謂中壘者進爲校尉，凡八校尉。

〔一〕「徼，巡繞也」，漢書卷十九百官公卿表作「徼謂遮繞也」。

中壘校尉掌北軍壘門内，又外掌西域。

師古曰：「掌北軍壘門之内，而又外掌西域。」

屯騎校尉掌騎士。

步兵校尉掌上林苑屯兵。

越騎校尉掌越騎。

如淳曰：「越人内附以爲騎也。」

長水校尉掌長水宣曲胡騎。

師古曰：「長水者，胡名也。宣曲，觀名。胡騎之屯於宣曲者。」

胡騎校尉掌池陽胡騎，不常置。

師古曰：「胡騎之屯池陽者。」

射聲校尉掌待詔射聲士。

服虔曰：「工射者也。冥冥中聞聲則中之，因以名也。」應劭曰：「須詔所命而射，故曰待詔射也。」

虎賁校尉掌輕車。

師古曰：「自中壘至虎賁，凡八校尉，城門不在此數中。」

外又有城門校尉，掌京師城門屯兵，有司馬、十二城門候。城門初無兵，自戾太子事後置，以城門校尉一人領之。

師古曰：「八屯各有司馬，門各有候。」

今按：城門亦北軍城内之兵，今另設一校尉，專以領之，百官表列於八校尉之前。今考武帝擊南粵，在元鼎五年；戾太子反，在征和二年。則城門校尉之置，當在八校尉之後，不在八校尉數内，然亦北軍之所分也。陳氏博議以十二城門兵爲南軍，則非矣。得無以後志載光武中興之制，城門之中，正南平城門、北宫門屬衛尉，通列於城門校尉，而因得與南軍相關邪？然「王商以特進，孔光以太傅領城門兵，得舉吏如五府」，則其任亦甚重矣。

山齋易氏曰：「漢初中壘本中尉之屬，有令、丞。至武帝始陞爲校尉，止於七校，加以中壘，則並七爲八矣。或曰：武帝之八校，北軍也。大抵軍之在北者皆名北軍，故八校亦可以北軍名之，特非中尉之北軍耳。官表不言八校屬中尉，疑中壘自此專統北軍，與中尉異司。若謂中尉自是不領兵，而北軍始不屬中尉，則武帝改中尉爲執金吾，果何職歟？嘗考之，執金吾自掌中尉之北軍，八校自掌八校之北軍，以其各有司存，故史氏特以校尉列於城門之後。惟中壘校尉自别掌北軍壘門内，特與金吾相關屬，若所掌西域，則無與乎金吾也。蓋執金吾秩中二千石，而八校尉皆秩二千石，其位亦重矣，此則校尉之不屬執金吾也。李德裕謂「武帝内增七校，中尉實司其任」，蓋亦後世諸儒之論耳。」

山堂章氏曰：「武帝既增校尉，恐中壘之權太重，又於光禄勳之下，旋理會增添，於是增羽林、期門，以益南軍，大概令二軍之勢均。胡廣曰：『衛尉巡行宫中，則執金吾徼於宫外爲表裏。』唐李揆曰：『漢以南北軍相制者此也。』」

又曰：「南北軍之制，内外足以相制，表裏足以相應，高祖之法，可謂規模宏遠矣。漢初定天下，京師之屯，惟此二軍。諸夏本根，所係甚重，故高祖於衛尉、中尉之任，皆不輕授。周勃雖以南北軍，成誅吕安劉之功，及文帝自代邸入未央宫，夜拜宋昌爲衛將軍領南北軍，則勃已不與兩軍之政。其後除右丞相，亦旋歸政柄，蓋前日之以北軍制南軍者，特一時之權宜而已。南北軍本以相制，而文帝以宋昌兼領，失本意矣。然出於倉卒周防之謀，故隨即罷衛將軍，仍以其兵分屬焉，是雖出於一時權宜，而於南北軍之制，初未嘗有所更易，此漢初兵制之善者也。其後武帝内增七校，以壯翼衛之勢，又恐北軍偏重，則置期門、羽林與夫城門之兵，兵籍紛紛，而南北軍之制隳矣。」

今按：八校尉之置，所以分中尉之權也。八校尉之軍，舊皆三輔番上，爲中尉之所專統，特以中壘令、丞設軍壘，别置精兵，以備警急耳。今中壘陞爲校尉，專掌壘門屯兵，不屬中尉。蓋八校尉之所掌者，取選募之精兵分屯城内，但其所領事有時在外，如長水、池陽之類，故其分屯不常專在一所，而實則猶存城内北軍之名也。惟中壘猶與中尉相關，而中尉之所掌已分執金吾之職，尚不廢徼巡京師與戍中都官之舊耳，其實兵權已屬中壘，不相統制矣。此武帝慮患防奸之術也。但章氏謂武帝既增校尉，恐中壘之權太重，又於光禄勳之下，增置羽林、期門，則明指中壘兼統七校尉，如光武之以北軍中候監五營校尉也。殊不知中壘與七校本皆秩二千石，不相統屬，自足相制，烏得云中壘之權太重邪！且期門之置，在八校尉前二十六年；羽林之置，在八校尉後八年。本爲長從而設，豈以中壘權重之故哉！又謂增羽林、期門以益南軍，則羽林、期門本屬光禄勳宫殿門内之官而執兵迭從者，不可以軍名也，亦以衛尉所掌南軍與宫内事有相關，故遂誤以爲南軍耳。又三輔黄圖謂「中壘、屯騎，虎賁、屯兵〔一〕、越騎、長水、胡騎、射聲，八營宿衛王宫」，亦非矣。蓋此八營皆北軍也，豈以光武時併爲五營校尉，皆掌宿衛兵，而遂謂八校尉亦同其制歟？大抵章氏之説，本於補兵志，多雜後來改更之制，不若易氏考究之精詳也。〇又按：武帝八校，部署太多，事無統紀。夫本兵之權，宜在司馬，漢之太尉，古大司馬之任，而列於三公者也。兵政苟不盡以相屬，則樞機要務，孰與綱維邪？自元狩間置大司馬，以冠將軍之號，寵及親嬖，而兵不在焉，非復古者夏官之舊矣，然此豈自武帝始哉！高帝躬親征伐，武事不以屬人，自是有事則置，無事則省，太尉之設，亦不常也。文帝初自代來，未敢以兵權授漢老臣，但以其腹心分領，故薄昭爲軍騎將軍，宋昌爲衛將軍，而虚太尉不置者二十六年，則太尉亦不過偶因四方兵事而設耳。幸而國勢方張，猶能駕馭，異日乾綱少解，兵柄下移，則人持私見，異同莫得其協和，將各專成，進退每牽於衆主，欲其

〔一〕「屯兵」，三輔黄圖卷五作「步兵」。

如身之使臂、臂之使指，難矣哉！然則光武併爲五營而監於中候，蓋有以知其勢不可行矣。

山堂章氏又曰：「漢初南北軍亦是更番調發，一歲一更，初無定兵。自武帝置八校，則募兵始此；置期門、羽林，則長從始此。」

又曰：「漢兵出於民，凡其往來繇戍者，道中衣糧悉自備，從軍旅賫，或自貸子錢。家兵猶未衣食於縣官，而其所賦於民者，殆不過庫兵車馬之資而已。調兵遠征則食其所至郡國之粟，此其所以無列屯坐食之費也。」

又曰：「西漢之世，財用沛然，以京師無重兵耳。高帝征黥布，發關中兵，及惠帝末年，發車騎、材官詣滎陽，皆調兵民間，因事設屯，事已即罷，非繫京師所養之兵。」又曰：「杜佑通典謂『漢氏重兵悉在京師』，是不然。西漢之初，正以京師無重兵。嘗以後百官志考之，總計南軍爲九千四十六人，北軍爲四千五十人。惟城門屯兵數無可考，以宮掖門司馬所領者推之，多者七百二人，少者止三十人，況十二門止於一校，必非重兵所在，多不過三千人耳。總是三者，而京師之兵不滿二萬人，此光武中興之兵制也。武帝增置，亦不過倍之云爾。若高、文之世，未有增置，則其數當益少於此也。豈得云重兵悉在京師哉？」

今按：章氏據後志計漢兵之在南北軍者不滿二萬人，而著其財用沛然之美，蓋書生姑息之見也。此但可語光武中興罷兵之制耳，豈安不忘危之常道哉！漢初之制，殆不如是。周制天子六軍，當有六萬人，而副卒五倍，合爲三十萬人。漢高去古未遠，必嘗聞此矣。其置南北軍，雖無以稽其正副之實，亦豈宜不備六軍之制哉！故南軍自郡國番上爲衛士，北軍自三輔番上給中都官，會合全數，總成六軍，寧不謂之重兵乎！杜佑之說，蓋本此意。宋韓絳亦曰「漢、唐重兵在京師，其邊戍裁足守備而已」，皆不爲無見焉。然後志不滿二萬之數，正中興時制也，豈宜據以爲舊法哉！但舊法於古六軍正副之數，則容有不及耳。何則？井田既廢，失業者多，欲使千里之畿盡同萬乘之賦，則民數未明，經綸不及，遂以分番天下，姑具六軍，雖遠兵欲其習勢，外帥欲其殺勢，未免於後世功利之見，而因民定數，使之不困供輸，此亦高帝隨時制賦之宜也。然六軍之單，必不可少，蓋不如是，不足以守衛京城，控制四國，故慎選精兵，更番入直，貴精而不貴多焉，主於能守其國而已。故有事調發，則徵郡國兵而禁兵不出，意其京師無副卒耳。當時兵出於民，凡所調發，雖繇戍之遠，道中亦自備衣糧，所戍之地，皆以過更錢爲久計，從軍或自貸子錢，雖庫兵車馬，亦令人自出，不限於先王官給之制，是養兵之費不出於官，猶有寓兵於農之遺意焉。惟遠征食郡國之粟，此則衰世因糧於敵之餘習，而亦以節畿内之財也。以此制兵，國宜常裕，而況其軍未必有副卒乎！故當天下既平，相安無事，繼以文、景，恭儉財用，自宜沛然，豈以京師宜重之地而可太減從輕乎！雖其數不若後志所言之少，然亦僅能自守而不足以充調發。是以武帝好大喜功，狹小祖宗制度，首開募兵之端，不吝養兵之費，而高帝之法始一小變矣。然所募者不過習知胡越事之人，與能擊匈奴之勇敢士，而南北軍之番上者，固仍舊也。又選募貴精，兵無冗濫，初亦未至有大費也。及兵釁既開，漸多增置，飲食蓋若流矣。迄於昭、宣，募兵益廣，動踰萬人，於是列屯坐食，官困養兵，而高帝制兵之意，遂大失焉。光武中興，人方厭亂，乃懲前朝黷兵之禍，欲要一時節力之名，先省京師居重之兵，復罷郡國都試之法，則衛士所存之番皆非素練者矣。當寧謐之初，亦無不可，如後世何！彼徒知西漢時國富民安，可以無兵守固，謂雖去兵可也，而京師單弱，尋至募增，明帝以後，募兵益困。東漢之衰，蓋由光武啓之矣。光武亦書生耳，豈足以當高帝之材略哉！後儒特以西漢兵無可考，而光武能復漢儀，遂據後志以定高祖制兵之額，而反譏杜佑「重兵悉在京師」之言，此豈識時務明遠猷者邪！故曰章氏之論，書生姑息之見也。○又按：朱子有曰：「自六國至秦、漢以下，未有長征兵。」今以漢募兵事觀之，則長征兵不待唐府衛法壞而始有矣。然長征與長從不同，自其扈從而言則曰長從，自其調征而言則曰長征，豈漢昭、宣以後募兵雖廣，而事已即罷，故朱子云然邪？詳見後引唐李林甫募長征兵條下。

山堂章氏又曰：「古者禁衛兵不出，漢初猶得古意，京師兵不以出征。武帝元鼎六年，發中尉卒擊呂嘉，則失之矣。」

今按：禁兵者，宿衛之兵也，以其守王宮而重之，其不出宜矣。若畿兵，則古者邦畿千里出車萬乘，分番城守，餘卒尚多。故四方征調，每發六軍，畿兵無有全然不出之理，則武帝之發中尉卒擊呂嘉，未爲非古也。但漢世京師六單無副，不足以備征調，故高帝之制，南北軍不出，而有事常調郡國之兵，則武帝不能守成法矣。然高紀十一年嘗發中尉卒軍霸上，則距長安東三十里耳，固亦守護京城之事，非調征也。呂嘉，南粵相也。○又按：「漢兵散在郡國，則爲王侯郡守之兵，宜嚴爲之禁，非有銅虎符爲驗不可發兵，是以兵散天下而權歸一人。此漢防微杜漸，制兵之大略也。古者以牙璋起旅，漢初則以羽檄召兵於郡國，後用銅虎符。」此亦章氏之説也。史記孝文帝二年，「初與郡國守相爲銅虎符」，銅虎符者，發兵之要驗也。然在戰國時，魏公子無忌猶取魏虎符以奪晉鄙軍，漢氏已爲天子，豈得久無虎符，而至文帝時始置邪？觀齊王襄欲發兵誅諸吕，其中尉曰「欲發兵，非有虎符驗也」，則惠帝時已有虎符矣。謂文帝時始，史誤傳耳。然則用羽檄召兵，蓋高帝時事也。觀高紀八年[1]，「以羽檄徵天下兵，未至」，而封趙將四人各千户，則銅虎符之制，尚當在其後耳。師古曰：「檄者，以木簡爲書，長尺二寸，以召兵。其有急則加鳥羽，示速也。」應劭曰：「銅虎符，國家當發兵，遣使者至郡合符，符合乃聽受之。」張晏曰：「符以代古之圭璋，從簡易也。」師古曰：「與郡守爲符，各分其半，右留京師，左以與之。」

光武京師南北軍如故，於北軍則併胡騎、虎賁二校爲五營，以北軍中候易中壘以監之；於南軍則光禄勳省車、户、騎三將及羽林令，衛尉省旅賁及衛士一丞。

今按：後志北軍中候一人掌監五營：屯騎、越騎、步兵、長水、射聲，各校尉一人，掌宿衛，俱屬北軍中候。武帝原置中壘、胡騎、虎賁，并前五營，共八校尉。今以胡騎併入長水，虎賁并入射聲；而中壘舊領北軍營壘之事，今省中壘，但置中候以監五營；而光禄勳掌宿衛宫殿門户，衛尉掌宫門衛士、宫中徼循，旅賁、衛士，皆衛尉之屬也；又有執金吾掌宫外戒司、水火非常之事。此皆中興制也。執金吾本中尉舊領中壘者，今中壘爲中候，則與執金吾分爲二職矣。光禄勳與衛尉本二職也。又有城門校尉掌洛陽十二城門屯兵，而其正南

〔一〕事見漢書卷一高帝紀十年，疑「高紀八年」當作「高紀十年」。

平城門、北宮門乃屬衛尉，則衛尉以南軍而制京城内也。中候本掌北軍營壘，而宿衛兵皆屬焉，則中候以北軍而制宫門内也。其内外相維，慮甚密焉，意其更番之法，則必郡國爲南軍，三輔爲北軍，一如其舊。説者乃因光武兵制南北相通，遂謂皆從郡國番上，若遺三輔然者。竊謂光武中興，變更制度，雖多沿名失實，而高帝之法，或亦不能盡廢焉。

建武六年，詔罷郡國都尉，并職太守，無都試之法，惟京師隸兵如故。七年，罷天下輕車、騎士、材官、樓舩及假軍吏〔一〕，悉還民伍，惟更踐如故。九年，省關中都尉。

山齋易氏曰：「漢太守謂之郡將，兼領武事；都尉掌佐守，典武職。在王國，則相比郡守，中尉比都尉，皆掌兵之任。若三輔，夾輔京邑，錯列畿甸，其勢甚邇〔二〕，則兵事非所掌，故都尉與兵卒不屬左右京輔〔三〕，而特屬中尉之北軍，其番上亦然。」

張晏曰：「材官、騎士習射御、騎馳、戰陳，每以八月，太守、都尉、令、長、丞會都試，課殿最。」

〔一〕「假軍吏」，文獻通考卷一百五十兵考作「軍假吏」。
〔二〕「其勢甚邇」，文獻通考卷一百五十兵考作「其勢甚逼」。
〔三〕「故都尉與兵卒不屬左右京輔」，文獻通考卷一百五十兵考作「故都尉、尉丞、兵卒不屬郡卒」。

師古曰：「假軍吏[一]，軍中權置吏也[二]。自函谷關以西皆名關中。」

今按：關中，即三輔地。光武罷郡國關中都尉，而太守不復都試，惟京師番上之兵如故。觀禮儀志言「罷饗衛士，必勸以農桑」，則衛士之番上者，固未廢也。然所以罷外兵者，恐無用之人冗食，蓋貴精而不貴多之意也，故其詔曰：「國有衆軍，並皆精勇」。其罷天下輕車、騎士、材官、樓船及假軍吏悉還民伍，則高帝一歲爲材官、騎士之制盡廢，而專恃京師之兵矣。古者天子萬乘，分爲六軍，以待天下之變，未嘗不恃京師之兵也。然天下諸侯各有兵衛，變生倉卒，皆足防微，非有不得已之重役，不勞天子命將出師，而六軍副卒，更調有餘，亦豈資兵於京師之外哉！今南北二軍雖猶重內，比古六軍，僅能自衛，而郡國罷兵，緩急無備，既無以戒不虞而威不軌，乃專倚京師，異日疲於奔命，安能保其不乏乎！天生五材，誰能去兵，去兵非制國之常道也，況緣邊亭堠，不易盡除乎！故易氏謂「光武罷都尉，終建武之世已不能守前法，輒復臨時補置」，是以增屯設戍，營塢漸多，果至京師之兵不勝徵發，而長從募士日益衆矣。故其季年，馬援擊五溪蠻，募十二郡士及弛刑四萬餘人，而明帝以後，又歲募郡國中都官死罪繫囚出戍，聽從妻子，自占邊縣以爲常，凡徙者皆給弓弩衣糧，不得不困於養兵矣。故光武之罷郡國兵及都試，書生之見也，東漢之衰，實自此始。

[一] 「假軍吏」，後漢書卷一光武帝紀注作「軍假吏」。

[二] 見後漢書卷一光武帝紀李賢注，疑「師古」當作「李賢」。

然則兵可以精選，而豈易遽去哉！前論杜佑謂漢重兵悉在京師，已發其意矣。章氏又別有通論兩漢南北軍本末二條，併附於後云。

山堂章氏曰：「漢以南北軍相制，然二軍衛士皆調發郡國材官、騎士更番爲之，初未始有定在之兵。自武帝用兵，增置八校，募知胡人事者爲胡騎，知越人事者爲越騎，皆屬中尉，而北軍始有召募之兵；復恐中尉之權太重，而於光禄勳增置羽林、期門爲宿衛，與衛尉同掌宫門，而南軍始有長從之兵。方漢之初，京師兵猶未遠出，至武帝則發中尉卒擊南粤，而京師之兵始從遠調。昭、宣以來，禁旅之列屯如故，有警則發，雖金城去京城遼絶，而羽林孤兒、胡騎、越騎亦從此而遣矣。自是而後，益募外兵以從軍，而更代之法寖弛。至光武，一切倚重於京師之兵，而郡國都尉并省，而不知漢初京城之兵亦從郡國番上也，此後所以有列屯養兵之費歟？」

又曰：「高祖之世，南北二軍不出，而民兵散在郡國，有事以羽檄召材官、騎士，以備軍旅，以將軍將之，事已則罷。京師止南北軍，皆郡國番上無定在之兵也。自武帝置八校，大抵以習知胡越人充之，則募兵始此；期門、羽林皆家世爲之，則長從始此。蓋自是有養兵之病，而京師之兵制壞矣。元狩以後，兵革數多，民多買復，調發之士益鮮，於是發及謫吏，次及謫民，次及謫戍，次及七科謫，異時以隸於都尉者充兵，故其伍符甚整。及常兵不足，調及他衆，甲伍必紊，而郡國之兵制又壞矣。昭、宣以來，其弊日甚，募及奔命，調及惡少，發及刑徒，選及三百石吏，而又以羽林、胡越騎從事，是南北軍出矣。紛紛無復定制，皆自武帝啓之。及光武一起而變之，兵制蕩然矣。自光武罷都試，而外兵不練。疆埸之間，廣屯增戍，列營置塢，而國有征伐，終藉京師之兵以出。蓋自建武迄於漢哀[一]，匈奴之寇，鮮卑之寇，歲歲有之，或遣將出擊，或移兵留屯，連年暴露，奔命四方，而禁旅無復鎮衛之職矣。營衛選衰兵亦單弱，外之士兵不練，而內之衛兵不精，盜起一方，檄被三邊，興發甲卒，取辦臨時；戰非素具，每出輒北，於是羌寇輒盛，移兵赴遠，民不堪命。此其兗、豫之兵，擊象林萬里之寇，李固所以力爭也。桓、靈之世，雖能委任段熲，盡滅諸寇，而黃巾遂作，所在盜賊，不可勝數。黃巾既殄，而蕭墻禍作。蓋自中世以後，令出房帷，政歸臺閣，宦戚更領兵權，迭相傾奪，然五營畏服中人，陳蕃、竇武欲誅宦者，北軍不助，遂又夷滅何、武。袁紹懲其事，欲籍外兵以除之，實召邊將，閹宦雖除，而董卓之勢已成。義兵四起，群牧争政，漢遂三分。原漢盛衰，皆兵之由，而光武實爲之。」

今按：章氏謂南北二軍皆調發郡國材官、騎士，京城亦從郡國番上；又謂武帝增置八校皆屬中尉；又謂羽林、期門爲南軍之兵。皆本補兵志，與漢舊制不合。辯已見前矣。買復，猶言買閒。漢世復除之條最多：買爵至千夫則復，入粟受爵至五大夫則復，民産子則復，罷癃則復，功臣後則復，流民則復，養民馬則復，宗室有屬籍及關内侯則復，或賜外繇、或著外繇、或除更繇；有復其繇役者，有復其税租者，有終其身者，有復其家者，有復一歲者，有復二歲、三歲者，有復十二歲者，有復終身者，有復後世者。然多衰世之事也。故元紀曰「用度不足，民多復除，無以給中外繇役」，正謂此也。七科謫，吏有罪一也，亡命二也，贅壻三也，賈人

[一]「漢哀」，文獻通考卷一百五十兵考作「漢衰」。

四也，故有市籍五也，父母有市籍六也，大父母有市籍七也，本張晏註。伍符，軍士五五相保之符信也，本李奇註。召邊將，謂董卓時以并州牧將兵也，事見靈帝元和六年。漢初用都尉兵征伐，後用京師兵，又其後用州牧兵，此漢兵之三變，亦章氏之言也。章氏謂漢之兵制，至光武盡壞，是則然矣。但最失古義者，惟在士人不得與宿直執戟之列，而郎官三署盡爲諸黄門之廬，三公權輕，而宦官勢重，此其所以流禍之遠也。不然則兵制雖或少踈，政權猶未失馭，患亦何自而生哉？故林氏謂禁嚴之地，大臣皆不預聞，則凡可以轉移人主之心志，惑亂人主之視聽，無所不至，異日之變可見者，正以其不任三公而大司馬不得預兵政故也。雖然，自西漢不以太尉爲專官，而本兵無統久矣，况光武又多置黄門乎！及靈帝崩，而何進欲召董卓誅宦官，太后不聽，曰：「中官領統禁省，漢家故事，奈何與士人共對事乎！」則知士人不爲郎中久矣。自士人不爲郎中預宿衛，而五營兵士畏服中官矣。此豈一朝一夕之故哉！

後魏孝文帝定都洛陽，選天下勇士十五萬人爲羽林、虎賁，以充宿衛。其後詔軍士自代來者皆爲羽林、虎賁。司州之民，十二夫調一吏，爲四年更卒，歲開番假，以供公私力役。

今按：魏孝文帝季年，自代遷洛陽，治司州，亦以外兵爲衛士，畿兵供公私力役。公役蓋備京師之徼循，私役則給百官之僕從，大抵皆仍漢舊也。但宿衛則選勇士十五萬人，又有代來軍士；而力役則十二夫所調一吏之中，更卒四年之内，歲皆分番而上。似乎宫衛人多，京衛人少，輕重之勢，大有不同。至其養兵之費，則京衛皆自備衣糧，而宫衛選留者當自縣官給食，不可以爲盡同於漢焉。自漢以來，兵皆無志，無以考其詳。魏承漢後，略如東京南北軍故事，觀其置領軍將軍以領中壘，則光武五校之制也。州郡典兵，各置都督，尋加四征、四鎮將軍之號，又置大將軍、都督中外，兵柄世在司馬氏，而魏祚以移，豈非政權偏屬之過哉！晉武平吴，悉罷州郡兵，則矯枉過直矣，故陶璜、山濤皆言武備不可廢。及永寧以後，盜賊群起，州郡無備，天下遂大亂，其後刺史復兵民之政，州鎮愈重，凡有征調，多發奴兵，兵既無制，而晉亦隨亡。自宋以下，皆仍晉舊。當其時，内外多虞，兵力不足，或倩民丁，或募武士，而江東白丁，輕進易退，卒以敗師；由是盡户發丁，王公子弟亦皆從役，重以將由上御，士無專統，其兵制不足言矣。惟西魏文帝時剏立府兵之法，輕重不偏，内外相制，而又兵出民間，不資官養，於後世獨稱善焉。

周太祖宇文泰輔西魏文帝時，用蘇綽言，始倣周典置六軍，籍民之材力者爲府兵，身租庸調，一切蠲之，刺史以農隙講閱戰陳，馬畜糧糒〔二〕，六家供之；合爲百府，每府一郎將主之，分屬二十四軍。泰任總百揆，督中外諸軍事。柱國六員，各督二大將軍，凡十二

〔二〕「馬畜糧糒」，資治通鑑卷一百六十三梁紀作「馬畜糧備」。

大將軍，每大將軍各統開府二人，開府各領一軍。

今按：府兵皆選民之材力者籍之，則羸弱不入府籍者不得爲兵，但以供軍耳。六家供之，其法本於司馬法載成周「甸出一乘」之説，一甸六十四井，爲家者五百一十二，每乘七十五人，則六家零七分强而出一人。或謂宇文周制府衛，七家共出一兵，則緣六家七分强而舉成數言也。朱子則謂「都鄙以四起數，六家始出一人」，蓋世儒所傳聞如此，宇文周實倣此耳。鄴侯家傳曰：「周初置府兵，皆於六户中等以上家有三丁者，選材力一人，免其身租庸調，郡守農隙教戰閲兵仗，衣馱牛驢及糗糧旨蓄，六家共備；撫養訓導，有如子弟，故能以寡克衆。隋受周禪滅陳，而天下一統，府兵之力也。唐朝因之，平定天下，亦府兵也。」則府兵非自唐始，皆仍周舊耳，時尚未改州郡爲府，以其爲兵所藏而有府名耳。郎將，即唐折衝都尉之職也。鄴侯，李泌也。

北齊兵制，别爲内外，領之二曹[一]，外步兵曹，内騎兵曹。十八受田，二十充兵，六十免役，頗追古意。

今按：下條言隋承周、齊府兵，則北齊此制亦府兵也，但其説不詳耳。

隋兵制大抵仍周、齊府兵之舊而加潤色，其十二衛：曰翊衛，曰驍衛，曰武衛，曰屯

〔一〕「領之二曹」，文獻通考卷一百五十一兵考作「領之二冑」。

衛，曰禦衛，曰候衛，各分左右，皆置將軍以分統；而諸府之兵，有郎將、副將、坊主、團主，以相統治；其外又有驃騎、車騎二府，皆有將軍。後更驃騎曰鷹揚郎將，車騎曰副郎將，外置折衝、果毅，此府兵之大略也。

今按：通鑑隋煬帝大業二年〔一〕，「增改左、右翊衛等爲十六衛〔二〕」，蓋十二衛之外，有左右備身府、左右監府門，共爲十六也。唐之府兵，皆因隋舊，則十六衛者，本隋所置也。然武德初，止十二衛，七年增爲十四衛，至太宗始備十六衛，而終唐之世，凡言兼將者，皆止十二衛，何邪？按，隋百官志云：「左右翊衛所領名驍騎，左右驍衛所領名豹騎，左右武衛所領名熊渠，左右屯衛所領名羽林，左右禦衛所領名射聲，左右候衛所領名佽飛，而總號衛士。」則驃騎、豹騎、熊渠、羽林、射聲、佽飛六者，乃十二衛所部宿衛之士以爲六軍也。唐改翊衛爲左右衛，屯衛爲威衛，禦衛爲領軍衛，候衛爲金吾衛，其驍衛、武衛，皆仍隋舊。故百官志曰：「左右衛掌宮禁宿衛，凡五府三衛、折衝府驃騎番上者，受其名簿而配以職。驍衛掌同左右衛，凡翊府之翊衛、外府豹騎番上者，分配之；凡分兵守諸門，在皇城四面、宮城内外，則與左右衛分知助舖。武衛掌同左右衛，凡翊府之翊衛、外府熊渠番上者，分配之。威衛掌同左右衛，凡翊府之翊衛、外府之羽林番上者，分配之；凡

〔一〕見資治通鑑卷一百八十隋紀大業三年，疑「二年」當作「三年」。
〔二〕「增改左、右翊衛等爲十六衛」，資治通鑑卷一百八十隋紀作「又增改左、右翊衛等爲十六府」。

分兵主守，則知皇城東面助鋪。領軍衛掌同左右衛，凡翊府之翊衛、外府射聲之番上者，分配之；凡分兵主守，則知皇城西面助鋪及京城、苑城諸門。金吾衛掌宮中、京城巡警，烽堠、道路、水草之宜；凡翊府之翊衛、外府佽飛番上者，皆屬焉；師田，則執左右營之禁，南衙宿衛官將軍以下及千牛番上者，皆配以職。每左右二衛置上將軍一人，大將軍各一人，將軍各二人。」李泌以爲即周開府之任也。五府三衛，謂親衛、勳衛、翊衛，以華胄子孫爲之，謂之資蔭，皆官也，而屬於左右衛，分爲五府：親衛之府一，曰親府；勳衛之府二，曰勳一府、勳二府；翊衛之府二，曰翊一府，翊二府。每府中郎將、左右郎將各一人。五府中郎將掌領親衛、勳衛之屬宿衛者，總其府事，左右郎將貳焉。番上者，以名簿上於大將軍而配以職。若翊府之翊衛，則諸衛之所分配，此皆以其番上者而言也。外府，即折衝以儲軍伍者也，而外府番上宿衛之兵如前所云，驃騎、豹騎、熊渠、羽林、射聲、佽飛者，乃其所統也。若左右備身府，即唐左右千牛衛也。左右監門府，即唐左右監門衛也。其上將軍、大將軍、將軍之置與十二衛同。但千牛掌侍衛及供御兵仗，其備身、主仗之人，皆以門蔭子弟年少姿容美麗者補之，爲貴胄起家之良選。監門掌諸禁衛門籍之法。其兵則皆驍、威領軍六衛之所分守，而外府番上之兵皆非所領，故不得與於十二衛也。或以爲十六衛總府衛之番上者，恐折衝府與六府三衛〔二〕各有所分

〔二〕「六府三衛」，疑當作「五府三衛」。

配，而千年〔一〕、監門不在折衝番上之内耳。然有千牛而侍衛肅，有監門而禁衛嚴，則亦宫城内外之要職焉，周官有八次八舍之法，此十六衛所緣以起者歟？杜牧原十六衛曰：「貞觀中，内以十六衛蓄養戎臣，外開折衝果毅府，以儲兵伍。或有不幸，寇兵四作，此時戎臣當提兵居外；至如天下平一，暴悖消削，此時戎臣當提兵居内。當其居内也，官爲將軍，兵散諸府，三時耕稼，一時治武，騎甲兵矢，裨衛以課，父兄相言，不得業他，籍藏將府，伍散田畝，力解勢破，人人自愛，雖有蚩尤爲帥，雅亦不能使爲亂耳。及當居外也，緣部之兵，被檄乃來，受命於朝，不見妻子，斧鉞在前，罰賞在後，以首爭首，以力搏力，飄暴交捽，豈暇異略，雖有蚩尤爲帥，雅變不能爲叛也。自貞觀至開元百三十年間，戎臣兵伍，未始遂篡，此柄統輕重，制障表裏，聖筭聖術也。」觀此，則十六衛所蓄之戎臣，有事皆可以爲將，而所領之兵，則固出於十二衛所隸之折衝府也。當其調發，則朝廷以符契下州刺史，與折衝勘契乃發，以屬於提兵之將，事畢而散於野，則又統於折衝，而隸於十二衛矣。故方鎮表曰：「高祖、太宗之制，兵列府以居外，將列衛以居内，有事則將以征伐事，已各解而去。兵者，將之事也，使得以用，而不得以有之。」如此則兵權散主而亂無由生，豈非杜牧所謂「聖筭聖術」乎！唐之府兵本因隋制，故備論十二衛以發其端云。餘詳見後南北衙引林駉説下。

唐高祖初起兵，開大將軍府。以建成爲左領大都督，領左三軍；太宗爲右領大都督，

〔一〕「千年」，疑當作「千牛」。

領右三軍；元吉統中軍。發自太原，有兵三萬人。及諸起義以相屬，與降群盜[一]，將兵二十萬。武德初置軍府，以驃騎、車騎兩將軍統之[二]。析關中爲十二道，曰萬年道、長安道、富平道、醴泉道、同州道、華州道、寧州道、岐州道、幽州道、西麟道[三]、涇州道、宜州道，皆置府。時以天下未定，舉關中之兵，以臨四方。三年，更道爲軍。六年，以天下既定，遂廢十二軍，改驃騎曰統軍，車騎曰別將。居歲餘，十二軍復，而軍置將軍一人。軍有坊，置主一人，以檢察户口，勸課農桑。

今按：此唐高祖時關中府兵之制未及天下也，改十二道爲軍，會要以爲十二衛將軍，取威名素著者爲之，分關内諸衛隸焉。云勸課農桑者，見兵農猶未分也。葉適謂府衛既成，農遂不復爲兵，兵亦不復爲農，兵農之分，終不復合，此蘇老泉之遺論也。彼蓋徒知後世人無計口受田之法，而爲兵者多是無田之家，故云然耳。殊不知諸府初行，本因周、隋舊制，六家而出一兵，故兵有土著據依之實，人無市驅渙散之虞。散歸雖隸伍符，亦得不離本業，此杜牧所謂「兵散諸府，不得業他，籍藏將府，伍散田畝」者也。蓋與漢初調兵制同，猶存古

[一]「與降群盜」，文獻通考卷一百五十一兵考作「與降郡盜」。
[二]「以驃騎、車騎兩將軍統之」，文獻通考卷一百五十一兵考作「以驃騎、車騎兩將軍府之」。
[三]「西麟道」，文獻通考卷一百五十一兵考作「西麟州道」。

者寓兵於農之意焉。驃騎、車騎，即統府兵之將也。若征調領兵之將，則有建成領左三軍，太宗領右三軍，元吉領中軍。

太宗貞觀十年，更號統軍爲折衝都尉，別將爲果毅都尉。諸府總曰折衝府。凡天下十道：一曰關内，二曰河南，三曰河東，四曰河北，五曰山南，六曰隴右，七曰淮南，八曰江南，九曰劍南，十曰嶺南。置府六百三十四，皆有名號，而關内二百六十有一，皆以隸諸衛。凡府三等，兵千二百人爲上，千人爲中，八百人爲下。府置折衝都尉一人，左、右果毅都尉別將各一人。三百人爲團，團有校尉；五十爲隊，隊有正；十人爲火，火有長。每人兵甲糧裝各有數，皆自備。輸之庫，有征行則給之。年二十爲兵，六十而免。其能騎射者爲越騎，言其勁勇能超越也，其餘爲步兵。每歲季冬，折衝都尉率其屬教戰。其隸於衛也，左、右衛皆領六十府，諸衛領五十至四十，其餘以隸東宫六率。凡發府兵，皆下符契，州刺史與折衝勘契乃發。若全府發，則折衝都尉以下皆行；不盡，則果毅行；少則別將行。當給馬者，予其直市之，每疋與錢二萬五千。刺史、折衝、果毅歲閱不任戰事者鬻之，以其錢更市，不足則一府共足之。凡當宿衛者番上，兵部以遠近給番，五百里爲五番，千里七番，一千五百里八番，二千十番，外爲十二番，皆以月上。若簡留直衛者，五百里爲七番，千里八番，二千里十番，外爲十二番，亦月上。

今按：唐之諸衛，環衛京師，以隸外府之兵。而十道諸府，則分列州鎮，謂之折衝。章氏所謂「府兵雖散在諸道，然折衝都尉並遙隸於諸衛」是也。折衝府雖各在外治兵，而官實内任，故百官志係於諸衛之後，不列於外官之中，欲使聯屬於内焉。蓋其職與漢都尉同，但不似都尉之爲外任官耳。上府千二百人，中府千人，下府八百人，蓋所選材力之士，而以折衝府統之，使得專肄，如漢之材官、騎士統於都尉而課都試也。季冬率屬教戰，正指都試，非謂練卒，歲止一次而已，如此則兵皆常練，無不可用之人矣。故二十爲兵，六十而免，中間四十年既隸戎籍，所業在兵，時或散罷就田，可以不廢生理，故志謂「府兵之置，居無事時耕於野」，得寓兵於農之大意焉。折衝府數，會要與陸贄、杜牧之説多寡不同，意者各據一時所見，或所傳聞異辭耳。今姑以唐志爲正，凡十道置府六百三十四，而關内二百六十一，皆以隸諸衛。其隸諸衛也，左右衛皆領六十府，諸衛領五十至四十，餘則以隸東宫六率，李泌以爲「東宫六率領六至三」。蓋十二衛者，天子之宿衛也。東宫有左右率府，擬左右衛；左右司禦率府擬左右領軍衛；左右清道率府擬左右金吾衛。則太子之宿衛也，以此分配，則盡六百三十四府而分隸於十二衛與東宫六率矣。太子六衛，理不可虚，以兵分衛則可，以府分隸則不可，故章氏曰「太子管軍，非古制也」。然太子所隸之兵，亦必止於其所當番上之府耳，其餘固皆隸於十二衛也。章氏以爲「唐置十六衛，外統關内，天下諸府番上宿衛」者，是不知監門、千牛四衛不與於領番上之兵也。考之六典，十二衛與六率分隸之兵共隸三百一十九府，而左右衛止共領五十府，領軍衛六十府，其餘或五十府、四十九府，六率不過五府、三府，與唐志、李泌所傳之數雖有不同，而大略不甚相遠矣。然府各有名著爲定額，似以二千里上下之府，歲立常番。而十道之中，如劍南、嶺南所極之地，不止二千里外者，亦當在番上之列矣。雖番分十二，十二月之内始一月上，勢必有所不及，此不過寓控制遠方之術而已，於政未爲盡便也。又十道總立六百三十四府，而關内一道獨得二百六十一府，其餘九道僅總得三百七十三府。要之近地府密，遠地府踈，詳内略外，亦恐地遠則勢有所難行歟？然而地近則役煩，亦可想見矣。天下之府凡六百三十四，李泌以爲通計六十八萬人，而以約番上十二衛及東宫六率。如前六典所分三百一十九府，約得三十一萬九千人，則宿衛之兵，當天下府兵之半，分爲數番，每月更上。以後日張説募兵之數約之，則京師常有十二萬人，足備天子六軍正副之數，而番下者亦足以爲州府居守之資。此居重馭輕，亦制兵之善術也。至其有事調發，雖當遠府，而所隸之衛，皆得與聞焉，否則何取於以府隸衛哉！故典要云：「折衝府每歲十一月，以衛士帳上於兵部，以俟征發，天下衛士六十餘萬。」六十餘萬云者，其即李泌六十八萬之數歟？以六十餘萬之衆而通謂之衛士，可見其皆隸於十二衛矣。然兵部者，本兵之任也，故徵發之數、給番之差總制焉，又以見十二衛之有所統矣。其應番之府，而兵先調發，則必有代之給番者，且二千里内外有衆六十餘萬，更番之人不患於寡，餘兵隸在折衝，緩急自能相應，故雖遠在邊陲，兵威亦足遥制。李泌曰：「府兵分隸京師，諸衛有寇，則以符契發付邊將，無寇分番宿衛。」蓋言邊地在京西而當二千里内外者，所發之兵固亦應番宿衛之士。然亦可見府兵初行，但有征調而無久戍矣。因調兵而成久戍之例，因久戍而淹更番之期，府兵之困，蓋由於此，其法安得而不壞哉！詳見下二條。○符契，銅魚符、木契也。六典曰：「凡國有大事，則出納符節，辨其左右之異，藏其左，而班其右，以合中外之契焉。銅魚符，所以起軍旅、易守長。兩京留守，若諸州軍折衝府諸處、捉兵鎮守之所及宫總監，皆給銅魚符木。所以重鎮守，慎出納。車駕巡幸，皇太子監國，有兵馬受處分者爲木契。若王公以下、兩京留守及諸州有兵馬受處分，并行軍所及領兵五百人、馬五百疋以上征討，亦給木契。」

玄宗開元十年，張説爲相。先是，緣邊戍卒常六十餘萬，説以時無强寇，奏罷二十餘萬，使還農。上以爲疑，説曰：「臣久在疆埸，具知其情，將帥苟以自衛及役使營私而已。若禦敵制勝，不必多擁冗卒，以妨農務。」上乃從之。

今按：唐初，邊鎮雖無過更，亦有折衝之府待番宿衛之兵，布列近邊，就田爲守。故府兵在州，事關刺史，實邊鎮之所倚重也。但其兵上隸京師，諸衛有寇，則以符契發付邊將，邊將不得而專焉。然行者近不踰時，遠不經歲，未嘗有久戍之役。久則自高宗時，劉仁軌圖吐蕃而師老厭戰始，此説出於鄴侯家傳，非無徵也。則泌謂「舊制，戍邊三歲一代」者，亦後來所增，非唐初之制矣。張説時本無强寇，而戍兵常至六十餘萬，徒資將帥自衛營私而已，此外役之所以難堪而府兵之所以日耗歟？説知其情，而奏罷二十餘萬，宜矣。但不能俗復府兵之法，以嚴天子有道之守，邊將安得而不握重兵哉！○又按：唐天下十道，共府六百三十四，爲兵六十八萬人，内番上十二衞及東宫六率者，大約正副十二萬人，則存府之兵，尚有五十六萬餘人。當時府兵貧弱，逃亡略盡，諸衞士又多不補，宿衞不能給，舊額數必不充然，而緣邊戍卒乃有六十餘萬。且張説所經疆埸，止是朔方一面，其戍卒烏得如許之多哉！此可見高宗以後，邊將調發府兵，就留久戍，而益府增兵，因亦不少，此百姓之所以困，府兵之所以亡，而宿衞之士不得不募矣！衞士既募，府兵不番，而近鎮之兵，遂爲邊將所據，居重馭輕之權失，而尾大不掉之勢成，國威安得而復振哉！

自高宗、武后時，天下久不用兵，府兵之法寖壞，番役更代多不以時，衞士稍稍亡匿。諸衞府兵，自成丁從軍，六十而免，其家又不免雜徭，寖以貧弱。至是益耗散，宿衞不能給。張説乃請募壯士充宿衞，不問色役，優爲之制，逋逃必爭出應募。上從之。旬日，募得精兵十三萬，分隸諸衞，更番上下，兵農之分，自此始矣。十一年，尚書左丞蕭嵩與京兆、蒲、同、岐、華州長官選府兵及白丁一十二萬，謂之「長從宿衞」，一年兩番，州縣毋得雜役使。十三年，更命長從宿衞曰「彍騎」，分隸十二衞，總十二萬人，爲六番，每衞萬人。

范祖禹曰：「唐制諸衞府有爲兵之制，而無養兵之害，田不井而兵猶藏於民，最爲近古而便於國者也。開元之時，其法寖隳，張説不究其所以而輕變之，兵農既分，卒不能復。夫三代之法，出於聖人，及其末流，未嘗無弊，不過舉其偏以補其不及而已。若并其法廢之，而以私意爲一切苟且之制，此後世所以多亂也。」

今按：此載張説募兵事，見通鑑及兵志。先言募精兵十三萬，分隸諸衛；次言選十二萬爲長從宿衛，則不隸諸衛而爲長從，歲皆二番；次又以長從宿衛名「彍騎」，仍隸十二衛，而分爲六番。蓋一事而三更其制，至後始定名「彍騎」耳。故鄴侯家傳載此事云「張説募士材力者十三萬人，玄宗以『彍騎』名」，張説傳亦云「請一切募勇强士，得勝兵十三萬，分補諸衛，以强京師，後所謂『彍騎』者也」，則爲一事。可知彍騎初本長從宿衛，曰長從則不復以府兵番上；既又分隸十二衛，則不與於折衝府，而折衝之任益輕矣。募兵之術，凡有數端：如晁錯言「賜高爵，復其家，與冬夏衣，廪食」，亦募也；李泌言「鑄鐵器，糴麥種，以募戍卒耕荒田」，亦募也；常清言「出内帑錢，市於京師募兵」，亦募也。賜爵復家，非時宜所急，而子直則費又不貲，不知張説當時用何術以募邪？夫一兵之資，本有戎器、馱馬、鍋幕、糗糧之備，舊皆六家所供，今募直亦豈宜少此數哉！然猶恐人不樂從，故優其科條，復繇給賜，必從厚焉，此非出内帑錢，何以充之？其視民間出一府兵者，費常加重，故曰「府兵廢而唐有養兵之困」。況所募之士，不問所從來而但取材力，則兵不土著，鄉井無歸，徇利忘身，不自愛惜，一不得志，安保其不渙然離乎！是不若府兵之有實地也。當府兵之初行也，每府番上，太宗必引於殿庭，親自教射，加以賞賜，及分隸十二衛，皆選勳德信臣爲將軍，故撫綏訓練備至，其蓄養有恩如此，兵安得而不盛乎！其後邊將占役日久，宿衛更番不時，終身爲兵，雜繇不免，府兵之壞，良以此耳。章氏謂：「唐以遠近分番，皆以一月，恐太紛擾。又在二千里外者亦不免爲，府兵之所以壞。」此知其一耳，未爲探本也。以古者畿内制兵論之，每井歲以一番，道路不過五百里之内，而府兵之番則皆月上。總而言之，大約五百里之府，每歲僅有二月之役，若二千里之府，則役止一月而已。況番兵郡國，秦、漢以來，率以爲常，在後世民，亦不以遠爲病也。如太宗時亦此府兵，何嘗有病於遠哉！但番上一月即更，似乎紛擾，然亦恐如漢戍邊三日之可以貼更錢也。故其壞也，特在更番不時，撫馭失道耳。瓊山丘氏曰：「府兵無事則番上宿衛，有事則調發出征。雖曰寓兵於農，暇則耕稼，然軍府雜郡縣之中，士卒混編民之内，其他繇役科征，未能盡蠲。況又承平日久，兵政廢弛，番易更代，多不以時，非法徵求，分外驅役。此其立制非不善，而其行之既久，終不能以無弊也。」此數言者，蓋得府兵所以壞之意矣。〇彍騎，弓騎也，又名射騎。胡三省曰：「引滿曰彍。」

天寶八載，停折衝府上下魚書。先是，折衝府皆有木契、銅魚，朝廷徵發，下敕書、契、魚，都督、郡府累驗皆合，然後遣之。自募置彍騎，府兵日益隳壞，死及逃亡者，有司不復點補，故時府兵入宿衛者謂之侍官，言其爲天子侍衛也。其後本衛多以假人，役使如奴隸；長安人羞之，至以相詬病，必曰侍官云。其戍邊者，又多爲邊將苦使，利其死而沒其財。由是應爲府兵者皆逃匿，至是無兵可交。時李林甫爲相，遂請停上下魚書；其後徒有兵額官吏，而戎器、馱馬、鍋幕、糗糧並廢矣。其折衝、果毅，又歷年不選，士大夫亦恥爲之。彍騎之法，天寶以後，稍亦變廢，應募者皆市井負販、無賴子弟，未嘗習兵。時承平日久，議者多謂中國兵可銷，於是民間挾兵器者有禁；子弟爲武官，父兄擯不齒。猛將精兵，皆聚於西北，中國無武備。而禄山之反，禁兵皆不能受甲矣。

今按：百官志：「折衝都尉，師役則總戒其資糧、點習而府之[一]。兵則起於六家而供一役，州刺史所得領焉。諸州爲支郡，各隸於道，每道置使，治於所部之大郡。」使，即采訪使之類，謂之監司，非係邊防，未有旌節也。邊方有寇戎之地，則加以旌節，謂之節度使，而稱節鎮焉。此高宗永徽中，以都督帶使持節時事，而節度使猶爲都督之帶銜耳。至肅宗至德初，方以節度使爲專官，而一道之事無不領矣。杜佑曰：「初，節度與采訪各置一人。天寶中始一人兼領之，勑采訪使但舉大綱，郡務並委郡守。至德之後，改爲觀察，皆併領都團練使。分天下爲四十餘道，大者十餘州，小者二三。」馬端臨曰：「唐之州縣，不過一使臨之，節度多兼觀察，又各道雖有度支、營田、招討、經略等，使亦多以節度兼之。蓋使名雖多，而主其事者，每道一人而已。」觀此，則節度使本即都督，而其權所以爲重也。又六典云：「諸州折衝府捉兵鎮守之所，皆有銅魚；諸州有兵馬

[一]「師役則總戒其資糧、點習而府之」，舊唐書卷四十四職官作「以從師役，總其戎具、資糧、差點、教習之法令」。

受處分者，皆有木契。故書契之下，都督與郡府相累驗皆合，然後發兵。如調山東卒戍邊，皆待符契也。其後府兵法廢，兵遂領於鎮將。故憲宗元和末年，烏重胤爲横海節度使，建言：『河朔藩鎮所以能旅拒朝命者，由諸道州縣各置鎮將領軍，收刺史縣令之權也。向使刺史各得行其職，雖有奸雄，必不能以一州獨反也。臣所領德、棣、景三州，已舉牒各還刺史職事，應在州兵並領刺史領之。』故遂詔刺史領諸道支郡兵馬。」觀此，則唐初刺史雖隸於都督，而府兵實刺史所領矣。蓋府兵之法，皆仍後周，其置府兵，本以郡守農隙教試閲兵仗，衣糧六家供備，則兵實郡守所督，而以屬於府也。故唐之發兵，教習不精者，罪及刺史，有由然焉。夫兵廢官輕，則士大夫恥爲矣，此上皆言府后，以下則言彍騎也。時府兵法已廢，而猶云然者，見府兵已不與宿衛，而其府猶存虚額也。人皆逃亡，無兵可調，故停魚書，此爲邊將而言也；魚書停而邊將之發兵，不待請命矣。舊時府人目番上者爲侍官，指武后時言，蓋當時番上府兵，常爲朝要子弟所私，人以爲有權，故稱侍官，蓋禮重之詞也。其後府職日賤，皆不肯爲，則以爲辱矣，故人亦稱侍官，以詬病之，胡三省曰「詬病猶恥辱也」。戍邊者本調山東府兵，因爲邊將所苦，則人不樂爲，然州縣亦必發之，故劉仁軌兵疏曰：「州縣調發，類不以實，壯而富者以財免，貧雖老弱亦不得逃焉。是應爲府兵者，皆州縣之所抑勒也，安得而不盡亡匿哉！」然而精兵聚於西北者，通鑑開元二十五年：「李林甫爲相，請令中書門下與諸道節度使量軍鎮閑劇利害，審計兵防定額，於諸色征人及客户中召募丁壯，長充邊軍，增給田宅，務加優恤。」此即所謂長征健兒也。邊將之兵，既得自選，及停折衝府上下魚書，而兵遂盡爲邊將所擅矣。又僖宗乾符五年，「河東節度使竇瀚發土團千人戍代。土團不發，求優賞，諭給錢三百，布一端」，則當時諸鎮已有所謂土團者，亦必待於給賞而發，此唐養兵之費所以爲廣歟？餘詳見下條。○又按：張説募彍騎止以宿衛也，謂之「長從兵」；李林甫募健兒，則以戍邊也，謂之「長征兵」。長從者，以扈從言也；長征者，以調征言也。有長從而府無番上之兵矣，有長征而邊有常養之兵矣。故朱子曰：「自六國至秦、漢以下，皆未有長征兵，都是調發於民。及唐府衛法壞，方有長征兵。」蓋謂此也。○禄山反見後方鎮條下。

德宗貞元二年，上與李泌議復府兵，泌因爲上歷敘府兵自西魏以來興廢之由，且言：「府兵平日皆安居田畝，每府有折衝領之，折衝以農隙教習戰陳。國家有事徵發，則以符契下其州及府，累驗發之，至所期處。將帥按閱，有教習不精者，罪其折衝，甚者罪及刺史。軍還，賜勳加賞，便道罷之。行者近不踰時，遠不經歲。高宗以劉仁軌爲洮河鎮守使以圖吐蕃，師老厭戰，於是始有久戍之役。武后以來，承平日久，府兵寖隳，爲人所賤；百姓恥之，至蒸熨手足以避其役。又，牛仙客以積財得宰相，邊將效之；山東戍卒多齎繒帛自隨，邊將誘之寄於府庫，晝則苦役，夜縶地牢，利其死而沒入其財。故自天寶以後，山東戍卒還者什無二三，其殘虐如此。然未嘗有外叛内侮，殺帥自擅者，誠以顧戀田園，恐累宗族故也。自開元之末，張説始募長從兵，謂之『彍騎』，其後益爲六軍。及李林甫爲相，奏諸軍皆募人爲之；兵不土著，又無宗族，不自重惜，忘身徇利，禍亂遂生，至今爲梗。向使府兵之法常存，安有如此上陵下替之患哉！陛下思復府兵，此乃社稷之福，太平有日矣。」上曰：「俟平河中，當與卿議之。」

今按：符契累驗，詳見上條。折衝都尉與漢郡都尉，皆典兵之官。漢之都試，郡縣之官盡會；而唐則折衝都尉教戰，不及刺史者。蓋都尉本郡佐，而折衝府與州異司，或難齊一，故不並言耳。然而將帥按閱，教習不精者罪其折衝，甚者罪及刺史，則刺史亦應與都試之事者矣。便道罷之者，胡三省曰「罷兵使各隨便道歸農，不必還至京師而後罷也」。山東戍卒多齎繒帛自隨者，即李泌所謂「山東之人西戍者，皆人齎練數百疋自隨，爲三年之計者也」，此特言邊戍衣糧自備耳。若出征則官給之，觀劉仁軌言「往在海西，百姓爭欲從軍，或請自備衣糧，謂之『義征』」，可見征伐之際，衣糧當從官給矣，代戍則自齎繒帛出征、自備衣糧。雖皆征調，事各不同，至後則戍邊者亦給食焉。詳見下條。益爲六軍者，時禁中已有左右羽林軍、左右龍武軍、左右神策軍，謂之神策六軍。或以十二衛合左右爲六軍，非也。李林甫奏諸軍皆募之兵，謂之長征健兒，云諸軍者，謂諸軍鎮也，蓋謂戍邊發耳。俟河中平者，時李懷光反河中，方致討也。觀李泌此說，可以見唐初本無調兵遠戍之事，特起於劉仁軌，自後遂定爲三年更戍之例矣。戍卒顧戀田園，恐累宗族，不敢外叛內侮，此見府兵之善也。但天寶時已募彍騎，不用府兵，而府兵僅存貧弱者爲邊將所番調耳；府兵屬於邊將，其後又得自召募而京師兵弱矣；邊將雖兵强，而召募者多市井鬻販之人，不足恃也已。故鄴侯家傳曰：「唐舊志戍邊者三年一代，後以其勞於道路，乃募更住三年者，賜物二十年段。開元中，遂令諸軍皆募，謂之健兒。李林甫又請諸軍召募長征健兒，以息山東兵士。於是師不土著，無家庭之顧，殺帥自擅之兆生矣。」正謂此也。此與下條本一時之言，但詳略不同耳，故備載之，以互相發。○又按：古者天子無遺兵戍邊之法，蓋諸侯之附近者民自爲兵，且田且守，如宋之以鄉兵爲團也。豈惟後世哉？在成周時，韓侯之國介於追貊，而能控制百蠻，此正天子有道，守在四夷之事也。唐初邊境不屯重兵，亦緣太宗用兵神武，威震蠻方，略示計謀，則擒頡利，虜高昌，破吐谷渾，降薛延陀，四夷皆慴服矣。先聲所至，何待戍兵，故府兵就田，亦足自備，蓋庶幾守在四夷之意焉，然其德豈眞足以服百蠻者哉！不數十年，府兵盡爲邊鎮之戍，而京師無復宿衛之番，外重内輕，勢成倒置，非惟不能制外夷之侵陵，而先已啓邊將之背叛矣。李泌雖惓惓欲復府兵，而徒法亦何以能自行哉！

三年，上復問李泌以復府兵之策，對曰：「今歲徵關東卒戍京西者十七萬人，計歲食粟二百四萬斛。今粟斗直錢百五十，爲錢三百六萬緡。國家比遭饑亂，經費不充，就使有錢，亦無粟可糴，未暇議復府兵也。」上曰：「然將奈何？亟減戍卒歸之，如何？」對曰：「陛下誠能用臣言，可以不減戍卒，不擾百姓，糧食皆足，粟麥日賤，府兵亦成。」上曰：「果能如之，何爲不用！」對曰：「今吐蕃久居原、蘭之間，以牛運糧，糧盡，牛無所用，請發左藏惡繒染爲綵纈，因党項以市之，每頭不過二三疋，計十八萬疋，可得六萬餘牛。又命諸冶鑄鐵器，糴麥種，分賜緣邊軍鎮，募戍卒，耕荒田而種之，約明年麥熟倍償其種，其餘據時價五分增一，官爲糴之。來春種麥亦如之。關中土沃而久荒，所收必厚。戍卒獲利，耕者寖多。邊地居人至少，軍士月食官糧，粟麥無所售，其價必賤，名爲增價，實比今歲所減多矣。」上曰：「善。」即時命行之。泌又言：「邊地官多闕，請募人入粟以補之，可足今歲之糧。」上亦從之，因問：「卿言府兵亦集，如何？」對曰：「戍卒屯田致富，則安於土，不復思歸。舊制，戍卒三年而代，及其將滿，下令有願留者，即以所開田爲永業。家人願來者，本貫給長牒續食而遺之。據應募之數，移報本道，雖河朔諸將得免更代之煩，亦喜聞矣。不過數番，關中已實，則戍卒皆土箸，不假征戍矣。因遂以爲府兵，移舊府名即而置之，分隸京師諸軍、諸衛，有寇則以符契發付邊將，無寇分番宿衛，府兵成矣。」上曰：「此乃神謀也。」既而戍卒，應募願耕屯田者十五六。

胡三省曰：「色斑斕謂之纈。」

今按：唐之戍邊，自劉仁軌始，本以符契調發府兵，遂爲三年一更之制。然府兵初戍，猶能以繒帛自隨，爲衣糧久備，至後役困難堪，亡匿略盡。而所調山東戍卒，雖仍府兵之額，已皆烏合之人，蓋自是貧弱者多，始有月糧之給焉。故李泌言山東卒戍京西者十七萬人，歲食粟二百四萬斛，其所由來者漸矣。泌之意，欲留戍卒屯田，俟其食足，因復府兵，時遭饑歉，恐不可留，故云「未暇議府兵也」。此爲邊鎮而發，蓋將圖吐蕃耳。邊鎮復府兵，而曰「有寇則以符契發付邊將」，可以見邊將之不得專矣。府兵本隸諸衛，時已有六軍，故併諸軍言。又云「無寇分番宿衛」，則緣邊之府亦在番兵入衛之列者歟？夫戍邊之番不息，而養兵之費日多，民貧國困，廩藏皆虛，惟有屯田一事，庶足供軍策之善者也。惜乎德宗政多姑息，心又猜防，泌蓋有以量其不可盡言者矣。卒至宦官典兵於内，方鎮專兵於外，何足以議成功哉！

方鎮者，節度使之兵也。原其始，起於邊將之屯防。唐初，兵之戍邊者，大曰軍，小曰守捉，曰城，曰鎮，而總之以道。曰平盧道，曰范陽道，曰河東道，曰關内道，曰河西道，曰北庭道，曰安西道，曰隴右道，曰劍南道，曰江南道，曰河南道。此自武德至天寶以前邊防之制。其城、鎮、守捉皆有使，而道有大將一人，曰大總管，已而更曰大都督。至太宗時，行軍征討曰大總管，在其本道曰大都督。自高宗永徽以後，都督帶使持節者，始謂之節度使，然猶未以名官。睿宗景雲二年，以賀延嗣爲涼州都督、河西節度使。自此而後，接乎開元，朔方、隴西、河東、河西諸鎮，皆置節度使。及范陽節度使安禄山反，犯京師，天子之兵弱不能抗，而諸鎮之兵共起誅賊，當時號「九節度之師」。大盜既滅，而武夫戰卒有功者，皆除節度使。由是方鎮相屬於内地，大者連州十餘，小者猶兼三四。兵强則逐帥，帥强則叛上。或父死子握其兵而不肯代；取捨由於士卒，往往自擇將吏，號爲「留後」。以邀命於天子，力不能制，則忍恥含垢，因而撫之，謂之姑息之政。由是號令自出，以相侵擊，虜其將帥，并其土地，天子熟視不知所爲，反爲和解之，莫肯聽命。始時爲朝廷患者，河朔三鎮。及其末，朱全忠以梁兵、李克用以晉兵更犯京師，而李茂貞、韓建近據岐、華，妄一喜怒，兵已至國門，天子爲殺大臣，罪已悔過，而後去。及昭宗用崔胤召梁兵以誅宦官，劫天子奔岐，梁兵圍之逾年。當此之時，天下之兵無復勤王者。向所謂三鎮，徒能始禍而已。其他大鎮，南則吴、浙、荆、湖、閩、廣，西則岐、蜀，北則燕、晉，而梁盜據其中，自國門以外，皆分裂於方鎮矣。

山堂章氏曰：「唐初，以軍、鎮、城、守捉兵，置都督於邊，以制夷狄也。以府兵番上於京師，置十二衛以制外兵也。至於府兵壞，而爲射騎；射騎又壞，内兵既弱，則邊兵爲患。禄山反，以邊兵致變，則吐蕃、回紇乘間入矣。」又曰：「邊兵弱則夷狄爲患，畿兵弱則邊兵爲患。推唐弊源，只緣開邊大廣，則都督兵不得不多，都督兵多則畿兵弱，不應不爲患矣。」

今按：唐地東西九千五百一十一里，南北一萬六千九百一十八里。舉唐之盛時，開元、天寶之際，東至安東，西至安西，南至日南，北至單于府，南北如漢之盛，東不及而西過之。蓋自太宗平突厥西北諸蕃及蠻夷稍稍内附者，即其部落置州縣。凡州府八百五十六以羈縻之，其大者爲都督府，以其首領爲都督刺史，皆得世襲，雖貢賦多不上户部，然皆邊州都督都護所領。此其開邊之廣也，務廣地而不廣德，所恃者畿兵耳，畿兵既不足以制之，則邊兵且自爲亂，何足倚以制夷狄哉！節度初置，猶未名官，至於景雲，乃始專設，其後諸道因同此號，得以軍事專殺。行則建節，府樹六纛，外任之重莫比焉。故容齋洪氏曰：「唐制節度使，分天下爲四十餘道，大者十餘州，小者二三州，但令訪察善惡，舉其大綱。然兵甲、財賦，民俗之事，無所不領，謂之都府，權勢不勝其重，能生殺人，或專私其所領州，而虐視支郡。然每道不過一使臨之耳。」鄱陽馬氏亦曰：「天寶分西北十道節度使，以其兵防邊耳，未有世襲之節度也。自安、史亂，而後河北三鎮有世襲節度使矣，然未有東南世襲之節度也。自黄巢亂，而後東南偏海内皆爲世襲節度矣。」觀此，則節度使之官定於景雲，而盛於至德也。天寶元年所分十節度，曰安西，曰北庭，曰河西，曰朔方，曰河東，曰范陽，曰平盧，曰隴右，曰劍南，曰嶺南；而劍南、嶺南不在西北，然止爲防邊而設耳。至肅宗至德之後，以禄山作亂中原，用兵增置漸多，遂至分爲四十餘道刺史，皆治軍城，遂有防禦、團練、制置之名，要衝大郡，皆有節度之額，寇盜稍急，則易以觀察之號，而天下紛紛矣。故葉適謂：「禄山起於倉猝，未至無可經營。無故增立節度使，徧滿四方，天下分裂，唐自壞耳。」併記於此，以見節度使建置之由。安、史者，禄山與子慶緒及其將史思明也。餘見前天寶八載停折衝府上下魚書條下。安禄山反，見通鑑天寶十四載。九節度，謂朔方郭子儀、淮西魯炅、興平李奐、滑濮許叔冀、北庭李嗣業、鄭蔡季廣琛、河南崔光遠、河東李光弼、澤潞王思禮也。是時監軍者宦官魚朝恩爲觀軍容使，而觀軍容使之名始此，事在通鑑肅宗乾元元年。本年，平盧軍亂，立裨將侯希逸爲軍使，詔以爲節度副使，而節度使由軍士廢立自此始。河朔三鎮，魏博治魏州魏郡，鎮冀治鎮州常山郡，盧龍治幽州范陽郡。德宗建中二年，則魏博留後田悦、鎮冀留後李惟岳、盧龍留後李正已先反，其後三鎮皆僭號稱王，久征不服，至復其官爵而始定。穆宗長慶元年，則盧龍兵馬使朱克融殺其節度張弘靖，鎮冀兵馬使王庭凑殺其節度田弘正。明年，則魏博兵馬使史憲誠逼其節度田布自殺，而皆自爲留後，朝廷尋皆赦之，而以爲節度使，此所謂姑息也。朱全忠、李克用初以討黄巢，僖宗中和二年，以全忠爲宣武節度使，鎮汴州，爲梁地；三年，以李克用爲河東節度使，鎮太原，爲晉地。至昭宗乾寧元年，封克用爲晉王；天復元年，封全忠爲梁王。李克用以晉兵犯京師，在僖宗光啓元年，時尚未爲晉王也。全忠自未封梁王之前，並無以兵犯京師之事，至天復三年，誅宦官，梁兵始至京師。而此以梁兵言於晉兵之前者，蓋錯綜以成文耳。李茂貞，鳳翔節度，鎮岐；韓建，鎮國節度，鎮華；又有王行瑜爲静難節度，鎮邠。皆於昭宗景福二年及乾寧元年舉兵犯京師，殺大臣如杜讓能之類，罪已詔見光化元年。其後所存大國，止有吴、浙、荆、湖、閩、廣、岐、蜀、燕、晉，而其餘皆爲梁所併矣。

唐所謂天子禁軍者，南北衙兵也。南衙，諸衛兵是也。北衙，禁軍也。

林氏駉曰：「唐制有八衛，各分左右。自左右以至千牛，此唐之十六衛也。宿衛所任之人，始以大臣兼領，自六軍禁衛皆用市人，其選始輕。禄山、吐蕃之變，神策禁軍，外人赴難，國家遂以倚重，悉命中人主之，其勢遂横。自是南衙日輕，北衛日重矣。夫所謂禁軍者，太宗舉義兵，起太原，已定天下，悉罷還歸，而願留宿衛者三萬人，給以渭北腴田，號曰『元從禁軍』。其後諸軍名『北衛』者，豈太宗初制哉？且唐之十六衛，已備漢人南北軍之制，以衛尉護南軍，以金吾巡北軍。今十六衛已有金吾將軍掌金吾巡警〔二〕，是北軍已寓其間。觀白集所謂『國家設十六衛者，猶漢之有南北軍』，其知之矣。而其元從禁軍，亦猶官制員外之置，初非禁衛正兵也。今以禁衛爲北衙，衛兵爲南衙，以備漢制，豈不過歟！北衙既横之後，外庭諸臣，莫之誰何。推言其故，皆外臣不與禁軍，專歸宦者，爲患至是也。」

今按：漢南北軍之制：北軍者，執金吾所掌京城巡徼之兵；南軍者，衛尉所掌宫城宿衛之兵。而光禄勳在南軍之内，則掌郎衛之官者也。武帝雖增置期門、羽林，然亦光禄勳之屬也。至光武，以五營校尉屬中壘，本北軍也，而得入宿衛；城門校尉，亦北軍也，而衛尉乃以屬焉。則雖有南北軍之分，而亦互相制焉。至其所謂光禄勳、執金吾與衛尉之舊職，則固未嘗盡廢也。今唐之十六衛，左右監門，則漢宫掖門之職，而屬於衛尉者也；左右千牛衛，則漢期門、羽林之職，而屬於光禄勳者也。四衛者雖亦與宿衛，而諸府番上之兵非有所領，故言衛者常止以十二焉。自隋以後，雖猶存光禄寺、衛尉寺之名，而光禄之所掌者移於饌羞酒醴之微，衛

〔二〕「今十六衛已有金吾將軍掌金吾巡警」，文獻通考卷一百五十五兵考作「今十六衛已有金吾將軍掌京城巡警」。

尉之所掌者止於儀仗兵器之末，其職皆非漢舊矣。十二衛中有金吾，則猶漢執金吾之職也。衛雖分爲十二，各有司存，而郎衛兵衛、南軍北軍，固已混於其中矣。諸衛既爲南衙，則漢之南北軍皆南衙也，特別立禁軍名北衙，則亦自分南北耳。説者遂以南衙爲漢南軍，北衙爲漢北軍，殊不知諸衛之爲南衙，以其屯於宫南，禁軍之爲北衙，以其爲北門長上而在禁苑耳，與漢南北軍之制異矣。林氏敘白樂天之説已明，而何後人猶仍其誤哉！

長安志曰：「禁苑在宫城之北。」

初，高祖以義兵起太原，已定天下，悉罷遣歸，其願留宿衛者三萬人。高祖以渭北白渠旁民棄腴田分給之，號「元從禁軍」。後老不任事，以其子弟代，謂之「父子軍」。及貞觀初，太宗擇善射者百人，爲二番於北門長上，曰「百騎」，以從田獵。又置北衙七營，選材力驍壯，月以一營番上。十二年，始置左右屯營於玄武門，領以諸衛將軍，號「飛騎」。高宗龍朔二年[二]，始取府兵越射、步騎[三]置左右羽林軍爲内仗。武后改「百騎」曰「千騎」。睿宗又改「萬騎」，分左右營。玄宗改爲左右龍武軍，皆用唐元功子弟，制若宿衛兵。是時，良家子弟避征戍者，亦皆納資隸軍，分日更上如羽林。開元末年，禁兵寖

[二] 原作「高宗龍翔二年」，據文獻通考卷一百五十一兵考改。
[三] 「越射、步騎」，文獻通考卷一百五十一兵考作「越騎、步射」。

耗，及禄山反，天子西駕，禁軍從者裁千人，肅宗赴靈武，士不滿百，及即位，稍復調補北軍。至德二載，置左右神武軍，補元從，制如羽林。總曰北衙六軍。時郭子儀領朔方全軍東討，置元帥府，收其子弟有衆三萬，分番於行在宿衛。又擇善騎射者，置衙前射生手千人，亦曰「供奉射生官」，分左右廂，總號曰「左右英武軍」。中貴監之，以備出入翊從。其後射生軍又號「寶應軍」。

今按：高祖初下京城，即以元從義兵之願留宿衛者，給以渭北白渠之田，置營以處，而使驍衛將軍主之。太宗以元從軍爲龍武，分爲左右，置將數員分掌。又於元從揀善射者百人，分兩番於北門番上〔一〕，從獵謂之「百騎」，後漸衆，改爲「千騎」，於北門别置營壘，猶統龍武軍。其後轉多，改爲「萬騎」，而名「羽林軍」，分左右，置將軍員如龍武，羽林盛而龍武衰焉。初，元從軍老及闕，必取其家子弟鄉親代之，及置羽林萬騎，但取材藝矣。此本鄴侯家傳。是神武〔二〕、羽林，本皆元從軍也，但羽林於元從中取善射有材力者耳。今唐志乃謂「高宗取府兵越射、步騎〔三〕置左右羽林」，則似羽林選於府兵之中，而不皆元從也。觀鄴侯「羽林萬騎，但

〔一〕「北門番上」，玉海卷一百三十八兵制作「北門長上」。
〔二〕「神武」，疑當作「龍武」。
〔三〕「越射、步騎」，文獻通考卷一百五十一兵考作「越騎、步射」。

取材藝」之言，則不皆元從，亦可知矣。龍武、羽林，雖各置將軍，然高祖時元從主於驍衛，太宗時領於諸衛，本皆與於宿衛之人，未嘗漫然無所屬也。至張説一切請募彍騎，而諸軍諸衛，各以募充，不相統攝，兵皆召募，市販遂多，故禁軍漸耗而護從乏人。至神武增置，并羽林、龍武各分左右二廂，而禁内始備六軍之制，於是遂爲北衙六軍矣。此由强臣悍將，兵布天下，而天子亦自備禁軍也。寶應軍，即英武軍，不在六軍之數。肅宗赴靈武即位，見通鑑至德元載。

上元中以北衙軍使衛伯玉爲神策軍節度使，鎮陜州，魚朝恩爲觀軍容使，監其軍。初，哥舒翰破吐蕃臨洮西之磨環川，即其地置神策軍，以成如璆爲軍使。及安禄山反，如璆以伯玉將兵千人赴難，伯玉與魚朝恩皆屯於陜。時邊土陷蹙，神策故地淪没，即詔伯玉所部兵號「神策軍」，以伯玉爲節度使，與陜州節度使郭英義皆鎮陜。其後伯玉罷，以郭英義兼神策節度。英義入爲僕射，軍遂統於觀軍容使。

今按：鄴侯家傳謂「郭子儀收復京師，元帥府兵多鎮於陜，而魚朝恩皆得監之」，則朝恩所監者不止神策軍，而亦不自監九節度師始也，特觀軍容之名，始於監九節度耳。其後代宗時，程元振亦以宦官監元帥府軍，遂爲故事矣。夫宦官所以不可委任事權者，以其暱近天子，而易爲奸，依憑城社而難於去也，況使監兵，豈不害政之大哉！當穆宗時，朱克融、王庭凑之作亂也，一呼而亡卒皆集。詔徵諸道兵討之，諸道兵既少，皆臨時召募，烏合之衆。又，諸節度既有監軍，其領偏軍者亦置監陳，主將不得專號令戰。小勝則飛驛奏捷，自以爲功，不勝則迫脅主，將以罪歸之；悉擇軍中驍勇以自衛，遣羸懦者就戰，故每戰多敗。又凡用兵舉動，皆自禁中授以方略，朝令夕改，不知所從；不度可否，惟督令速戰。中使道路如織，驛馬不足，掠行人馬以繼之，人不敢由驛路行。故雖以諸道十五萬之衆，裴度元臣夙望，烏重胤、李光顔，皆當時名將，討幽、鎮萬餘之衆，屯守踰年，竟無成功，財竭力盡。史憲誠逼殺田布，朝廷不能討，遂併朱克融、王庭凑以節授之。由是再失河朔，迄於唐亡，不能復取。此非宦官監軍之所由致乎！宦官之横益甚，而諸道之忿益深，雖宦官亦不能自保矣，可不戒哉！〇裴度，河東節度。烏重胤，横海節度。李光顔，忠武節度。皆奉命討賊者。幽、鎮，朱克融也，亂自朱克融始，故以幽、鎮言。節授三鎮，再失河朔，詳見前方鎮條下。

廣德元年，代宗避吐蕃幸陜。朝恩舉在陜兵與神策軍迎扈，悉號「神策軍」。天子幸其營。及京師平，朝恩遂以軍歸禁中，自將之，然尚未與北軍齒也。永泰元年，吐蕃復入寇，朝恩又以神策軍屯苑中，自是寖盛，分爲左右廂，勢居北軍右，遂爲天子禁軍，非他軍比。朝恩領之，又請以京兆之好時，鳳翔之麟遊、普潤，皆隸神策軍。明年，又以興平、武功、天興隸之。

王子充曰：「舊史官制，羽林、龍武、神武謂之北衙六軍。會要貞元十四年，始詔神策左右軍置統軍，品秩同六軍。神策不在六軍之數，明矣。」

今按：永泰，代宗年號。貞元，德宗年號。貞元十四年在永泰元年後三十二年。苑中，禁苑也，王應麟曰：「苑地廣，故唐世多於苑中用兵。」

朝恩罪誅，以劉希暹代爲神策軍使。希暹復得罪，以朝恩舊校王鶴駕代將。德宗即位，以白志貞代之。及李希烈反，河北盜且起，數出禁軍征伐，神策之士多鬬死者。建中四年，下詔募兵，志貞爲使，請嘗爲節度、觀察、都團練使者，不問存歿，並勒其子弟帥奴馬、自備資裝從軍，授以五品官，豪富者緣爲幸而貧者苦之。神策兵發殆盡，志貞陰以市人補之，各隸籍而身居市肆。及涇卒潰變，戢伏不去，帝遂出奔。及志貞流貶，神策軍都虞候李晟與其軍之他將，皆自飛狐道西兵赴難，遂爲神策行營節度，屯渭北，軍遂振。

今按：李希烈本淮西將，殺節度李忠臣而自爲留後。至建中三年反，時田悅與李正已子李納、李惟岳、將王武俊，而朱泚弟朱滔亦尋與武俊等皆在河北作亂，故曰河北盜且起。神策都虞候李晟等方奉命討悅，未克，詔朔方節度使李懷光督神策軍助討，不利，云「神策之士多鬬死」，當在此時；又如建中四年，神策將劉德爲淮西兵所敗之類。涇卒者，涇原節度使姚令言之兵也。以李希烈寇襄城，發涇原兵救之，因賞薄，遂作亂於京師，而德宗遂幸奉天，令言亦反。是年十二月，白志貞貶爲遠州司馬。飛狐，今大同府廣昌，入懷仁縣界，可由代州河東至奉天之道。時晟討朱滔等，退保定州，故從飛狐道出也。晟爲行營節度，屯中渭橋，事在本年十一月。

貞元二年，特置監勾當左右神策軍，以寵中官，而益大將以下。又改殿前左右射生軍曰左右神威軍，置監軍使。神策、龍武皆加將軍，以待諸道大將軍有功者。自肅宗以後，北軍增置，軍名頗多，而廢置不一，惟羽林、龍武、神武、神策、神威最盛，總曰左右十軍。

今按：上元中，神策軍置節度使，而以中官爲觀軍容使監之，其後盡統於觀軍容使。及李晟入援，置行營於渭橋，而復以爲節度，京師神策軍則置大將軍以下。而後罷置節度使，特置監勾當，即監軍也。神策初本不在六軍之數，至是則盛矣。射生軍即英武軍，今以其累有清難功，故復賜名神威軍，併得列於十軍焉。

其後京畿之西，多以神策軍鎮之，皆有屯營。京師之人〔一〕，皆恃勢凌暴，民間苦之。貞元十二年，左右神策軍、將軍爲護軍中尉、中護軍，皆古官。帝既以禁衛假宦官，又以此寵之。時邊軍衣饟多不贍，而戍卒屯防之給最厚。諸將務爲詭辭，請遙隸

〔一〕「京師之人」，文獻通考卷一百五十一兵考作「軍司之人」。

神策軍，廪賜遂贏舊三倍，繇是塞上往往稱神策行營，皆内統於中人矣，其軍乃至十五萬。順宗即位，王叔文用事，欲取神策兵柄，以奪宦者權而不克。元和二年，省神武軍。明年，又廢神威軍，合爲一，曰「天威軍」。八年，廢天威軍，以其兵騎分隸左右神策軍。

今按：神武軍雖省而未廢，神威軍則已廢矣，其軍俱合名「天威軍」。及又廢天威軍，則神武軍猶存也，併神策爲八軍矣。故昭宗時既廢神策軍，而猶有舊六軍之名也。事在下條。

僖宗幸蜀，田令孜募神策新軍爲五十四都，離爲十軍，令孜自爲左右神策十軍兼十二衛觀軍容使，以左右神策大將軍爲左右神策都指揮使，諸都又領以都頭。景福二年，昭宗以藩臣跋扈、天子孤弱，議以宗室典禁兵。及伐李茂貞，乃用嗣覃王允爲京西招討使，悉發神策五十四軍屯興平，已而兵自潰，茂貞逼京師，昭宗爲斬神策中尉西門君遂[二]、李周潼[三]，乃引去。乾寧元年，王行瑜、韓建及茂貞連兵犯闕，天子又殺宰相韋昭度、李蹊，

[二] 「西門君遂」，新唐書卷五十兵志作「西門重遂」。
[三] 「李周潼」，新唐書卷五十兵志作「李周譂」

乃去。太原李克用以其兵伐行瑜等，行瑜弟同州節度使行實入迫神策中尉駱全瓘、劉景暄請天子幸邠州，都頭李筠以其軍衛，帝出幸莎城、石門，月餘乃還。又詔諸王閱親軍，收拾神策亡散，得數萬。置殿後四軍，嗣覃王允與嗣延王戒丕將之。三年，茂貞再犯闕，覃王戰敗，昭宗幸華州。明年，韓建畏諸王有兵，請皆歸宅，不令典兵，又奏罷殿後四軍，於是天子之親軍盡矣。都頭李筠石門功第一，建復奏斬之，遂殺十一王。及還長安，左右神策軍稍復置之，以六千人爲定。

今按：僖宗幸蜀，以黄巢入長安而走興元也，事在廣明元年。田令孜、西門君遂、李周潼、駱全瓘、劉景暄，皆宦官也。殺西門君遂、李周潼事在景福二年。殺韋昭度、李蹊及李克用，討王行瑜，與天子幸汾及莎城、石門，並在乾寧二年。王子充曰：「莎城在啓夏門外，屬京兆府萬年縣石門鎮，在京兆府藍田縣西南四十里。」

是歲，左右神策中尉劉季述、王仲先以其兵千人廢帝，幽之。季述等誅。已而昭宗召朱全忠兵入誅宦官，宦官覺，劫天子幸鳳翔。全忠圍之歲餘，天子乃誅中尉韓全誨、張弘彦等，以解梁兵，乃還長安。於是悉誅宦官，而神策左右軍繇此廢矣。諸司悉歸尚書省郎官，兩軍兵皆隸六軍，而以崔胤判六軍十二衛事。六軍者，左右龍武、神武、羽林，其名存而已。自是軍司以宰相領。

今按：昭宗以乾寧三年幸華州，光化元年始還長安，而劉季述等幽帝在光化三年，云「是歲」者，蓋承復置神策之年而言耳。劉季述等誅而昭宗復位，在天復元年。朱全忠誅宦官，在天復三年，蓋崔胤所召。已見前方鎮條下。劉季述、王仲先、韓全誨、張弘彦，皆宦官也。諸司，有司之事也。兩軍，左右神策之軍也，崔胤雖兼判之，而亦有名無實矣。

及全忠歸，留步騎萬人屯故兩軍，以子友倫爲左右軍宿衛都指揮使，禁衛皆汴卒。胤令立格募兵於市，而全忠陰以汴人應之。胤死，募士悉散去。全忠亦兼判左右六軍十二衛，於是天子無一人之衛。昭宗遇弑，唐乃亡。

今按：全忠歸鎮留屯，事在誅宦官之後。崔胤爲全忠所殺，在天祐元年正月。全忠弑昭宗，在本年八月。

唐書兵志曰：「唐有天下二百餘年，而兵之大勢三變，其始盛時有府兵，府兵後廢而爲彍騎，彍騎又廢，而方鎮之兵盛矣。及其末也，强臣悍將兵布天下，而天子亦自置兵於京師，曰禁軍。其後天子弱，方鎮强，而唐遂以滅亡者，措置之勢使然也。」蓋府兵之制，居無事時耕於野，其番上者宿衛京師而已。若四方有事，則命將以出，事解輒罷，兵散於府，將歸於朝。故士不失業，而將帥無握兵之重，所以防微杜漸，絶禍亂之源也。及府兵法壞而方鎮盛，武夫悍將雖無事時，據安險、尊方面〔一〕，既有其土地，又有其民人，兵甲財賦，以布列天下。然則方鎮不得不强，京師不得不弱。夫置兵所以止亂，及其弊也，適足以爲亂；又其甚也，至困天下以養亂，故兵之始重於外也，土地民賦非天子有；既其盛也，號令征伐非其有；其末也，至無尺土而不能庇其妻子，宗族以滅亡，可不哀哉！

今按：唐志歐陽文忠公之論也，迹其本末，治亂昭然，有天下者可以監矣。

山堂章氏曰：「唐自世業府兵之制壞，而猶有軍府屯田營田，以捍要衝，以助兵食。玄宗開元末，天下屯田，入穀幾二百萬斛。憲宗元和中，韓重華屯田于振武，歲收粟二十萬石。文宗太和末，畢諴營田邠寧，歲收三十萬斛。皆省度支錢以數百萬計。至於五代易置，天子皆以兵，於是不聞有屯田者。惟見石晉括民穀，周氏鬻營田，而隸營田之民於州縣，遣使均天下之田税而已。然則兵民之分，始於府兵之壞，而極於屯田之俱廢，天下安得不以養兵而困哉！」

今按：屯田，因兵屯得名，則固以兵耕。營田，募民耕之，而分里管業，以居其人，故以營名。屯田以兵，營田以民，雖各異制，而亦相通。屯田之議，雖起於晁錯、趙充國，然戰國時燕、趙皆以一國自當匈奴，

〔一〕「尊方面」，文獻通考卷一百五十一兵考作「專方面」。

庸非其民皆營田以爲守乎？此李泌所以惓惓爲德宗言屯田也。故屯田雖止爲一方屯戍而言，然實寓兵於農之遺意焉。至五代盡廢屯田，而養兵之費，一取於民，何以能給乎！其得國不久而遽失也，宜哉！此誠足國安邊之要務，故附論於此焉。

後唐莊宗同光三年，帝以軍儲不足，謀於諸臣，莫知爲計。吏部尚書李琪上疏，以爲：「古者量入以爲出，計農而發兵，故雖有水旱之災而無匱乏之憂。近代税農以養兵，未有農富給而兵不足，農損瘠而兵豐飽者也。今縱未能捐省輸税，苟除折納、紐配之法，農亦可以少休矣。」竟不能行。

胡三省曰：「折納，謂抑民使折估而納其所無。紐配，謂紐數而科配之也。」

今按：亂世諸臣論兵類，皆功利之見，惟此數言得養兵之本，故特録之。

讀禮疑圖卷之六

五代軍制無足稱，惟侍衛親軍之號，起於唐末方鎮之兵。凡一軍有指揮使一人，而合一州之諸軍，又有馬步軍都指揮一人，蓋其卒伍之長也。自梁以宣武軍建國，因其舊制，有在京馬步軍都指揮使，後唐因之，至明宗時，始更爲侍衛親軍馬步軍都指揮使。當是時，天子自有六軍諸衛之職，六軍有統軍，諸衛有將軍，而又以大臣宗室一人判六軍諸衛事。而侍衛親軍者，天子自將之私兵也。天子自爲之將，而都指揮使乃其卒伍之都長耳。自漢以來，其權益重。時方鎮各自有兵，天子親兵不過京師之兵而已。及方鎮名存實亡，六軍諸衛又益以廢，朝廷無大將之職，而舉天下内外之兵皆屬侍衛司矣。親軍之號，始於明宗，其後又有殿前都指揮使，亦親軍也，皆不見其更置之始。而天下之兵，皆分屬此兩司矣。

今按：此本歐陽文忠公說。宣武，梁莊宗全忠，在唐僖宗時爲宣武節度也。節度使軍各有都指揮使、副都指揮使、都虞候，而都指揮使亦本方鎮軍校之名，不過一都頭耳，故曰「卒伍之長」。梁起宣武軍，乃以其鎮兵，因仍舊號，置在京馬步軍都指揮使而自將之。後唐侍衛親軍緣此而改，時尚未有殿前親軍，蓋至周而始置也。六軍諸衛之兼判，本唐末之制，至漢，軍、衛俱廢矣，惟存侍衛親軍之號，而唐莊宗同光中有左廂馬步都虞候，董璋則當時馬步軍，皆分左右廂矣。又周世宗顯德元年正月，周太祖尚未殁也，以殿前都指揮李重進遥領武信節度使，馬軍都指揮使樊愛能遥領武定節度使，步軍都指揮使何徽遥領昭武節度使，事見通鑑。則世宗未立之前，已有殿前之名，而馬軍、步軍，亦分二帥，則亦明與殿前並爲三衙矣，故胡三省以爲宋朝三衙之職昉於此。而石林葉氏乃謂殿前軍起於周世宗使宋太祖爲殿前都虞候時，是誠未之考也，而反譏歐公不知所始之言爲未詳，是豈知歐公本慎言史之闕文哉！至於三衙，宋興猶並稱侍衛親軍及殿前兩司，則總其舊名而言耳。殿前、侍衛各有二軍，軍各二廂，宋三衙四廂之制，蓋本於此。詳見後條。

周世宗即位，既敗北漢兵於高平，謀肅軍政。初，宿衛之士累朝相承，務求姑息，不欲簡閱，恐傷人情，由是羸老者居多，但驕蹇不用命，實不可用，每遇大敵，不走則降，其所以失國多由此。帝因高平之戰，始知其弊，謂侍臣曰：「凡兵務精不務多。今以農夫百未能當甲士一，奈何浚民之膏澤，養此無用之物乎！且健懦不分，衆何所勸？」乃命大閱諸軍，精鋭者升之上軍，羸者斥去之。又以驍勇之士，多爲諸藩鎮所蓄，詔募天下壯士，咸遣詣闕，命宋太祖選其尤者爲殿前諸班；其騎步諸軍，各命將帥選士。由是士卒精强，近代無比，征伐四方，所向皆捷，選練之力也。

今按：高平之戰，在顯德元年。上軍，謂親軍，即宋上四軍也。殿前，取唐肅宗殿前射生之義。諸班，即班直也。騎步諸軍，即侍衛司馬步軍也。宋太祖揀選之法，有自廂軍升禁軍，禁軍升上軍，上軍升班直，蓋本於此。周世宗選武藝精者爲殿前諸班，又置都點檢位在都指揮上，宋太祖由此受禪；而步騎諸軍，則令將帥自選，居其次焉。可見世宗已重殿前之司矣。或謂至宋而馬步二軍始居殿前之下，則恐未然，世宗此制已有收藩鎮兵權之意，宋太祖之制兵，其大要蓋有所受云。詳見後條。

宋沿五代之制，有侍衛親軍及殿前兩司，蓋侍衛親軍起於後唐，殿前始於周世宗顯德元年。以太祖爲殿前都虞候，詔募壯士送京師，命太祖擇武藝精高者爲殿前諸班，而置都點檢位在都指揮上，太祖由此受禪。建隆二年，慕容延釗罷，自是都點檢不除，侍衛司馬軍、步軍遂分爲二，并殿前號三衙，各置都指揮使、副使、都虞候三員。都指揮以節度使充，而副使、都虞候無定員，以刺史以上充，備則通治，闕則互攝兼統。置四廂軍三司，天下之兵柄皆在，其權雖重，軍政號令則在樞密院。

洪邁論三衙軍制劄子曰：「三衙，軍職之大者。除都指揮使或不常置外，曰殿前副都指揮使、馬軍副都指揮使、步軍副都指揮使，次各有都虞候，次有捧日天武四廂都指揮使、龍武神衛四廂都指揮使。秩秩有序，若登第然。降此而下，則分營、分廂，各置副都指揮使。邊境有事，命將討捕，則旋立總管、鈐轄、都監之名，各將其所部以出。事已則復初。二百年間，累聖相承，皆用此術，以制軍詰禁。自南渡以後，觸事草創，於是三帥〔一〕之資淺者始有主管某司公事之稱。而都虞候以下，不復設置，乃以天子宿衛虎士而與在外諸軍同其名號，以統置、統領爲之長。又使遙帶外路總管、鈐轄。皆非舊典所當。法祖宗之舊，正三衙之名，改諸軍爲諸廂，改統制以下爲都虞候、指揮使，使宿衛之職預有差等，士卒之心明有所係，異時拜將，必無一軍皆驚之舉。」

石林葉氏曰：「殿前司與侍衛司馬軍、步軍爲三衙，其實兩司。而侍衛司都指揮使外，又置馬步軍都指揮使耳。殿前司亦參馬步軍，而總於都指揮使，故殿前司都指揮使、副使都虞候，侍衛親軍都指揮使、副使都虞候，與馬軍步軍都指揮使、副使都虞候，兩司三衙合十二員，分天下兵而領之。此祖宗制兵之大要也。」

今按：侍衛親軍起於唐，謂明宗也。殿前起於周世宗顯德元年，謂於此始見其名耳。蓋世宗之父太祖殂於本年之正月，時世宗尚未立也，而已有殿前都指揮使李重進之官，則亦不知何時始起也。故歐陽公以爲不見更

〔一〕 原作「二帥」，據容齋隨筆卷三三衙軍制、文獻通考卷五十八職官考改。

置之始，蓋不可必其爲世宗所置也。殿前侍衛本止二司，各有馬步二軍，但殿前一司則以馬步二軍總領，而侍衛親軍則分馬軍、步軍爲二，不復以總司專領。故侍衛之馬步各爲一司，而與殿前司列爲三司，謂之三衙，此自顯德元年已然矣，宋蓋仍其舊也。故官志止列殿前司與侍衛馬軍、侍衛步軍爲三職，各有都指揮使、副使、都虞候三員，共九員。然兵志則侍衛司另列三員，并殿前與馬步二軍，共十二員，即葉氏説之所本也，如此則若四衙矣。蓋侍衛總司，都虞候以上，其員常闕，而即馬步軍都指揮使等各領其務，故與殿前號爲三司耳，志固自言之矣。雖爲三衙，然馬軍、步軍二司，則實侍衛親軍之所分也，故殿前侍衛，後亦常並稱兩司，不改其舊焉。慕容延釗爲殿前都點檢，在建隆元年。太祖初即位時四廂。詳見下條。樞密院自唐代宗始置使，以宦官爲之，但爲屋數楹，令貯文書而已，其後漸行文書，因而專横。至五代時，以士人參之，遂同執政，漸多門矣。宋興，始設樞密院，掌軍國機務、兵防、邊備、戎馬之政，令出納密命，以佐邦治。與中書對持文武二柄，號稱「二府」。然後樞密院之設始專有職掌，不爲贅疣。雖曰掌兵，亦未嘗不兼宰相之事。元豐議者欲廢樞密院歸兵部，神宗曰：「祖宗不以兵柄歸有司，故專命官統之，互相維持。」又范祖禹曰：「天下之兵本於樞密，有發兵之權，而無握兵之重；京師之兵統於三帥，有握兵之重，而無發兵之權。彼此相維，不得專制，所以無兵變，此宋初設樞密之本意也。兵柄既歸樞密，則兵部所職雖皆掌行本兵之事，而非樞密主之，則亦不敢專制矣。」〇又按：洪邁劄子孝宗乾道中所進，而不果行者也。三帥，指三衙之都指揮也。當高宗時，别置御營司，始以都統制名官而領之，蓋建炎元年也。其後外州駐劄，又有御營諸司都統制之名。又以御營使併入神武軍，以舊統制、統領改充殿前司統制、統領官。其後外州駐劄爲行營者，又有御前諸司都統制之名，而三衙舊帥，爲其所統，故有此奏。詳見後御營改爲神武下。都統制，宋初亦有之，然舊制出師征討，諸將不相統一，則拔一人爲都統制以總之，未爲官稱也。但以武臣職高有識略者爲馬步軍副都總管，遇出師征討，則加以都總制軍馬之名〔二〕，猶今節制軍馬之類，非有司分也。其下有統制、統領，皆軍中偏裨將也，南渡後始有此名。宋初，禁兵但以路分都監等領之。路分都監，即兵馬都監有路分者也。偏裨將，則先申樞密院定察，從主帥陞差。主帥，即都統制，常以都總管爲之，以統各路馬步軍者也。宋初，以都指揮使充，副總管以觀察使充，有止一州者，有數州爲一路者，有帶二三路者。或文臣知州，則勾管軍馬事〔三〕。舊相文臣亦爲都總管，是爲帥府。其後用文臣一員帶安撫使爲都總管，武臣一員爲副總管。遇朝廷起兵，則副總管爲帥，副鈐轄、都監各以兵從，聽其節制，正官願行者聽鈐轄。宋初，以朝官及諸司使以上充，或一州，或一路，或二三路，其後專選才武及曾任主兵官者充。此下又有兵馬都監有路分，掌本路禁旅、屯戍、邊防、訓練之政令，以肅清所部。其後，副都監以武臣充；其州都監則以大小使臣充，掌本城屯駐、兵甲、訓練、差使之事，兼在城巡檢；其資淺者爲監押，或雜用文臣。又州縣各有巡檢，沿邊又有溪洞、或蕃漢都巡檢，又有捉賊，并戰棹等巡檢。皆掌訓練、

〔二〕「則加以都總制軍馬之名」，文獻通考卷五十九職官考作「則加以都統制軍馬之名」。
〔三〕「勾管軍馬事」，文獻通考卷五十九職官考作「管勾軍馬事」。

巡邏、譏察、捉捕之事。建炎以後，往來接連合應援處，則置都巡檢以總之。各隨所在，聽州縣守令節制。夫都統制、副統制、統領、鈐轄、都監，皆在外掌兵者之帶銜也，今以三衙遥隸，豈舊典哉！蓋三衙四廂，内之統握禁旅者也。總督〔二〕、鈐轄、都監、監押，外之統握諸將兵者也。都統，則主將行軍、節制兵馬之名也。職各有所主矣。其番戍就糧之軍，隸於總管，見後兩朝志屯戍制下。而都督之軍，又隸於三衙，如高宗爲趙鼎言祖宗故事，軍馬未有不隸三衙者是也。御前諸司，見後李燾長編敘禁軍下。

殿前司有捧日、天武左右四廂，馬軍司有龍衛左右廂，步軍司有神衛左右廂，各有都指揮使。每軍各有都指揮使、都虞候，每指揮有都副指揮使，每都有軍使副兵馬使。捧日四廂，管舊城左廂及殿前司馬軍；天武四廂，管舊城右廂及殿前司馬軍；龍衛四廂，管新城左廂及馬軍司馬軍；神衛四廂，管新城右廂及步軍司馬軍。謂之上四軍，各有左右廂，廂各三軍。左右廂起於唐，本用李靖兵法，諸軍各分左右廂統之。自府兵法壞，京師變爲彍騎，謂之禁兵；諸道變爲長征，謂之鎮兵。昭宗之末，禁旅盡矣。朱梁以方鎮建國，遂以鎮兵之制用之京師，京師兵有四廂，而

〔二〕「總督」，文獻通考卷五十九職官考作「總管」。

諸軍兩廂，其廂使掌城郭煙火之事，而軍旅漸有廂軍之名。自周世宗於方鎮寄招禁軍，別立營部，由是州縣始有禁軍。太祖作階級法，專治禁軍，而天下鎮兵通謂之廂軍。

今按：捧日領左廂，天武領右廂，屬殿前。龍衛領左廂，神衛領右廂，屬侍衛。四廂隨時而易美名，故其號常有不同者，每軍止左右二廂，合兩軍而爲四廂。今捧日、天武、龍衛、神衛各言四廂者，蓋捧日、天武四廂，龍衛、神衛四廂，各以一都指揮使總之，名爲四廂都指揮使，而每軍皆稱之曰四廂。云廂使，即四廂都指揮使也。舊城，蓋即宮城。新城，蓋即京城。煙火，即後漢志所謂非常水火也。蓋殿前、侍衛二司，皆掌宿衛之兵。而殿前則總宮門内外禁衛之事，猶漢之衛尉也。侍衛則總京城内外營屯之事，猶漢之執金吾也。其職雖分，而宿衛則實相關焉。寄招禁軍，謂禁軍寄於州郡而別立營部，如兵志所載河北驍健、壽延清塞之類，猶宋之就糧軍也，其後隨處借招就糧者濫矣。朱子論宋有寄招之令，而曰「棄子弟素習之技，取浮浪無能之人」，蓋指此耳。階級法，太祖所立，其制曰「一階一級，全歸伏事之儀，敢有違犯，罪至於死」，蓋欲都指揮使以下至押官長行，等級相承，以絶禁旅之上陵也。此上二條備宋三衙四廂之制，當屬禁兵條下，以其沿於五代，故列周世宗後云，後凡以類從者倣此。

宋環衛官，左右金吾衛，左右衛，左右驍衛，左右武衛，左右屯衛，左右領軍衛，左右監門衛，左右千牛衛。皆有上將軍、大將軍、將軍，並爲環衛官，無定員，皆命宗室爲之，亦爲武臣之贈典。大將軍以下，又爲武官責降散官。雖有官階，别無所領兵。禁兵分隸殿前及侍衛兩司，所稱十二衛將軍，皆空官無實，中興多不除。隆興中，始復十六衛號環衛官。

今按：十六衛即唐之舊名也。唐本以十二衛領在外折衝諸府，至府兵法壞，而禁中别置左右羽林等六軍以爲親軍，兵皆召募，而十六衛有名無實矣。今宋殿前、侍衛兩司，即唐禁内六軍之制。而捧日、天武、龍衛、神衛之名，則又因諸軍亡散，而收神策爲殿後四軍之遺也。十六衛雖仍唐舊，其職惟環衛而已，於兵無所領焉，然多宗室及勳戚之家充，則猶有古者用諸公族守王宫之意焉。其兩司禁軍捧日、天武則領殿前司馬軍，即漢衛尉所領之南軍也。龍衛、神衛領侍衛司馬軍，即漢執金吾所領之北軍也。故章氏謂「太祖盛時，皇城之内有諸班之兵，京城之内有禁衛之兵」，蓋亦以殿前侍衛分配也。但官志於殿前司及侍衛馬軍、侍衛步軍俱稱「統制、訓練、番衛、戍守、遷補、賞罰，皆總其政令」；及侍衛護從，無所别焉，亦猶唐初十六衛之兼南北軍矣。其不同者，特各掌所屬之名籍耳。故宋之制兵，雖沿五代，而亦本於唐舊也。中興，謂高宗。隆興，孝宗年號。

太祖建隆元年，詔殿前、侍衛二司，各閱所掌兵，揀其驍勇者爲上軍，老弱怯懦者爲剩員。又詔諸州長史選所部兵送都下，以補禁旅之闕。禁軍，殿前、侍衛司分領之。廂軍亦内屬侍衛司。

止齋陳氏曰：「剩員之置，不但以仁羸卒，亦以省冗費也。熙寧十年十月，詔諸路州軍，逐州就糧。禁軍、廂軍，通計十分立一分爲額。剩員立額自此始。自宣和之難，養兵益衆，而戰功之賞，例加官資，於是退兵重爲天下費。而州縣之力，困於養退兵矣。」

今按：上軍者，上四軍也，兵志曰：「捧日、天武、龍衛、神衛爲上軍。」剩員者，禁軍之老懦者也。周世宗命太祖揀選軍士羸者，止令斥退，及太祖受禪，以禁軍久居宿衛，舊勞揀落，則動衆心。故以剩員處老懦，亦使逐營收管，以給官府、宫觀、園苑、寺廟、倉廩之役，此即百役中看守掃除之末事也。故志於神衛水軍剩員有帶甲看倉、草場看船之名，如此則羸兵不爲虚食，而公役又省傭錢。且禁軍之任，披甲者廩給優厚，廂軍次之，而剩員例減禁軍俸糧之半，故曰省冗費也。當太祖時，因有舊勞而姑存之，羸兵亦必不多。至真宗治平四年，見戎卒有苦寒廢支體者，皆憫其勞，而悉隸剩員，以資廩給。自是率以爲例，其後累諭揀閲内外疲老，去其尤劣而尚有家者，使歸農畝，餘則以隸諸州剩員。雖太祖亦以此法揀閲，然宿衛人之有勞與外國之無倚者不盡退也，亦庶幾有仁者之心焉，則剩員豈有定額哉！剩員之有定額，蓋自冗兵始也。召募既衆，而揀閲不精，又諸州廂軍皆得與剩員之列，於是剩員多矣。至熙寧，定剩員之額，亦不得已而爲一切之政也。夫剩員所給之役，亦公役也，苟無剩員，則未免役及禁軍之下者矣。觀司馬光論罷將官劄子有曰：「前宰相西京留守韓絳謁嵩山，其將下禁軍充白直者，於條不得出城經宿，所敢留者剩員七八人而已。」

可見下禁軍之充白直，似有條禁，雖得暫一借役，然亦不敢出城經宿耳。若剩員則固可應白直之役者也，故剩員不必盡廢而增兵則不可太多。正兵日增，則剩員日衆，州縣之不能給，蓋在兵多而不在員剩也。禁軍、廂軍分屬，詳見前四廂條下。○州軍者，宋制，大曰府，次曰州，小曰軍，又其下曰監。府有知府，州、軍有知州、軍，事之職皆掌理郡政者也。但軍主兵，州主民耳。宣和之難，謂徽宗時金人入寇之事，在宣和七年。餘詳見後數條。

八月，詔諸州長吏選所部兵送都下，以備禁旅之闕。又選强壯卒定爲兵樣，分送諸道，令如樣招募。後又以木梃爲高下之等，散給諸州軍，委長吏、都監等召募教習，俟其精練，即送闕下。軍頭司覆驗引對，分隸諸軍。自是師旅皆精鋭，禁衛之籍無闕矣。○京師諸庫務皆有役兵，其執技者即不設等杖。

歐陽公曰：「州郡吏以尺度量民之長大，而試其壯健者招之以爲禁兵，其次不及尺度而稍怯弱者，籍之以爲廂兵。」

今按：等杖以高下爲等，而俸錢因以爲差，歐公之言，蓋太祖舊制也。如真宗時定等杖，自五尺八寸至五尺五寸爲五等之類，稍怯弱者尚任小役，故亦選入廂軍，即司馬光所謂「減充小分」也。志載「諸司庫務人員兵士有犯罪名，並依廂軍條例」，以諸司役兵本廂軍也。其後選多不精，故熙寧元年，有「諸揀不任禁軍者降充廂軍，不任廂軍者免爲民」之詔，此爲州兵招揀不如法者言也。若久爲禁軍、廂軍者，則當時固爲立剩員之額矣。京師〔一〕諸庫務皆有役兵，即京官之僕隸也。熙寧二年，樞密院言「京師役兵不足，歲取於諸路」，其曰京師役兵，蓋諸路廂兵隸於宣徽者也。詳見下條。此可見軍供百役之制矣。又募兵必以等杖爲則，此成法也。而宣和之朝，廂軍已有短小不及等杖者，當時猶以爲虛費廩食，况禁軍乎！至高宗乾道四年，樞密院言：「殿前司、步軍司內有官人子第，多願投充效用，其間不及等杖二三寸，却有膂力强壯之人。」詔：「令逐司遇有闕額，除及等杖外，若低一二寸，令射八斗力弓；低二寸，令射九斗力弓。審驗强壯，即行指試。」則勁卒蓋有出於等杖之外者，故以膂力爲主。如漢、唐之選材力，而等杖則參驗可也。若拘於等杖，豈足以盡人材哉！但恐所選不皆精壯之人，則亦同歸於無實用而已。

止齋陳氏曰：「藝祖時，天下無禁兵也。所謂禁兵者，皆三司之卒〔二〕，分屯而更戍〔三〕，今之屯駐、駐泊之名，而鈐轄、都監、監押之官所部領者也。三邊之兵，間因事宜升爲禁軍，是爲就糧，於是列郡稍置禁兵矣。熙寧按天下廂兵之籍五十萬人，亦不足戰，於是教閱之法起。其後以廂軍團併爲額，教閱之兵升同禁軍，排在就糧禁軍之下，由是禁軍始遍天下矣。」

今按：宋太祖之制兵，在內惟禁軍，在外惟廂軍，皆所養於官者也。廂軍止供諸役，餘屯本城，而遠戍大

〔一〕原缺「師」字，據上文改。
〔二〕原作「二司之卒」，據文獻通考卷一百五十二兵考改。
〔三〕原作「分屯而更屯」，據文獻通考卷一百五十二兵考改。

征，則皆發禁軍。禁軍出居外州者，特以屯駐、駐泊、就糧而已。自真宗以契丹之寇，仁宗以元昊之反，皆刺保毅爲保捷軍，以隷侍衛步軍司，此所謂因事宜而升爲禁軍者也。自此以後，則列郡之增置禁軍，如嘉祐中東南各置威果，凡二十五指揮之類，日以多矣。夫保毅者，鄉兵也，而升保捷，則易以禁軍之號矣。保毅本强勇之兵，其視禁軍之怯弱而冒刺者，不知幾倍，就以補禁旅之闕，亦何害乎？但此端一開，人希厚資，必有如唐末諸將詭辭以請遙隷神策軍者矣，末流何所底極哉！故簡閱舊軍，汰去冗食，而以之補就糧之闕員則可，以之增禁軍之常額則不可，額增則養不能贍矣。刺，即黥也，見後梁祖令諸軍黥面下。〇又按：宋太祖養兵有制，後人以其貴精不貴多，故遂謂其蓄兵爲少。如曾鞏言「太祖修教習之令，黜老懦之兵，舉中國裁十六萬人，平五强國」，此猶以初定天下時所選精兵而言也。若神宗則曰：「祖宗養兵二十三萬，京師十萬餘，諸道十萬餘。使京師之兵足以制諸道，則無外亂；合諸道之兵足以當京師，則無內變。內外相制，無偏重之患，承平百餘年，蓋因於此。」是謂太祖制兵立法如此，而後世享其利矣。則竊有疑焉，夫京師蓄兵十萬餘，當有抽發屯駐、駐泊、就糧之卒，所存於都下者無幾矣。又開寶末年，州凡二百七十有三，以諸道十萬餘人均配，每州不滿四百人，自分供百役之餘，烏足以充本城之守哉！且廂兵比於禁軍稍弱，雖合集諸道，恐亦不足以當畿內也，此蓋夸張祖宗以寡制衆之美辭耳。惟宋庠有曰：「祖宗收方鎮之權，常欲畿甸蓄禁兵四十萬。」陳師道亦曰：「開封無山川之險，爲四戰之地。太祖以兵爲衛，甸內常用四十萬人，庶幾足以分配。」然數又太多矣。考之嘉祐中樞密院奏中外兵馬之數，「開寶之籍總三十七萬八千，而禁軍馬步十九萬三千」，此則覈實之數。而凡屯駐、駐泊、就糧者，皆取於十九萬三千之中，當時未以爲不足也。夫中外之數，總三十七萬八千者，舉成數可以爲四十萬禁軍，十九萬三千者，舉成數可以爲二十萬。但神宗不當併諸道於二十餘萬之中，而宋庠、陳師道不當以四十萬特言禁兵也，蓋皆傳聞異辭耳。若張方平謂「在三司計會建隆以來兵數，太祖蓄兵不及十五萬，太宗不過四十萬人」，則十五萬者，必建隆初年之數，而四十萬者，則固承開寶末年之數矣，要亦無背於宋、陳二公之説也。以唐言之，天下府兵通計六十八萬，番上京師宿衛者大約當有十二萬人，而征戍卒不與焉。今宋併征戍言於禁軍，而止十九萬三千人，其軍亦不爲冗矣，蓋太祖不欲以民財養無用之兵之本意也。然則禁兵之增，後人爲之，豈太祖之初制哉！五强國，謂蜀孟昶、南漢劉鋹、北漢劉鈞、南唐李煜、周主宗訓也。

廂軍者，諸州之鎮兵也，内總於侍衛。一軍之額，有分隸數州者；或一州之管，有兼屯數軍者。在京諸司之額五，隸宣徽院，以分給畜牧、繕修之役，而諸州則各以其事屬焉。建隆初，選諸州募兵之壯勇者部送京師，以備禁衛；餘留本城，雖無戍更，然罕教閲，類多給役而已。

今按：此兵志載太祖時廂兵初制也。一軍之額，分隸數州，如騎射之軍，則青、兖、鄆、曹等州皆置也；一州之管，兼屯數軍，如潁州則有威邊、壯武等軍也。見兵志。在京之額五，謂力征之事：漕輓也，工作也，繕河也，養馬也，役卒也。此外又有别項雜役，朱子所謂「離爲六七，謂之兵而不知兵」者也。宣徽院有兩使，總領内諸司，常以樞密使兼領，故韓川以爲武官其屬。案「掌諸司工匠兵卒之名籍」，而溝洫漕運之事，亦皆工部所掌之工役也，故通隸焉。諸州各以事屬，亦謂以役事之相關者屬宣徽也。熙寧間，樞密院言京師役兵不足，歲取於諸路，正此類耳。詳見後熙寧併省條下。廂軍本隸樞密院，至元豐間改隸兵部，其後議以籍副上樞密，以重本兵。廂軍本不以等樣，選少壯者刺充，與禁軍之强勇者不同。禁軍俸厚而廂軍俸薄，故富弼募京東伉健爲廂兵，技類禁軍，則曰「止用廂軍俸廪而得禁軍之用」，可見廂軍廪給不及禁軍之厚矣。其犯階級，罪亦有差，蓋太祖之置廂軍，止以周處夫失職之徒，而不貴其當先之勇，故但使之身供百役，罕所教閲，雖有更戍，亦令於本城諸軍屯駐而已，未有他郡之戍也。諸州，本城兵之戍。他郡蓋自咸平中戍川陝始，當時遂名駐泊，郊賞亦同帶甲例，其後漸升正軍，則更戍他郡以爲常矣。故兵志以爲「雖無戍更」，兩朝志作「雖或戍更」，則就後來戍他郡時而言矣。

止齋陳氏曰：「自建隆二年，以諸郡本兵共百役，或更戍他郡，不但以逸民户也，所以勞苦其身，遠離其妻子，使習於南北風土之異，而不得坐食於本營。蓋勞之則易使，散之則易養，此藝祖神謀也。三司禁旅就糧州郡，亦不得常坐養於京師。自列郡各置禁兵，於是嚴差出破占之令。而壯城、作院，各置指揮，由是在軍禁旅無就糧者。禁軍在城防托，而廂軍亦升爲禁軍，不復戍役矣。養兵之費徧天下，虜人犯闕，無能發一矢者，以不守藝祖舊章也。」

今按：更戍他鄉，非太祖建隆之制，蓋自咸平中戍川陝始，前已論之矣。止齋亦自謂見得咸平猶更戍如此，可見前此無可考也。勞苦其身云者，蓋本兵志，所謂：「太祖懲藩鎮之弊，分遣禁旅戍守邊城，立更戍法，使往來道路，以習勤苦、均勞逸。故將不得專其兵，兵不至於驕惰。」亦未以廂兵言也。又康定間，禁兵北戍及川陜、荆湘、嶺嶠間，多不習水土，欲益募土兵爲就糧。而元祐間，孫覺亦言：「宜循祖宗之法，使屯駐三邊及川、廣諸道州軍，往來道路，足以服習勞苦，南北番戍，足以均其勞逸。」則可以見禁兵本有更戍南北之制矣。但北抵關河，南踰嶺嶠，往來更戍，恐亦太遠。蓋太祖之意，本欲抑藩鎮之權，故悉以禁軍週迴天下，使識道路險夷，服習遠方勤苦，是亦居重馭輕，節制群雄之一術也。雖不免於遠戍之勞，非先王公天下之制，比之漢、唐調外兵而番邊戍者，則兵柄庶幾不易倒持耳。三司，即三衙也。列郡各置禁軍，見後咸平三年廂軍升禁軍條下。禁軍濫升，則冗卒衆而差占多，故嚴其令也。壯城、作院，皆外州廂軍之號。河北、陜西有壯城，主城壘之事。熙寧五年，增置指揮，丹、儀、太原有作院，主匠役之事。熙寧元年，增置指揮，在軍禁旅無就糧者。蓋在外就糧，亦備屯戍，既有壯城、作院，則遂就工作諸處。又有東西八作等司，多爲將領所役矣。升同禁軍，而有工作可依，則不復戍役，如兵志所言「久戍之弊，或十年或二十年不更，皆已老瘁。而諸州所留，類皆少壯及工匠，三司以坐甲爲名，占留逾制，有終身未嘗一日戍者」是也。虜人犯闕，謂金人陷京師也，在欽宗靖康元年。

自唐中葉，設營兵於諸鎮，每防秋征行，大則將帥自往，小則列校董之。禁衛雖設而皆非精練。藩鎮强者得以專土判換[一]。河北兵最强，故聲教不能及，然屯營之處，頗雜耕種。僖、昭間，征討不息，師人疲苦，多亡命者。梁祖患之，乃令諸軍悉黥面爲字以識軍號，迄今遵其制。五代以來，境蹙兵少，然習用爲常，亦有近藩之地更迭戍守者，然方鎮列校，勢位差損。周顯德後，克淮甸，有東南之漕，京師倉廩稍實，得以聚兵爲强幹之術。

今按：梁祖令諸軍黥面爲字，見開平元年。黥面，黥面也，刺字而以墨涅之，亦謂之涅，宋因而不改。禁軍、廂軍爲正軍，皆刺面。鄉兵、蕃兵皆刺手背，充正軍者亦刺面。司馬光言：「慶曆間，陝西鄉兵初刺手背，後皆刺面充正兵，是其制也。」但鄉兵之刺，必非太祖時所起。其後若蕃兵防漢兵之盜殺而刺其左耳，則又别是一義矣。蓋募士多非土著，而長征之兵又爲終身之役，懼其逃亡，亦不得已而爲此苟且之政耳。夫黥，三苗五虐之刑也。無罪而黥之，使終身不能去，以自别於平人，故致堂胡氏譏其不仁，宜矣。但不黥則士卒之逃無所别識，當亦别有處也。如梁祖時，黥而復逃，逃而爲亂，雖黥亦何益哉！

太祖、太宗以雄略英武，平一海内，懲累朝藩鎮跋扈，盡收兵於京師。於時天下山澤之利，悉入於官，帑庾充牣，得以贍給，而備時使。其邊防外，藩鎮須兵屯守者，自京而

[一]「專土判换」，文獻通考卷一百五十二兵考作「專主判换」。

遣，故有駐泊、屯駐之名。其京師諸州便運路者，則有就糧兵焉，許挈家屬以往，及本州兵皆更迭屯駐，代還。

今按：收藩鎮兵，在建隆二年。戍兵隸總管曰駐泊，隸州曰屯駐，皆自京師遣戍也。就糧者，京師禁軍也。諸州近運路，則糧易致，故使就之，以其便近，故得挈家以往，雖就糧亦從戍卒更番屯泊也。觀「挈家以往」之言，則必在京畿近地，未離京軍，而在遠州者亦少，故嘉祐中韓琦言「祖宗時，就糧之兵不甚多，邊陲有事則以京兵益之」，此見就糧多亦後來增置矣。以上言收藩鎮兵於京師，以爲禁兵者。本州兵，謂廂兵，廂兵止戍本州，故以屯駐言。代還，謂與本城工卒相更也。蓋踐更之期，近者三月，遠者三年，觀志言「久戍不更，而工匠有終身未嘗一日戍者」，可見工匠皆當更戍也。自本州兵至下一節，皆言收藩鎮兵以留本城者。

舊制，除軍衛外，諸州兵上從節鎮及本軍之號，自唐末稍增其美名。國朝初平僞國，有合併所得兵，别爲軍額，其願歸農者解其籍，或給以土田。其後或新經料簡，或團併有餘，則或特創名，或因舊額增指揮之數而無常焉。

今按：舊制，謂唐初置節鎮時之制也。新經料簡，謂祥符九年揀選也。團併有餘，謂熙寧二年併省也。每軍舊有指揮，後復增置，説見後。

凡召募兵者，所在設旗給賞，長吏、都監專視之，部送闕下，至則軍頭司覆驗等第引對，使坐隸諸軍。其自下軍而升上軍，自上軍而入諸班者，皆臨軒親閱。

今按：給賞，即兩朝志所謂「賜以緡錢衣履而隸諸籍」也。軍頭司，見後兩朝國史志下。云上軍者，謂捧日、天武、龍衛、神衛上四軍也；五百文以上料錢見錢爲中軍；不滿五百文料錢見錢并捧日天武第五第七軍、龍衛神衛第十軍、驍猛、雄勇、驍雄、雄威爲下軍。皆指禁軍而言。見宋史兵志。

每上軍遣戍，皆本司整比，軍頭司引對便殿，給以裝錢。代還入見，犒以飲食，揀拔精鋭升補之，或退其疲老者。凡大祭祀有賞給，每歲寒食、端午、冬至，各有特支。戍還每歲又加給銀鞋、環、慶緣邊，艱於爨給者，又有薪水錢；其役兵勞苦者，或季給錢；或川、廣而代還者，則給裝錢。川、廣遞鋪卒，或給時服錢履。凡出外率有口糧。

今按：遣戍之軍皆禁軍，而此則待其上軍之禮也。所遣上軍見下條。大祭祀，謂郊天也。宋時常有郊賞，賞勞如此，可謂極厚矣。太祖既作階級法，以峻其刑，而又厚賞勞以崇其禮，此駕馭之術也。歲以爲常，猶恐不繼，而後世況又增置禁軍乎！○自唐中葉至此，凡五條，言宋兵制大槩已明，但節目尚未周悉，故復備李燾長編及兩朝國史志之説於下，以互相參考云。

李燾長編曰：「凡禁軍之最親近者執戟殿陛、宿衛宮省、扈從乘輿，號諸班直。非諸班直，隸於御前忠佐軍頭司、皇城司、騏驥院。餘軍皆以守京師、備征戍。而出戍邊，或諸州更戍者，謂之屯駐。非戍諸州而隸於總管司者，謂之駐泊。非屯駐、駐泊而以糴賤留便廩給，謂之就糧。諸司募者曰役兵，諸州募者曰本城廂兵。教閱者，爲教閱廂兵。蕃夷内附，糾合其人而用之，曰蕃兵。什伍其民而教之武事，曰民兵。熙寧、元豐之間兵制備矣。」

今按：諸班直，已有職事在殿前者，皆上軍之所升也，則班直不在上軍之數矣。而所遣戍之上軍爲軍頭司，所引對者則龍衛以下之上軍，而非班直所領捧日、天武之上軍也。軍頭司有備軍，皇城司有入内院子，騏驥有騎御馬直，皆禁軍之分隸者也，亦不在更戍之列。役兵，供在京諸司之役者也，蓋開封府界之廂兵也，以其爲役而募，故别名役兵。如此則熙寧間樞密院言「京師役兵不足，而歲取於諸路」者，非矣。教閱廂兵，自仁宗始有此名。太祖雖委諸州長吏、都監召募教習，俟其精練，即送闕下，然於廂兵未嘗有教也。由此而徑升禁軍，則增置漸多矣。〇御前忠佐司，宋初但曰軍頭、引見司。太宗端拱中改軍頭司爲御前忠佐軍頭司，引見司爲御前忠佐引見司。軍頭司掌崇班供奉及諸州駐泊捉捕之事，引見司掌軍頭名籍、搜閱引見之事。騏驥院掌國馬，别其駑良，以待軍國之用。皇城司即唐北衙羽林禁軍之職，掌宫城出入之禁令。惟宿直，諸班禁衛略無統攝。而批書印紙則屬殿前司。蓋皇城有親從軍數千人，乃命武臣同入内兩都知主之，而殿前不預。朱子曰「皇城司有親兵數千人，以内侍都知二員管之」，宋朝只此一項令宦者掌兵，而以武臣參之，又以制殿前都指揮之兵也。此蓋宿衛之尤親者，故併及之，以見太祖制兵之深意。至神宗以宦者李憲，徽宗以宦官童貫，各專征伐，則失之遠矣。

兩朝國史志曰：「太祖、太宗平一海内，懲累朝藩鎮跋扈，盡收天下勁兵，列營京畿，以備藩衛，其分營於外者曰『就糧』。就糧者，本京師兵而便廪食於外，故聽其家往；其邊防要郡須兵屯守，即遣自京師諸鎮之兵，亦皆戍更。真宗、仁宗、英宗嗣守其法，益以完密。於時天下山澤之利，悉入縣官，以資廪賜；將帥之臣，入奉朝請，以備指縱。獷悍之民，收隸尺籍，以給守衛。兵無常帥，帥無常師，内外相維，上下相制，等級相軋，雖有暴戾恣睢，無所措於其間，是以天下晏然，逾百年而無犬吠之警，此制兵得其道也。」

制兵之額有四：曰禁兵，曰廂兵，曰鄉兵，曰蕃兵。分隸殿前、侍衛總管司，而籍藏樞密院，凡召募、廪給、訓練、屯戍、揀選、遷補之政，皆樞密院掌之。

禁兵者，天子衛兵也，總於殿前、侍衛二司，其尤親近扈從者號班直。餘自龍衛而下，皆番戍諸路，有事即以征討。自景德後，兵不復試。

廂兵者，諸州之鎮兵也。太祖鑒唐末方鎮跋扈，詔選州兵壯勇者悉部送京師，以補禁衛，餘留本城。本城雖或戍更，然罕教閲，類多給役而已。

鄉兵者，選自户籍，或土民應募，所在團結訓練，以爲防守之兵也。國朝以來，河北、河東有「神鋭」、「忠勇」、「强壯」，河北有「忠順」、「强人」，陝西有「保毅」、「寨户」、「强人」、「弓手」〔二〕，河東、陝西有

〔二〕「陝西有保毅、塞户、强人、弓手」，文獻通考卷一百五十二兵考作「陝西有保毅、寨户、强人、强人弓手」。

「弓箭手」，河北、河東、陜西有「義勇」，麟州有「義軍」，川陜有「土丁」、「壯丁」，荆湖南北有「弩手」、「土丁」，廣南東西有「槍手」、「土丁」，邕州有「溪峒壯丁」。

蕃兵者，塞下内屬諸部落，團結以爲藩籬之兵也。西北邊羌戎，種落不相統一，保塞者謂之「熟户」，餘謂之「生户」。陜西則秦、鳳、涇、原、環、慶、鄜、延，河東則石、隰、麟、府，其大首領爲都軍主，百帳已上爲軍主，其次爲副軍主。又有以功次補者，其官職俸給有差。

召募之制，起於府衛之廢，蓋籍天下良民以討有罪，三代之兵與府衛是也。收天下獷悍之兵，以衛良民，今召募是也。唐末士卒疲於征役，多亡命者，梁祖令諸軍悉黥面爲字，以識軍號，是爲長征之兵。初募時，先度人材，次閲走躍，試瞻視，然後爲黥面，賜以緡錢衣履而隸諸軍。自國初以來，其取非一途，或土人就在所團立，或取營伍子弟聽從本軍，或乘歲凶募饑民補本城，或以有罪配隸給役，是以天下失職、獷悍之徒，悉收籍之。伉健者遷禁衛，短弱者爲廂軍，制以隊伍，束以法令，帖帖不敢出繩墨，平居食俸廩，養妻子，備征防之用，一有警急，勇者力戰鬭，弱者給漕輓，則向之天下失職獷悍之徒，今爲良民之衛矣。

廩給之制，總内外廂、禁諸軍且百萬，言國費最鉅者宜無出此。雖然，古者寓兵於民，民既出常賦，有事復裹糧而爲兵，後世兵農分，常賦之外，山澤關市之利，悉以養兵。然有警則以素所養者捍之，民晏然無預征役也。唐之時兵分，藩鎮得專租税，天子禁衛之兵，中外不過十餘萬人。國朝收天下甲卒數十萬，悉萃京師。京師八方所湊，水陸四達，歲漕江、淮粟六百萬石，而縑帛、貨錢、齒革、百物之委，不可勝紀，是以軍儲饒羨。初，太倉纔支二三歲，承平既久，常餘數年之食，以此臨制四方，猶臂指之運也。世之議者不達，乃謂竭民賦租以養不戰之卒，糜國帑廪以優坐食之校，是豈知祖宗所以擾役强悍、銷弭爭亂之深意哉！

屯戍之制，凡遣上軍，軍頭司引對，賜以裝錢；代還亦入見，犒以飲食，簡拔精鋭，退其癃老。至於諸州禁、廂兵，亦皆戍更。隸州者曰屯駐，隸總管者曰駐泊。

揀選之制，有自廂軍升禁軍，禁軍升上軍，上軍升班直。升上軍及班直者，皆臨軒親閱，自非材勇絶群，不以應召募，餘皆自下選補云。

今按：兩朝國史，元豐五年王珪撰，記仁宗、英宗兩朝事也。自「太祖平一海内」至「制兵得其道也」爲第一節。云「列營京畿，以備藩衛」者，言京城内外皆有軍營，即王存所謂「新城裏外，連營相望」也。尺籍，本漢馮唐傳，李奇曰「尺籍所以書軍令」。等級相軋，謂階級法也。○「自制兵之額有四」至「樞密院掌之」爲第二節。四兵條目詳見於下。禁兵、廂兵，皆官所養之兵，但禁兵俸厚而廂兵俸薄。鄉兵、蕃兵皆非官所養之兵，但守則有口糧，調則有雇直，在内則隸殿前、侍衛司，在外則隸總管司。召募、廪給、屯戍、揀選之政，詳見於下。其遷補係軍校遇大禮以次轉員之法，非義所急，姑未暇舉。訓練之法，文獻通考亦不以之並列，今先摘附焉。兵志云：「禁軍月俸五百以上，皆日習武技；三百以下，或給役，或習技。其後別募廂兵，以閲習武技，號教閲廂軍。」此非太祖制也。太祖於禁軍無給役之理，其給役者，皆廂軍也，而廂軍亦罕教閲焉。故兵志所言，皆仁宗制也。然日習則藝精，亦練兵之良法也，但不使蚤晚無休息可也。哲宗元祐初年，蘇轍以爲「諸道禁軍自置將以來，日夜按習武藝，爲虐」，特以其朝夕無遺力耳，若日止一習，何虐之有。其後右丞王存言：「四時教閲，使人爲勝兵，此先帝之意也。若止冬間一教閲，則其法遂廢。」豈非以軍士當常練哉！故三時務農，一時講武，止可爲在田之農民言，而非以語已隸伍符之兵，後賢多執舊説以爲閲兵之常法，蓋書生之論焉。○自「禁兵者」至「兵不復試」爲第三節。殿前、侍衛二司軍皆入宿衛。其龍衛、神衛屬侍衛者，則以之番戍及征討，殿前軍不出焉。殿前自捧日、天武二軍外，又有驍雄、驍騎等馬軍，神勇、宣武等步軍。侍衛自龍衛、神衛外，又有驍捷、雲騎等馬軍，雄武、奉節等步軍。每軍皆有都指揮使、指揮使等員。開寶之籍，禁軍止十九萬三千；至咸平間，廂兵、鄉兵皆升禁軍，禁軍遂遍天下，而指揮增置亦多矣。餘詳見前三衙四廂下。○自「廂兵者」至「類多給役而已」爲第四節。太祖以番戍調征之事，皆發禁兵。而於廂兵，但使之給畜牧繕修之役而已，故又謂之役兵。雖有戍更，亦止於本州屯駐，故於教閲亦罕也。至咸平以後，廂軍多升禁軍，增置指揮亦廣。而熙寧之世，廂兵別加「教閲」二字，將責之以禁兵之用，而號廂禁軍，亦曰禁廂軍，又曰下禁軍矣。殊不知太祖本欲以禁兵收藩鎮權，不欲以廂兵精武藝也。及西北用兵，不能受甲，而祖宗之制遂蕩然變焉，亦非以禁兵失於釐正之故哉？餘詳見前廂軍條下及後總論。○自「鄉兵」者至「有溪峒壯丁」爲第五節。鄉兵者，土兵也，又謂之民兵，以其民間義起之兵，則又謂之義兵，在唐蓋已有之，所謂土團者是已。周廣順中，「點秦州税户充保毅軍」。開寶二年〔一〕：「發渭州平凉、潘源二縣民治城濠，因立爲保毅軍弓箭手，分鎮戍砦。能自置馬者免役，逃死以親屬代。」太祖蓋嘗留意於此矣。太宗朝，以河北忠順沿界河：「分番巡徼，隸緣邊戰棹巡檢司。自十月，悉上，人日給米二升，至二月輪半營農。」蓋防邊而給口糧，置馬而免户役，隸之以緣邊巡寨之司，限之以畢役營農之日，此宋初處鄉兵之法也。夫就家爲守而無遠征，行役有資而無久困，此惟從鄉兵之便而已，誰不樂於爲用哉！自咸平以至天禧，率召鄉兵，日加教閲。司馬光以爲「止令州縣教閲守護鄉土，猶於人情不至大擾」，是謂教閲猶爲有擾也。而况發以戍邊，又刺爲正兵乎！然太祖所以不廢鄉兵者，正以廂兵不足爲用，故欲籍以爲助耳。用則募之，畢則放之，使之不離本鄉，不失農業，比於遠兵，功且倍矣。然亦須令所在官如巡檢者，倣古三時務農、一時講武之法，就近點集訓練，不先拘集於州縣也。臨時募隸，將官統領，庶幾兵有實用焉。若隸鄉兵之籍，因置指揮之官，而後又有隸之將官，如鄜延五路蕃漢之弓箭手者，則不勝其束縛矣。又按：當時諸臣有奏議鄉兵者，及林駉之論，皆足以發明，而朱子之劄，則又見不善處鄉兵之害也。今併附之。慶曆二年，御史中丞賈昌朝上疏言：「河北河東强壯、陝西弓箭手之屬，蓋土兵遺制也。自古禦寇却胡，非此不可。今宜優復田疇，安其廬舍，使力耕死戰，世爲邊用，則可減屯戍而省供饋，爲不易之利。」四年，樞密副使富弼上河北守禦策曰：「土兵居邊，知其山川道路，熟於彼中人

〔一〕「開寶二年」，宋史卷一百九十兵志作「開寶八年」。

情，復諳虜兵次第，亦籍其營護骨肉。且又服習州縣命令，所禦必堅，戰必勝也。若遷内地，則山川道路不知，人情不熟，虜兵不諳，骨肉不在州縣，命令不習，又爲南兵怯弱所累，則禦必不堅，戰必不勝也。北虜惟懼邊兵，以南兵替入内地，虜人大喜，故來則決勝也。」嘉祐二年，李師中提點廣西刑獄建言：「嶺南自古不利戍兵，乞置土丁，募敢勇，家丁四、五則籍一人。利器械，農隙訓之，禁一切他役。上番則給糧免税。」元祐八年，知定州蘇軾上疏言：「趙元昊反，屯兵四十餘萬，招刺宣毅、保捷二十五萬人，皆不得其用，卒無成功。范仲淹、劉滬、种世衡等專務整輯番漢熟户弓箭手，所以封植其家、砥礪其人者非一道。藩籬既成，故元昊服臣。今河朔西路被邊州軍，自澶淵講和以來，百姓自相團結爲弓箭社，不論家業高下，户出一人。又自相推擇家貲武藝衆所服者爲社頭、社副、録事，謂之頭目。帶弓而鋤，佩劍而樵，出入山坂，飲食長技與北虜同。私立賞罰，嚴於官府，分番巡邏，鋪屋相望，若透漏北賊及本土强盜不獲，其當番人皆有重罰。遇其警急，擊鼓，集衆頃刻可致千人。器甲鞍馬，常若寇至。蓋親戚墳墓所在，人自爲戰，虜甚畏之。」又林駧曰：「國初京師之兵强，州縣之兵弱，一有警急，悉調京師，京師不足，以民兵足之。振武、保捷、宣毅、義勇，皆兵出於民而籍之州縣者也。是故禁旅不若土人，東兵不及土兵，彼其習於風土，長於戰鬭，故能動有成功。」此數條者，可以見處鄉兵之道矣。然鄉軍之置，但可專隸本路，不可擾以别差。故朱子乞撥飛虎軍隸湖南劄子有曰：「荆南路安撫司『飛虎軍』，元係帥臣辛棄疾剏置，所費財力以巨萬計，選募既精，器械亦備，一路賴之以安。自棄疾去鎮之後，便有指揮撥隸步軍司，既而又有指揮撥隸荆鄂副都統。自此之後，只許緩急聽本司節制，而陞差事權並在襄陽。當日刱置此軍，乃爲彈壓湖南盗賊，專隸本路帥司，本路别無軍馬，惟賴此軍以壯聲勢，而以帥司制御此軍。近在目前，行移快疾，察探精審，事權專一，種種利便。今乃遙隸襄陽，軍政必誤。乞撥飛虎軍仍隸湖南安撫。」由此觀之，教習鄉兵，既成武藝，而上司專制，不得自由，或有調發，則令備糧押隊，不恤其艱；則教鄉兵者，不惟不得用，而且以爲累矣，孰肯留意於武備哉！餘詳見後李昭亮議分領河北義勇下。○自「蕃兵者」至「其官職俸給有差」爲第六節。蕃兵，古亦用之，如武王時有庸、蜀、羌、髳、微、盧、彭、濮，皆西南夷之服屬者，即今所謂保塞之熟户也。至唐，亦設三使以統党項，而中國皆得其用，此宋太祖置蕃兵之本意也。諸路帥臣得以節制蕃部，故其轉遷皆由總管司奏改。治平以後，分隊伍給旗幟、繕堡壘、備器械，一律以鄉兵之法焉。自是族帳益多，而官亦增置，雖其職不問高卑，列在漢官之下，而中國亦疲於俸給矣。況熙寧以後，又有蕃呰，各置指揮，或三或五，如河州蕃兵弓箭手者乎！然蕃部之情，視中國强弱爲向背。若中國勢强則附爲利，即不暇殺伐，而自堅附；否則反爲中國患，縱以兵威臨之，亦不足以堅其從也。蓋必先以恩信固結其心，至於臨時調用，則旋以金帛募其勇猛，彼豈有不服哉！苟有强梗不服者，則以殺伐加之，此恩威相濟之道。故郭逵言於神宗曰：「蕃兵必得人以統領之，若專迫以嚴刑，彼必散走山谷，正兵反受其弊。當設六術以用之，曰遠斥堠，曰擇地利，曰從其所長，曰捨其所短，曰利誘其心，曰戰助其力。此用蕃兵法也。」然則太祖之預養蕃官，其意蓋有在焉。○自「召募之制」至「今爲良民之衛矣」爲第七節。唐府兵之法，六家而供一兵，則兵皆民間所自出也。人有土著，月有更番，後世言制兵者，皆以此爲善焉。其後法壞，卒猶有不受甲者，故太祖易之以召募。當其時，詔諸州長吏，選所部兵送都下，則亦必非無籍者也。而所選者，皆依等樣，又閱武技，正欲其有實用耳。特以養爲長征之兵，猶仍梁祖刺面之制。然而緡錢、衣廩之供，靡不充其所欲，是以兵皆安伍，用輒有功，此其爲慮亦甚密矣。然自慶曆間，刺陜西保毅爲保捷軍之初，司馬光已言「閭閻之間，如人人有喪，户户被掠，號哭之聲，彌天亘地」，則皆不願就募矣。其後捉人補額，數不能充，於是荐立招軍，賞格足數者得以轉官，稽緩者處之軍法，則有司奉行，益甚嚴切。迄於咸寧，邊報日急，而所司强刺平民爲兵。或甘言誑誘；或詐名賈舟，但負販者群至，輒載之去；或購航船，全船疾趨所隸；或令軍婦冶容誘於路，盡涅刺之。由是野無耕人，途無商旅，往往聚丁壯數十，而後敢入市。民有被執而赴水火者，有自斷指臂以求免者，有與軍人抗而殺傷者，其弊非一日矣。既刺而輒逃亡，如蔣芾所言「在内諸軍，每月逃亡，不下四百人者」，蓋常有之，此見人情之不願應募爲軍也。舊制，選卒部送至京，則使給賜隸軍所在，於初發之時，已先設旗給賞，則不待衣廩之供，而遇之已甚厚矣。大抵賞賜不足以充其欲，則人心何賴焉！故宣和間，臣僚因諸軍捉人刺涅以補闕額而言曰：「必欲招塡禁旅，當明示法度，賚以金帛捐財百萬，則十萬人應募矣。」然官之降錢，亦每優厚，而所司不體上意，强執平民，則應募者豈復有國初之强壯哉！故募兵者須求立法之初意，可也。又按：「欽宗即位，詔守令募州縣鄉村土豪爲隊長，各自募其親戚鄉里以行。仍募文武官習武藝者爲統領。行日，所發州軍授以器甲，人給糧半月，地里遠者，所至州縣接續批支。」又，「京畿輔郡兵馬制置司言：『諸路召募勇敢、效用，每名先給錢三千，赴本司試驗給據訖，支散銀絹給賞。若監司、知通、令佐等官，能召到勇敢、高强及二百人以上者，與轉一官。稍有稽緩，並依軍法。』從之。」此雖後來所行，亦足以明召募之制，故附見焉。募兵以等杖爲則，詳見前以木梃委諸州長吏都監召募條下。籍土人爲正軍，取子弟隸營伍，募饑民補本城，以犯人配罪隸，並雜見于後。○自「廪給之制」至「銷弭爭亂之深意哉」爲第八節。除將領不論外，禁軍月俸，因材勇上中下而差；廂軍次之，剩員減禁軍之半；鄉兵、蕃兵屯戍者，日給糧二升；其募爲禁軍者，同禁軍。上言上軍遣戍，賞賚既極優矣，而屯兵則州軍官賜錢宴犒將校，謂之旬設，舊止待屯泊禁軍，其後及於本城。故仁宗景祐間，「三司使程琳上疏，論：『兵在精不在衆。河北、陝西軍儲數匱，而召募不已，且住營一兵之費，可給屯駐三兵，昔養萬兵者今三萬兵矣。河北歲費芻糧千二十萬，其賦入支十之三；陝西歲費千五百萬，其賦入支十之五。自餘悉仰給京師。自咸平逮今，二邊所增馬步軍指揮百六十。計騎兵一指揮所給，歲約費緡錢四萬三千，步兵所給，歲約費緡錢三萬二千，他給賜不預。合新舊兵所費，不啻千萬緡。天地生財有限，而用無紀極，此國用所以日屈也。今同、華沿河州軍，積粟至於紅腐而不用；沿邊入中粟，價常踊貴而未嘗足。誠願罷河北、陝西募住營兵，勿復增置，遇闕即選廂軍精鋭者補之，仍漸徙營内郡，以便糧餉。無事時番戍於邊，緩急即調發便近。嚴戒封疆之臣，毋得侵軼生事以覬恩賞，違令者重寘之法。如此，則疆埸無事，而國用有餘矣。』帝嘉納之。」觀琳言，此爲募駐泊營兵發也，其費則誠太廣矣。若養兵之常，則太祖固謂「吾家之事，惟養兵可爲百代之利」。故嘉祐間，宰相韓琦嘗從容議及養兵事，慨然曰：「養兵雖非古，然積之久，不可廢，又自有利處。昔者發百姓戍邊者無虚歲，父子兄弟嘗有生離死别之苦。議者但云不如漢、唐調兵於民，獨不見杜甫石壕吏一詩乎？調兵於民，其弊如此，後世既取强健無賴者養以爲兵，兵行，雖民間稅歛良厚，而終身保骨肉相聚之樂，此豈小事？又其習練戰陳，而豪勇可使，安得與農夫同日道也？」兩朝志之所言，其殆本於此歟？蓋寓兵於農，裹糧以爲兵，募人爲兵，資官以爲養，天下之財，不在官則在民，計其所食，其實一也。但募人恒多烏合，則不若土著之農爲善耳。然精選周防，如太祖委諸州軍選募部送之法，無不可用也。故苟得其道，賦兵於農，可也；養兵於官，亦可也。不然則兵雖農出，亦不免於府兵之弊，其不至於父子不見、兄弟妻子離散如石壕吏者，幾希矣！○自「屯戍之制」至「隸總管曰駐泊」爲第九節。駐泊、屯駐，皆自禁軍而遣。然禁軍之中，惟上軍爲重，故其賜犒特厚。軍頭司所掌者駐泊，則駐泊重於屯駐。而應駐泊者，大抵皆上軍也，故軍頭司引對焉。就糧而代戍者，亦禁軍也，則與中下軍，皆在屯駐之列，而不必軍頭司引對矣。然太祖時，就糧亦有駐泊者，豈預於駐泊者即得爲上軍乎？廂軍而屯者常在本州，亦謂之屯駐。禁軍、廂軍皆有指揮，其在屯所，則總管、鈐轄、都監、監押，各隨所部而統之，兵志載熙寧三年詔，所謂「上番軍或就糧軍爲戍當遣者，並隸總管司」，即其制也。有所調發更戍，則樞密院遣使給降兵符。凡戍更有程，或三年或二年，大抵踐更之期，遠者三年，近者三月。竊意近者三月，蓋本城屯駐之期，不必出三月也。餘見前止齋陳氏論禁軍不復戍役下。兵志於此亦載銅符、木契之制，符鑄虎豹，而契爲魚形，與唐大[一]意略同，今不復具。○自「揀選之制」至「餘皆自下選補云」爲第十節。禁軍自上四軍外，諸軍隨其材力以爲中下二等。班直，則殿前都頭押衙之類也。揀選之政，所係不小，舊制歲一揀選，其後漸廢耳。揀選之法不行，則所募之軍往往怯懦幼小，不及等樣，虚費廩食，不堪驅使，又多爲臣僚所占役；至於有警，則能受甲者無人焉，禁軍安得不增置哉！然臣僚每謂揀選退兵爲不便者，以其散則無所於歸也。熙寧間，神宗欲揀在京禁軍四十五以上稍不中程者，盡減請給，兼其妻子徙至淮南，以就糧食。司馬光曰：「在京禁軍及其家屬，率皆生長京師，親姻聯布，安居樂業，衣食縣官，爲日已久。年四十五未爲衰老，微有呈切，尚任征役，一旦別無罪負，減其請給，徙之淮南，是橫遭降配也。且國家養長征之士，平欲備禦邊陲南。今淮南非用武之地，而多屯禁軍，坐費衣食，是養無用之兵，直諸無用之地。又邊陲常無事即已，異時或小有警急，主兵之官必爭求益兵。京師之兵既少，必須使使者四出，大加召募，廣爲揀選，將數倍多於今日所退之兵。是棄已教閲經戰之兵，而收市井畎畝之人，本欲減冗兵而冗更多，本欲省大費而費更廣，非計之得也。臣願朝廷且依舊法，每歲揀禁軍有不任征戰者減充小分，小分復不任執役者，放令自便在京居止，但勿使老病者尚占名籍，虚費衣糧。人情既安，大費自省，此國家安危之所繫也。」至崇寧間，徽宗欲罷河東教閲禁兵，洪中孚曰：「游惰之卒不復安於南畝，一旦罷遣，强者聚而爲盜，弱者轉徙，重爲朝廷憂。不若使填諸營闕；無闕，聽於額外收管，不

[一]「大」，原作「太」。

一二年盡矣。」夫揀選羸兵，固難盡斥，然中孚之説，亦近因循。惟司馬光之言，處置得宜，施爲有漸，庶可以爲揀選法耳。

山堂章氏曰：「太祖既受命，懲唐季五代之亂。聚衆兵於京師，而邊境亦不曰無備；損節度之權，而藩鎮亦不曰無威。周與漢、唐，藩鎮之兵强，秦則郡縣之兵弱，故天下孤危。得其中者，惟吾宋也。」

又曰：「太祖邊兵少而專征，最爲得體。」

今按：周以天下與諸侯，共隨大小以分封，此聖人之公心也。其後藩鎮兵强，豈其立法之有不中哉？蓋自弱耳。若秦則懲周弊而置郡縣，以天下統於一人，此小人之私心也，豈可與周制並論强弱哉！宋之制兵雖不盡合於古，亦近代之良法焉。古者番上京師之兵宿衛王宫者，於此取焉；徼巡京師者，於此取焉；應充僕隸者，於此取焉；擔擎往來者，於此取焉。此皆出於車賦者也。營築則歲有三日之傭，此用之於農隙者也；匠作則肆有百工之養，此招之於商旅者也；糧運則税户各輸其國，天子無遠漕也；兵屯則諸侯各守其邊，天子無遠戍也。惟征討不庭，則天子自命將而出師焉，其餘則天子諸侯各有分土，故其事役因亦區分。後世尺地一民，莫非天子所有，其所當自給者，不但國中之役而已，雖遠漕遠戍，皆其所自任焉，烏得不悉爲經畫哉！然人有强弱，自古及今，一也。以力役之大者處人之强，力役之小者處人之弱，雖古之選兵，亦不外此。故以伉健者爲禁軍，短弱者爲廂軍，太祖之法亦得其大槩矣。但禁軍則有宫衛京師之守、邊鎮州郡之屯，廂軍則有漕輓工作、繕河養馬、僕隸擔擎之事及本城屯駐之差，分合異宜，更番雜用，無復古之條理，則亦末世之所不能盡合耳。若夫征討之兵，皆由內遣，尚存古者命將出師之遺意焉。世稱軍制之善者，皆曰府兵，以其出於農，而不待官養也，太祖安有不知哉！蓋府兵之壞也，户之貧窶，而供軍者常闕，乏而不充；兵之羸弱，而應役者率逃，亡而無用。有不勝其弊者矣。不若斂百姓之財，以募一軍之力，則軍有實資，官有實用，庶可以免民間之紛擾焉。況精兵在內，以之更戍，以之調征，則足以懾諸鎮之心，而在外又皆弱兵，止可供役，藩鎮之禍何由生哉！至於州兵之弱老成更事者，豈不籌之，何則？諸州有鄉兵，可以防內虞，諸邊有蕃兵，可以制外患，太祖蓋嘗留意於此矣。當時所養禁廂二兵，亦不甚衆，其費未若後來之廣，所蓄必亦有餘也。一旦有警，命將徂征，則出所蓄餘財，召募鄉蕃義卒，而又有駐泊、屯駐就糧之兵在外，亦總管所得領也；互相犄角，何敵不當，逮其事已，即各罷歸，則費不冗財，兵可時募，固不待多養無用之人於平日也，其慮豈不審哉！至於世之衰也，羸兵之冒濫者多，而積習惟仍其舊，部將之占差者衆，而更番每失其時，久役難堪，他繇不免，而禁軍於是乎失額矣。禁軍失額，而鎮兵之增置多矣。雖府兵之壞，亦由於此。故元祐中蘇軾言：「禁軍大率貧窶，妻子赤露，饑寒十有六七，屋舍大壞，不庇風雨。」體問其故，蓋是將校不肅，斂掠乞取，坐放債負，習以成風。將校既先違法不公，則軍政無緣脩舉，所以軍人例皆飲博逾濫。三事不止，雖是禁軍，不免饑餓，既輕犯法，動輒逃亡。」政和中臣僚言：「諸軍逃亡之弊有六：一曰上下率斂，二曰舉放營債，三曰聚集賭博，四曰差役不均，五曰防送過遠，六曰單身無火聚。」此衰世之通弊也，夫豈太祖募兵之過哉！故宋之制兵，於近代法亦爲良焉。餘論養兵，詳見前廩給之制條下。

太宗淳化四年十二月，宣：「應差發就糧禁軍，欲往軍前屯駐、駐泊、巡檢守把處，及歸營指揮收管，如及二三十人，便須奏，差使臣管押。」

今按：此就糧軍之更戍，在太宗時已然，蓋舊制也。樞密院行下文書曰宣。

真宗咸平二年二月，宣：「諸州本城軍士差在川陜駐泊，遇郊賞，如係屯駐、駐泊及巡檢下，即與同帶甲例，逐人三貫；歸營却同不帶甲例。」

今按：此廂兵戍他郡之始也。帶甲，謂禁軍。觀此，則廂兵本止執役，不帶甲矣。

本年，詔定州等處本城廳子、無敵、忠鋭、定塞，並升充禁軍馬軍雲翼指揮，依逐州軍就糧。

今按：廂軍升禁軍始此。本城，即諸州之本城也。廳子、無敵、忠鋭、定塞，皆廂軍之號。雲翼，則禁軍之號也。舊制，就糧軍自京師而遣，數亦不多，今則在外增添，無復舊額矣。

大中祥符二年四月，詔曰：「江南、廣東西路流配人等，皆以自抵憲章，久從配隸，念其遠地，每用軫懷。屬喬嶽之增封，洽溥天之大慶，不拘常例，特示寛恩。於是遣使抽勾[二]江南、廣南東、西路諸州雜犯配軍，揀選移配淮南州軍牢城及本城；有少壯堪披帶者，即部送赴闕，當議近上軍分安排。如不願移及赴闕者，亦聽。若地里遠處，就彼，依此揀選。」

今按：牢城者，有罪人所配隸之處，拘於牢城，以給役也。故「建炎制廂兵」下言：「牢城，諸州，以待有罪配隸人。」是諸州皆有牢城兵也。但上州、中州皆有步騎、廂軍，以備屯駐，若下州及軍監，則止有牢城兵焉。召募法所謂「或以有罪配隸給役」，即此是已。真宗此詔，蓋因封泰山而赦天下也。當時犯人有發江南、兩廣配隸牢城者，故量移至淮南耳。

九年，詔河北、河東、陝西諸州軍揀料本城兵，五百人以上升爲一指揮，於本處置營教閱武藝，升爲禁軍。

今按：廂軍之教閱始此。而教閱廂軍之名，則見於仁宗之世。至熙寧，即廂軍之壯而教之，謂之廂禁軍，又以爲下禁軍，留之在城，免其雜役，並加「教閱」二字於軍額之上。江南曰雄武，淮南曰壯武，荆湖曰靜江，兩浙曰崇節，福建曰保節，皆廂禁軍也。

[二]「遣史抽勾」，宋史卷一百九十四兵志作「遣史勾抽」。

仁宗康定初，趙元昊反，西邊用兵，詔募神捷兵，易名「萬勝」，爲營二十。所募多㥘選，不足以備戰守。是時禁兵多戍陝西，並邊土兵雖不及等，然驍勇善戰；京師所遣戍者，雖稱魁頭，大率不能辛苦，而摧鋒陷陳非其所長。又北戍及川陝、荆湘、嶺嶠間，多不習水土，故議者欲益土兵爲就糧。於是增置陝西蕃落、保捷、定功，河北雲翼、有馬勁勇，陝西、河北振武，京東武衛，陝西、京西壯勇，延州青澗，登州澄海弩手，京師近郡亦增募龍騎、廣勇、廣捷、虎翼、步鬭、步武，復升河北招收、無敵、廳子〔二〕，陝西制勝，并州克戎、射騎〔三〕，麟州飛騎，府州威遠，秦州建威，慶州有馬安塞，保州威邊，安肅軍忠鋭，嵐、府州建安，登州平海，皆爲禁兵，增内外馬步軍凡數百營。又京東西、河北、河東、江、淮、荆湖、兩浙、福建路，各募宣毅，大州二營，小州一營，凡二百八十人。嵢嵐軍別置床子弩砲手。時吏以多寡爲賞罰，諸軍子弟悉聽隸籍，禁軍闕額多選本城填補。

〔二〕「廳子」，宋史卷一百八十七兵志作「廳子馬」。
〔三〕「射騎」，宋史卷一百八十七兵志作「騎射」。

今按：「蕃落」至「平海」，與神捷、宣毅等名，皆禁軍之號也。自「增置陝西蕃落」至「步武」，皆募土兵就糧於外，爲本城也，雖本城已隸於禁軍矣。自「復升河北招收」起，至「登州平海」，皆以已就糧兵升入於内爲禁軍也，故云「内外馬步軍」。營於京者爲内軍，營於州者爲外軍，取諸軍子弟隸籍禁軍，即召募法所謂「或取營伍子弟」也。至高宗建炎初，「選刺三衙軍中子弟，或從諸郡選刺軍中子弟解發」，皆此制也。其法見於真宗之諭。景德三年，帝謂王欽若曰：「馬步諸軍，累經簡閲。今雖承平，武備不可廢，或謂選近甸强壯，朕念取農民以實軍伍，蓋非良策〔二〕也。惟軍伍之家悉有子弟，多願繼世投軍，但慮父兄各隸一軍，則須分别，以此故不應募，今可曉諭許隸本軍。」欽若曰：「此輩嘗從父兄征行，兵甲部伍，熟於聞見，又免廢農伍而奪耕夫，真長久之策也。」故紹熙二年，朱子與趙帥書曰：「今日州郡禁軍，緩急何足恃賴？正當别作措置，以漸消除，而悉收江上諸軍子弟刺填本軍，以時練習，却令分下諸州就糧，以省餽運、防緩急，歲時更代，却還本軍，則其事藝〔三〕自然不敢退惰，而州兵之未消者亦得以激厲增進，乃爲長久之計。今令州郡泛行招刺，若守將不得其人，則適足以資其賣鬻之奸，而空耗衣糧，重傷民力，又未論也。至於寄招之令，則棄子弟素習之技，而取浮浪無能之人，尤爲非計。」則亦以招收諸軍子弟爲便也。然司馬公於治平間論刺陝西義勇，則曰：

〔二〕「蓋非良策」原作「良策」，據續資治通鑑長編卷六十三真宗改。
〔三〕「事藝」，朱子文集卷二十八劄子作「事勢」。

「子弟若有壯丁，又不免刺爲義勇，是使陝西之民有世世之害。」何哉易曰：「説以先民，民忘其勞；説以犯難，民忘其死。民心之不説，而欲使之忘命，以嬰網羅；既羈縻其身，以至老死，而又及其子孫，豈非世世之害哉！」故招諸軍子弟之素習技者，亦長策也。然非先有以説其心，亦同歸於潰散耳。

慶歷中，招收廣南巡海水軍、忠敢澄海，雖曰廂軍，皆與旗鼓訓練，備戰守之役。

今按：巡海者，水軍之號也。忠敢者，澄海之號。皆廂軍。既曰訓練，則即教閲矣。

皇祐中，河北水災，農民流入京東三十餘萬，安撫使富弼募以爲兵，拔其尤壯者得九指揮，教以武技。雖廩以廂兵，而得禁軍之用，且無驕横難制之患。詔以其騎兵爲教閲騎射、威邊，步兵爲教閲壯武、威勇，分置青、萊、淄、徐、沂、密、淮陽七州軍，征役同禁軍。嘉祐四年，復詔西路於鄆、濮、徐〔二〕、兖、濟、單州置步兵指揮六，如東路法。於是東南州軍多置教閲廂軍，皆以威勇、忠果、壯武爲號，訓練如禁軍，免其他役。五年，江、淮、荆南〔三〕皆增置教閲忠節，州一營，大州五百人，小州三百人。

今按：此即召募之制，所謂「乘歲凶募饑民補本城」也。夫募兵奚擇於饑民，但舊法必以等杖爲則，而試

〔二〕「徐」，宋史卷一百八十九兵志作「齊」。
〔三〕「荆南」，宋史卷一百八十七兵考作「荆湖」。

其材勇，乃得收招，弼選尤壯者而教閲之，雖救荒亦必用舊法矣。安撫使，經略安撫司之鎮臣也，以直秘閣以上充，掌一路軍民之事。詳見前引洪邁論三衙劄子條下。騎射〔一〕、威邊、壯武、威勇、忠果，皆廂軍之號。忠節，禁軍之號也。

嘉祐四年，詔荆南江寧府、揚盧洪潭福州募就糧軍，號威果，凡二十五指揮，各營於本州；又益遣禁軍駐泊，長吏兼本路兵馬鈐轄，武臣爲都監，專主訓練。

今按：此亦寄禁軍於廂兵而教閲之也。威果，禁軍之號。

英宗治平初，遣使分募河北、河東、陝西、京東民爲本城，如河北以備繕完城壘之役。蓋景祐中，本城四十三萬八千，逮治平三年，乃五十萬矣。

今按：本城五十萬，謂廂軍。即止齋陳氏所謂「熙寧按天下廂軍之籍五十萬人也」。太祖時，廂軍罕所教閲，自真宗始教閲之，其後仁宗教閲之法漸密。至神宗熙寧元年，詔：「京東武衛四十二指揮休番者，選差兵官三人依河北教閲新法訓練，仍差使臣押教。」又詔：「京東路募河北流民，招致教閲廂軍二十指揮，以忠果爲額。」元豐五年，詔：「諸路教閲廂軍，於下禁軍内招八指揮名額，排連並同禁軍。」然教閲不自此始也。陳

〔一〕原作「射騎」，據上文改。

氏乃謂「熙寧教閱之法起」者，蓋其時始定諸路教閱廂軍名額，而教閱廂軍別爲一額隸之將下，因遂排於食糧禁軍[一]之下矣。自此兩浙有崇節，福建有保節，增置甚多。迄於元豐，則雄節之類盡升禁軍，而兵制於是大變矣。陳氏說見前太祖以木梃給諸州選兵條下。○自「眞宗詔定州等處本城升禁軍」至此，皆增募廂軍爲禁軍之事。

眞宗咸平四年，詔陝西沿邊州軍兵士先選中者，並升爲禁軍，名保捷。五年，點沿邊兵壯充保毅，凡得六萬八千人，給資，與正兵同戍邊郡。

仁宗慶歷初，詔悉刺充保捷軍，爲指揮分戍。

今按：鄉兵升禁軍，自眞宗始，以契丹入寇也。至趙元昊反，仁宗亦刺保毅爲保捷，後遂率以爲常矣。夫保毅弓箭手，本太祖時所立鄉兵，蓋將蓄以爲備，太宗亦嘗用之，不過使之巡徼近地，隸於沿邊巡檢而已，未嘗闕其廩食，妨其農功也。詳見前諸州選兵條引陳氏論下。咸平初，嘗置秦州極邊千人，分番守戍。上番人月給米六斗。仲冬，賜指揮至都頭綾袍。是時尚爲保毅鄉兵也，止令守護鄉土，而人給月米，官賜衣袍，更番有節，慰諭有加，則猶未失祖宗處鄉兵之本意也。然專設指揮以領之，則已有所拘束矣，而況刺爲保捷軍乎！保捷者，禁軍之號也。詳見下條司馬光疏。

[一]「食糧禁軍」，文獻通考卷一百五十二兵考作「就糧禁軍」。

慶曆二年，籍河北强勇爲義勇，但籍民丁以補其不足。河東揀籍如河北法。其後議者論「義勇爲河北伏兵，以時講習，無待儲廪，得古寓兵於農之意。惜其束於列郡，止以爲城守之備。誠能令河北邢、冀二州分東西兩路，命二郡守分領，以時閲習，寇至即兩路義勇翔集赴援，使其腹背受敵，則河北常伏鋭兵矣」。朝廷下其議，河北帥臣李昭亮等議曰：「昔唐澤潞留後李抱眞籍户丁男，三選其一，農隙則分曹角射，歲終都試，以示賞罰，三年皆善射，舉部内得勁卒二萬。既無廪費，府庫益實，乃繕甲兵爲戰具遂雄視山東。而或謂民兵止可城守，難備戰陳，非通論也。但當無事時，便分義勇爲兩路，置官統領，以張用兵之勢，搖動衆心，非計之得。姑令所在點集訓練，三二年間，武藝稍精，漸習行陳；遇有警，得將臣如抱眞者統馭，制其陳隊，示以賞罰，何敵不可戰哉？河北、河東皆邊州之地，自置義勇，州縣以時按閲，耳目已熟，行固無疑。」詔如所議。

今按：强勇雖改爲義勇，猶是鄉兵之號。

英宗治平元年，宰相韓琦言：「古有籍民爲兵，數雖多而贍至薄。唐制府兵，最爲近之，後廢不能復。今之義勇，河北十五萬，河東幾八萬，勇悍純實，出於天性，而有物力資産、父母妻子之所係，若稍加練閲，與唐府兵何異？陝西嘗刺弓手爲保捷。河北、河東、陝西，皆控西北，事當一體。請於陝西諸州亦點義勇，止涅手背，一時不無小擾，終成長利。」諫官司馬光累奏，謂：「陝西嘗籍鄉弓手，始喻以不去鄉里。既而涅爲保捷正兵，遣戍邊州，其後不可用，遂汰爲民，徒使一路騷然，而於國無補。且祖宗平一海内，曷嘗有義勇哉？自趙元昊反，諸將覆師相繼。當是時，三路鄉兵數十萬，何嘗得一人之力？議者必曰：『河北、河東不用衣廪，得勝兵數十萬，閲教精熟，皆可以戰；又兵出民間，合於古制。』臣謂不然。蓋州縣承朝廷之意，止求數多；教閲之日，觀者但見其旗號精明，金鼓備具，行列有序，進退有節，莫不以爲眞可以戰。殊不知彼猶聚戲，若遇敵，則瓦解星散，不知所之矣。古者兵出民間，耕桑所得，皆以衣食其家，故處則富足，出則精銃。今既賦斂農民粟帛以贍正軍，又籍其身以爲兵，是一家而給二家之事也。如此，民之財力安得不屈？臣愚以爲河北、河東已刺之民，猶當放還，況陝西未刺之民乎？」帝不聽。乃令徐億等往籍陝西主户三丁之一刺之，凡十五萬六千餘人，人賜錢二千。於是三路鄉兵，惟義勇爲最盛，然民情驚擾，而紀律疎略，不可用。

今按：唐李抱眞籍選鄉兵之法，但以農隙角射，歲終都試，不常拘集，以廢農功也。刺爲正軍，以長戍邊州，則非人情所欲矣，此司馬光所以深爲不便也。光又疏言：「陝西一路弓手刺充保捷正軍，騷然愁苦。其河東、河北之民，比於陝西，雖免離家去鄉戍邊死敵之患，然一刺手背之後，欲浮游作客，皆慮官中非時點集，不敢東西。又點差之際，州縣之吏寧無乞覔教閱之時，軍員教頭寧無斂掠？常時色役之外，添此一種科擾。且今日既籍之後，州縣義勇皆有常額，每有逃亡病死，州縣必隨而補之，義勇之身既羈縻以至老死，而子孫若有壯丁，又不免刺爲義勇，是使陝西之民子子孫孫常有三分之一爲兵，於民有世世之害也。」此足以發前疏之所未備。而先是，都總管程戡上言：「陝西保毅，近歲止給役州縣，無復責以武技。自黥刺爲保捷，而家猶不免於保毅之籍；或折賣田產，而得產者以分數助役，久廢農功。」意亦與光疏同。合而觀之，則刺兵之情狀可知矣。當時諸州籍兵總六千五百十八人，爲指揮者三十一，是二百一十人而設一指揮也，此特陝西一路耳，盡天下而計之，豈勝其多哉！〇「詔陝西州軍兵士」至此，皆論鄉兵增募之事。餘論處鄉兵法詳見前引兩朝國史志鄉兵條下。

仁宗慶曆二年，知青澗城种世衡奏：募蕃兵五千，涅右手虎口爲「忠勇」字，隸折馬山族。言者因請募熟户，給以禁軍廩，給使戍邊，悉罷正兵。下四路安撫司議。環慶路范仲淹言：「熟户戀田土，護老弱、牛羊，遇賊力戰，可以藩蔽漢户，而不可倚爲正兵。

大率蕃情黠詐，畏强凌弱，常有以制之則服從可用，如以爲正兵[一]必至驕蹇。又今蕃部都虞候至副兵馬使俸錢止七百，悉無衣廩。若長行遽得禁兵俸給，則蕃官必生觖望。況歲罕見敵，何用長與廩給？而錢入熟户，蕃部資市羊馬、青鹽轉入河西，亦非策也。若遇有警，旋以金帛募勇猛，爲便。」議遂格。

今按：蕃兵但可臨時以募其用，而不可以豢養長其驕。宋初，設置蕃兵，轉員給俸，豈無故哉？蓋欲籍其率所部團結塞下，以爲藩籬之衛耳。夫漢蕃言語不通，雜爲一軍，猶恐難制，故唐李靖以蕃、漢兵各爲一法，況專倚之爲正兵乎！范仲淹之議，可謂明且當矣。於是种世衡之議遂格，而蕃兵之不爲禁軍者，亦幸而已。自此分隊伍、給旗幟、繕堡壘、備器械，一律以鄉兵之法。治平以後，蕃部族帳益多，而撫馭團結之制益密。至於熙寧，王安石以爲「李靖非素拊循蕃部，故其教兵蕃漢各爲一隊。今熙河蕃兵既爲我用，則當稍以漢法治之，使久而與漢兵爲一。必先録用其豪傑，漸以化之。此用夏變夷之道也。」如此宜得其死力矣。然非中國勢强足以威服，則雖厚以金帛，賜之甲兵，豈能保其心之不外向哉！當時選取陝西蕃兵涅刺手背，添置將領，受俸增錢，而瀘南羅始党生刺充義軍，團結指揮，部衆甚多。迄于元符，猶能設官總領。

[一]「如以爲正兵」，文獻通考卷一百五十六兵考作「如去正兵」。

靖康之難，北蕃多入於虜，無復能經理矣。〇此條論蕃兵增募之事。餘論處蕃兵法，詳見前兩朝國史志蕃兵條下。

慶曆初，西戎阻命，始募民兵，以補軍籍。陞諸州廂兵以充禁旅，既增保捷，又置宣毅。内外置禁軍四十餘萬，通三朝兵八九十萬，鄉軍、廂軍不與焉，而後兵大備矣。

今按：三朝，謂仁宗、英宗、神宗也。養兵至於如此之多，此併省之所由議也。

神宗熙寧中，詔私役禁軍，雖經郊赦，復永不與親民差遣。

林氏駉曰：「廂軍以役，禁軍不役。今之禁軍，迎送出入，番休寓直，與廂無異。夫兵者不可役，役者不能兵，一人之身，百工之所爲備，勢不可也。熙寧『私役禁軍』之制，盍亦舉而行之乎？」

今按：禁軍以役占者多，故致闕額，而諸州遂得招塡溢額矣，此軍政之大弊也。兵濫而併省，其源蓋在於此。

三年十二月樞密使文彦博等上在京、開封府界及京東等路禁軍數，帝亦累以治平中兵數而討論焉。遂詔：「指揮各以五百人爲額。」既皆撥併，唯河北人數尚多，乃詔禁軍以七萬人爲額。初，河北兵籍比諸路爲多，其緣邊者且仰給三司。至是而撥併畸零，立爲定額焉。

今按：此併省禁軍也。先是禁軍增置既多，而指揮亦不限軍數，至是皆以五百人爲額。惟河北以七萬人〔一〕爲額，則禁軍既不得多增，而指揮亦因併省矣。三司，即三司使，非三衙也。

四年，樞密院言：「京師役兵不足，歲取於諸路，而江、淮兵每饑饉，道斃相屬。略計歲所用外軍七千人，調發增給不貲。募東西八作司壯役指揮，諸司雜犯罪人情輕者并配隸，以次補雜役，代諸路役兵。」從之。又言：「諸路廂軍名額煩多，自騎射至牢城，其名凡二百二十三。其間因事募人，團立新額，或因工作、榷酤、水陸運送、通道、山險、橋梁、郵傳、馬牧、堤防、堰埭，若此者事在而名未可廢；及剩員直、牢城皆得有犯配隸之人；壯城專治城隍，不給他役，别爲一軍；而教閱廂軍亦自爲額。請以諸路不教閱廂軍併爲一額，餘從省廢，其移併如禁軍法。」奏可。遂下諸路轉運司，以州大小高下爲序，始自某州爲第一指揮，差次至某州，凡爲若干指揮，每指揮毋過五百人。

今按：此併省廂軍也。京師本有開封府界募充廂軍及剩員罪隸，數能自足，宜未有廂軍番上京師者，而曰「歲取於諸路」者，要亦壯城、作院，占役賣閑者多耳。壯役指揮，即工役之爲指揮所領者，蓋已募爲廂

〔一〕「七萬人」，原作「七百人」，據上文改。

兵之人也。諸司雜犯罪人，即牢城之兵也。騎射、牢城等號，皆廂軍之額也。榷酤，即榷貨等務。橋道，即會通等橋。皆額有役卒者。即此數端，可以見廂軍之供百役矣。剩員直，亦廂兵之號也，當時必以罪人隸焉。若牢城，則本罪人之所隸也，罪人應役，乃分之宜，不必與之雇直，牢城之所隸，蓋此類耳。若配限已滿，以衣糧養之，則謂之募，而當隸於剩員，故剩員直亦有罪人也，如此則剩員亦濫矣。牢城見前祥符二年揀選牢城兵下。騎射等額有馬、步二軍備戍更者，自此之外，皆工役也。每軍一額，各以一指揮領之，則太冗矣。故教閲廂軍既已併爲一額，而不教閲廂軍亦自併爲一額，而每指揮限以五百人，則官無容於濫設而軍亦不至於虚增矣。轉運使，本經度一路財賦以足上供者，以其得察吏蠹民瘼，及專舉刺官吏之事，故使差次諸州。

熙寧併省之法，凡軍各有營，營各有額。皇祐間，馬軍以四百、步軍以五百人爲一營。承平既久，額存而兵闕，馬一營或止數十騎，步一營或不滿一二百人。而將校猥多，賜予廩給十倍士卒，遞遷如額不少損。帝患之，二年，始議併廢。陜西馬步軍營三百二十七，併爲二百七十。其後凡撥併者，馬步軍營五百四十五併爲三百五十五，而京師、府界、諸路及廂軍皆會總畸零，各足其常額。凡併營，先爲繕新其居室，給遷徙費。軍校員溢，則以補他軍闕，或隨所併入各指揮，依職次高下同領。帝謂輔臣曰：「乃者銷併軍營，計減軍校十將以下三千餘人，除二節賜予及傔從廩給外，計一歲所省，爲錢四十五萬〔二〕緡，米四十萬石，紬絹二十萬疋，布三萬端，馬藁二百萬。庶事若此，邦財其可勝用哉！」初議併營，大臣皆以兵驕已久，遽併之必召亂。蘇軾、文彦博皆以爲不可，王安石贊决之。帝用其言，卒併營焉。自熙寧〔三〕以至元豐，歲有併廢。

今按：此總論併省也。諸州馬步軍指揮下，每都有軍使、副兵馬使、都頭、副都頭，謂之軍校，都頭之下又有十將。○禁軍之增，自眞宗禦契丹始，然帝自謂「邊防闕兵，朝廷須爲制置」，蓋不得已也，候邊境乂寧，即可銷弭。蓋在咸平時，已有併省之議。果至景德二年，以契丹通好，邊鄙無事，釋河北諸州强壯悉歸，會合鎭、定兩都部署爲一，則當時併省法已漸行矣。至仁宗時，趙元昊反，又復增兵。慶曆八年，元昊卒，而西兵始罷。蓋自太祖以來，開寶兵籍總三十七萬八千，而禁軍馬步十九萬三千。至道兵籍總六十六萬六千，而禁軍馬步五十五萬八千。天禧兵籍總九十一萬二千，而禁軍馬步四十三萬二千。慶曆兵籍總一百二十五萬九千，而禁軍馬步八十二萬六千。以漸而加，至於慶曆，其視太祖不止二倍，而禁兵則踰三倍矣，此蘇軾應詔之策所以爲「兵制未有如今日之極者」也。雖皇祐二年，因樞密龐籍之言，而汰減陜西、河北諸路羸兵，以省邊儲。嘉

〔二〕原作「四千五萬」，據宋史卷一百九十四兵志改。
〔三〕原作「豐寧」，據宋史卷一百九十四兵志改。

祐七年，又因宰相韓琦之言而併省河北、陝西、河東三路冗兵以爲定額，不過稍有所裁制耳。然英宗初年，韓琦復籍陝西義勇，一刺至有十五萬六千餘人，是以治平之籍至有一百十六萬二千，而禁軍六十六萬二千，比於慶曆之籍，又增三分之一矣。熙寧之議併省，其以此歟？蓋熙寧之籍，天下禁軍凡五十六萬八千六百八十八，減治平者九萬三千三百一十二人。廂軍併爲一額，天下凡八百四十指揮，爲兵者二十二萬七千六百，而府界不與，大約亦減治平廂軍之半矣。及元豐定兵制，而禁軍則又增至六十一萬二千二百四十三人，廂兵一十二萬七千六百二十七人，而府界及諸司或因事募兵之額不與焉，其數未可計也，則於熙寧之籍已略增矣。然所选者，不皆精兵，故募兵寢減，而三衙多虛。況徽宗之世，紀律漸隳，逃亡相继，迄於靖康，禁衛弱矣。南渡以後，殿前侍衛屢告招塡，募者無二三，逃者已六七。自紹興至於乾道，兵籍雖有三十二萬三千三百一人，亦皆徒取數充，不堪受甲，況其後世，又益弱乎！當王安石併省時，議者謂銷兵爲生變。夫併者非盡銷兵也，安在其生變哉！但兵不貴多而貴於精，省而不精，此則無以禦變耳。而況崇寧、大觀之間，竟無訓練之術，靖康之難，宜其不能支也。故宋之禍不在於兵之省，而在於兵之羸也。

林勳本政書曰：「禁軍平時衣食縣官，四體不動，五穀不分，往往嬉遊驕惰，而不可用；又遭黥涅，類不得與齊民齒，終身執兵，無休免之期，故雖厚賞招募，而應者益寡，所在兵額闕而不補，十常二三。樞密院時時迫切，州縣督以嚴科，俾招塡闕額，則有司苟免充數，疲癃咸在，而又害及平民，動遭劫執，皆以抑勒爲情願，上下相蒙，苟逃憲網。故每當有府檄至，則道路爲之輟行，商旅爲之罷市，比屋嗷嗷，無所控告。又遭黔涅者，既非本心，故雖就羈制，尋即潰散，朝以溢額奏陳，夕以逃亡申舉者，有矣。逃亡既衆，則所在嘯聚，惟事攻剽，習以爲常，而國家常慮生事，亦每爲之屈法招撫，許其首復自新，依舊軍分安排，雖有竄亡，訖無刑罰。其間州縣往往招納亡卒，使之詭冒身號，僞認名字，亦謂之投換。故凡在軍之人，朝甲募乙，倏此忽彼，靡有定居，由是卒伍之間，動爲自營之計。凡有差出征戍，稍涉重難，率皆亡命避逃，緩則冒名，急則爲寇，有罪則頒赦，祖宗軍政，廢弛殆盡矣。」

今按：軍額闕而不補，如政和元年，廣西两将闕額一萬三百餘人之類，有司苟免充數，謂不拘罪隷、饑寒庸丐之人，皆招刺也。故强捉平人，且曳且毆，百姓叫呼，囑指未免，行旅市人，避藏恐懼，如宣和五年三月臣僚所言者，皆抑勒害人之事也。嘯聚攻剽，如崇寧四年尚書省言「所在逃軍聚集，至以千數，小則驚動鄉邑，大則公行劫盜」之類。是時許以首身，或令投換，終未能止。至宣和二年，童贯言：「凡逃卒，冬祀大赦已有百日首身免罪之文。欲乞逃軍未滿赦限一百日者，許令首身免罪，依舊分職次收管。」此所謂屈法也。詭冒身貌，僞認名字者，謂之冒名。蓋主官欲避譴責，招收別部逃軍頂本部逃亡者之名，而冒支廪給也。投换，則本主兵官占人供書札、作匠、雜技、手業之役，因與統轄官員有隙，欲換從別部也。大觀三年，樞密院臣僚言：「如主兵官舊曾占使書札、作匠、雜技、手業之徒；或與統轄官員素有嫌忌，意欲舍此而就彼者。」即投換也。又云「或所部逃亡數多，欲避譴責，輒將逃軍承逃亡之名便與請給」，即冒名也。又宣和五年，臣僚言：「今諸軍逃亡者不以實聞。諸處冒名請給，至於揀閱差役，則巧爲占破；甚不獲已，則雇募逋逃以充民数，旋即遁去，無復实用。」亦此意也。蓋當其時，蔡京、童貫表裏爲奸，上下相蒙，莫之能革，而宋之兵制，盡壞於徽宗之世矣。宣和以後，兵皆强捉，而刺亦隨逃，靖康之不足以禦變也，宜哉！

熙寧初，王安石言：「先王以農爲兵，今欲公私財用不匱，爲宗社長久計，當罷募兵，用民兵。」帝從其議。三年，始聯比其民以相保任。乃詔畿内之民，十家爲一保，選主户有幹力者一人爲保正；五十家爲一大保，選一人爲大保長；十大保爲一都保，選爲衆所服者爲都保正，又以一人爲之副。主客户两丁以上，選一人爲保丁。附保。兩丁以上有餘丁而壯勇者亦附之，内家貲最厚、材勇過人者亦充保丁，兵器非禁者聽習。每一大保夜輪五人巡警，凡告捕所獲，以賞格從事。同保犯强盗、殺人、放火、强姦、略人、傅習妖教、造畜蠱毒，知而不告，依律五保法。餘事非干己，又非勑律所聽糾，皆毋得告，雖知情亦不坐，若於法鄰保合坐罪者乃坐之。其居停强盗三人，經三日，保鄰雖不知情，科失覺罪。逃移、死絶，同保不及五家，併他保。有自外入保者，收爲同保，户數足則附之，俟及十家，則别爲保，置牌以書其户數姓名，既行之於畿甸，遂推行於永興、秦鳳、河北東西五路，以達於天下。時則以捕盗賊相保任，而未肆以武事也。四年，始詔畿内保丁肄習武事。歲農隙，所隸官期日於要便鄉村都試騎步射。優等者奏聞，閱試官使，其次免役有差。時雖使之習武技而未番上也。五年，詔：「主户保丁願上番於巡檢司，十日一更，疾故者次番代之，月給口糧、薪菜錢，分番巡警，每五十人輪大保長二、都副保正一統領之。都副保正月各給錢七千，大保長三千。當番者毋得輒離本所。捕逐劇盜，雖下番人亦聽追集，給其钱斛，事訖遣還，毋過上番人數，乃折除其上番日。量留廂界給使，餘兵悉罷。應番保丁武技及等，並記於籍。」六年，又詔行於永興、秦鳳、河北東西、河東〔二〕五路，唯毋上番。餘路止相保任，毋習武藝，内荆湖、川、廣並邊者可肄武事，令監司度之。後唯全邵〔三〕土丁、邕欽洞丁、廣東槍手改爲保甲者則肄焉。初，保甲隸司農，八年，改隸兵部，增同判一、主簿二、幹當公事官十，分按諸州，其政令則聽於樞密院。

令按：三年，行保甲法於畿甸，因趙子幾之言也。五年，令保丁分番隸巡檢司，因曾布之言也。番上巡檢

〔二〕原缺「河東」，據宋史卷一百九十二兵志補。

〔三〕「全邵」，原作「全部」，據宋史卷一百九十二兵志改。

司，亦使之習武藝也。官使者，天子親閱試而命以官職也。

王安石剏爲保甲之法，令民自置弓箭，及每小保用民力築射垜，又自辦錢糧起舖屋三兩區。每保置鼓，遇賊聲擊，民多訴不便者。

元豐四年，改五路義勇皆爲保甲。自此以後〔一〕，行於諸路，義勇寖銷，皆聯爲保甲云。

今按：慶曆間，刺河北東、陝西鄉兵爲義勇，自後諸路皆有義勇。義勇已有指揮使，則馮京所謂「即其鄉里豪傑也，今復作保甲，則指揮使即爲大保長矣」。

是時，府界、河北、河東、陝西路會校保甲，都保凡三千二百六十六〔二〕，歲省舊費緡錢一百六十六萬一千四百八十三，歲費緡錢三十一萬三千一百六十六，而團教之賞爲錢一百萬有奇不與焉。凡集教、團教成，歲遣使則謂之提舉按閱，率以近臣挾内侍往給賞錢，按格令從事。諸路皆以番次藝成者爲序，率五六歲一遍，獨河東以金帛不足，乃至十一歲以上〔三〕。以晉人勇悍，介遼、夏間，講勸宜不可後，詔賜緡錢十五萬。時繫籍義勇、保甲

〔一〕「自此以後」，宋史卷一百九十一兵志作「自此以次」。
〔二〕「三千二百六十六」後原衍「萬一千四百八十三」句，據宋史卷一百九十二兵志删。
〔三〕「乃至十一歲以上。以晉人勇悍」，宋史卷一百九十二兵志作「乃至十一歲。上以晉人勇悍」。

及民兵凡七百一十八萬二千二十八人。

今按：保甲教閱賞犒之費，其歲所總會如此。比之募兵，雖若減少，然募兵但在官之所出也。若民私費，則弓條鞍轡、架棚椅卓之備辦，保正、保長、巡檢、指揮之誅求，有不可勝計者，此民之所以多訴不便也。下文條敘司馬光、王巖叟之奏，可謂盡其厭苦之情狀矣。○義勇聯爲保甲者，改名「義勇保甲」。當時保甲之外，又有民兵，如元豐間，「鄜延弓箭手於近縣置田兩處，立户四丁以上，一丁爲保甲，一丁爲弓箭手，二丁至三丁，即令充弓箭手」之類。其團隊部分，自依土法，雖不名保甲，而亦繁民兵之籍，如保甲法焉。○又按：義勇皆涅手背，安石以爲義勇良民，當以禮獎，涅手非其所樂，則保甲不刺可知矣。

元豐八年，哲宗嗣位，知陳州司馬光上疏乞罷保甲，曰：「兵出民間，雖云古法，然古者八百家纔出甲士三人、步卒七十二人，閑民甚少，三時務農，一時講武，不妨稼穡。自兩司馬以上，皆選賢士大夫爲之，無侵漁之患，故卒乘輯睦，動則有功。今籍鄉村之民，二丁取一以爲保甲，授以弓矢，教之戰陳，是農民半爲兵也。三四年來，又令河北、河東、陝西置都教場，無問四時，每五日一教。特置使者比監司，專切提舉，州縣不得關預。每丁教閱，一丁供送，雖云五日，而保正長以泥棚除草爲名，聚之教場，得賂則縱，否則留之，是三路耕耘收穫稼穡之業幾盡廢也。又巡檢、指使，按行鄉村，往來如織；保正、保長，依倚弄權，坐索供給，多責賂遺，小不副意，妄加鞭撻，蠹食行伍，不知紀極。中下之民，罄家所有，侵肌刻骨，無以供億，愁苦困弊，靡所控訴，流移四方，襁屬盈路。又朝廷時遣使者遍行按閲，所至犒設賞賚，糜費金帛，動以萬計。此皆鞭撻平民銖兩丈尺而斂之，一旦用之如糞土。而鄉村之民，但苦勞役，不感恩澤。農民之勞既如彼，國家之費又如此，終將何所用哉？若使之捕盜賊，衛鄉里，則何必如此之多？若使戍邊境，征戎狄，則彼戎狄之民，以騎射爲業，以攻戰爲俗，自幼及長，更無他務；中國之民，生長太平，服田力穡，雖復授以兵械，教之擊刺，在教場之中坐作進退，有似嚴整，必若使之與戎狄相遇，塡然鼓之，鳴鏑始交，其奔北潰敗可以前料，必無疑也，豈不誤國乎？又悉罷三路巡檢下兵士及諸縣弓手，皆易以保甲。主簿兼縣尉，但主市井以裏；其鄉村盜賊，悉委巡檢，而巡檢兼掌巡按保甲教閲，朝夕奔走，猶恐不辦，何暇捕盜賊哉？又保甲中往往有自爲盜者。自教閲保甲以來，河東、陝西、京西盜賊已多，至敢白晝公行，入縣鎮，殺官吏。官軍追討，經歷歲月，終不能制。況三路未至大饑，而盜賊猖熾已如此，萬一遇數千里之蝗旱，而失業饑寒、武藝成就之人，所在蜂起以應之，其爲害可勝言哉！臣愚以爲悉罷保甲使歸農，召提舉官還朝，量逐縣户口，每五十户增弓手一人，略依緣邊弓箭手法，許蔭本户田二頃，悉免其税役。出賊地分，但令捕賊給賞，各隨功大小遷補職級，或補班行，務在優假弓手，使人勸募。勇力武藝者，應募必多，武藝勝者，即令充替。如此，則不必教閲，武藝自然精熟。一縣之中，其壯勇者既爲弓手，其羸弱者雖使爲盜，亦不能爲患。仍委本州及提點刑獄常按察，令佐有取舍不公者，嚴行典憲。若召募不足，且即於鄉村户上依舊條權差，候有投名者即令充替。其餘巡檢兵士、縣尉弓手、耆老壯丁逐捕盜賊，並乞依祖宗舊法。」五月，以光爲門下侍郎。

今按：八百家出甲士三人、步卒七十二人，此説據司馬法。兩司馬者，二十五人爲兩，兩有司馬，則因周禮而言也。指使，猶言直指使者，即上文所置提舉也。提點刑獄，即監司也。並見前將兵條下。遣使者遍行按閲，亦是提舉，第云遍行，則不止河北、河東、陝西三路而已。巡檢下兵士，謂士兵，觀此可見士兵平時本隸巡檢也。諸縣弓手，即差役所編，與耆老壯丁同捕盜賊者，此則縣尉所掌，與士兵之弓箭手不同。詳見第三卷職役宋制下。沿邊弓箭手起於河東、陝西，人給閒田二頃，蠲其徭賦，而官無資糧戎械之費，置巡檢以統之，有警，可參正兵爲前鋒。而河北亦有弓箭社。

是時，資政殿學士韓維、侍讀呂公著乞罷團教，詔府界、三路保甲自來年[一]正月以後並罷團教，仍依舊每歲農隙赴縣教閲一月。後光再上奏，極其懇切，中書侍郎蔡確執奏不行。十一月，監察御史王巖叟言：「保甲行之累年，朝廷固已知人情之所甚苦，然其患終在。夫朝廷知教民以爲兵，别爲一司以總之，而不知擾之太煩民以生怨。教法之難不足以爲苦，而羈縻之虐有甚焉；羈縻不足以爲苦，而鞭撻之酷有甚焉；鞭撻不足以爲苦，而誅求之無已有甚焉。故有逐養子、出贅壻、再嫁其母、兄弟析居求免者，有毒其目、斷其指、炙其肌膚以自殘廢而求免者，有盡室以逃而不歸者，有委老弱於家而保丁自逃者。保丁者逃，則法當督其家出賞錢十千以募之。保甲一司，上下官吏，無豪髪愛百姓意，故百姓視其官司不啻虎狼，積憤銜怨，人人所同。比者保丁執指使，逐巡檢，攻提舉司幹當官，大獄相繼，今猶未已。雖民之愚，顧豈忘父母妻子之愛，而喜爲犯上之惡以取禍哉？蓋激之至於此極爾！激之至深，安知其發有不甚於此者？情狀如此，不可不先事而慮，以保大體而圖安靜也。不若一歲之中併教一月。農事既畢，無他用心，人自安於講武而無

[一] 原脱「年」字，據宋史卷一百七十二兵志補。

憾。遂可罷提舉司，廢巡教官，一以隸州縣，而俾逐路安撫司總之。每俟冬教於城下，一邑分兩番，當一月。起教則與正長論階級，罷教則與正長不相誰何。庶使百姓得以優游治生，無終年逃遯之苦，無侵漁苛虐之患，無爭陵犯上之惡矣。且武事不廢，威聲亦全，豈不易而有功哉？」並從之。

今按：罷保甲法，續資治通鑑綱目載於元豐八年七月。今觀兵志，則七月所詔罷者，團教也。然尚期以來年正月，故十一月王巖叟復有此奏，蓋罷團教之後，保甲亦隨罷矣，蓋其事在元祐元年也。

元祐元年正月，樞密院言：「府界、三路保甲已罷團教，其教閱器械悉上送官，仍立禁約。」閏二月，侍御史劉摯言：「保甲罷團教，臣竊有私憂過計者。夫鄉野之民，其性易於轉習，今之保甲，衣必華細，食必酒肉，固已變其向者布麻粗糲之習矣；群衆而笑喧，奮臂而矜勇，固已變其向者椎魯勞苦之習矣。臣愚以爲宜有法以斂制之。若保甲之技藝强弱、高下，州縣皆有等籍，今按取優等之人，取其情願，刺爲本州禁軍。自餘中下藝等，亦召願充公人者，依近例制募以爲弓手、手力、耆户長[一]

[一]「耆户長」，續資治通鑑長編卷三百五十五神宗作「耆壯、户長」。

之役。」右司諫蘇轍言：「河北之民喜爲剽劫，近歲爲保甲，驅之使離南畝，教之使習凶器。今雖已罷，而弓刀之手不可以復執鋤，酒肉之口不可以復茹蔬，既無所歸，勢必爲盜。臣請乞錢三十萬貫爲招軍例物，選文武臣僚有材幹者各一二人，分往河北，逐路於保甲中招其强勇精悍者爲禁軍，隨其材以定軍分。」三月，寄招河北路保甲，充填在京禁軍闕額。龍衛、神衛以年二十以下，中軍以下以年二十五以下者〔二〕，雖短小一指並招刺焉。

今按：保甲既罷，而就其中招藝成之人爲禁軍，因劉摯、蘇轍之言也。安石初爲保甲，本欲漸變募兵，蓋禁軍闕額，調發不充，廣募就糧，多無實用，故立保甲以聯民將，以代正兵之征戍也。但新法初行，未曾練習，尚未即廢募兵耳。故安石嘗爲神宗言：「保甲自正長而上，能捕賊者獎之以賞，則人競勸。然後使與募兵相參，則可以銷募兵驕志，且省財費。」又言：「既有保甲代役，即不須募兵。今京師募兵，逃死停放，一季乃數千，但勿招填，即爲可減。然今廂軍既少，禁兵亦不多，願早訓練民兵。民兵成，則募兵當減矣。」此安石施爲之漸也。故元議止以土兵團保覺察盜賊而已，其後教閱更番，果中武備。至徽、欽時，守禦運糧諸役皆以保甲爲之，

〔二〕原作「以年二十五以上者」，據宋史卷一百八十七兵志改。

日多事矣。然保甲雖經罷復，而禁、廂二軍之募，皆仍舊也。是宣和間，雖捉及村甿，誘及行旅，赦及賊盜，以填正軍，而未有即刺保甲者，則安石欲變募兵之初志，其亦未即盡行邪？但既有募兵，而又爲保甲，則費益多，而民益困矣。及保甲罷，而欲以之招填禁軍，則本太祖收籍失職獷悍之遺意云。○又按：「元豐五年十月，詔諸路教閱廂軍，於下禁軍内增入指揮名額，排連並同禁軍。」觀此，則神宗雖已併省禁軍，而又行民兵代募之法，其實增置廂軍，尚未已也。容齋洪氏曰：「國朝宿衛禁旅遷補之制，以歲月功次而遞進者，謂之排連。」

紹聖二年，復保甲法。

今按：成周之民，八家同井，至於什伍相聯，則有比閭族黨之法。當是時，人以尊君親上爲教，歲以務農講武爲常。其番上者，則爲車賦之兵；其留田者，則爲鄉里之衛。出入相友，守望相助，是以防護謹，而盜賊銷，恩愛孚而風俗美，雖未有保甲之名，而實所以相保也。後世教化陵夷，無復善俗，則爲鄉團，以聚鄰防寇，猶庶幾有古意云。使安石止如熙寧元議，團保察盜之餘，無他擾焉，則社内自有鄉規，武藝必能私習，何至更番團教，使百姓苦於官差哉！今既斂民之財而入官以爲募兵之用，又役民之力以爲保甲，則一家而當二役矣。一丁教閱，一丁供送，則兩丁而役一丁矣。保甲之外，他役或不得免，如鄜延弓箭手之類，則又不止一丁當二役、兩丁役一丁。而泥棚除草之勞，治器賂官之費，未暇論焉。夫唐之府兵，六家而供一役，又止領以折衝，則民不勞而事不擾，保甲不足以語此矣。保甲之怨，至於執官，此司馬光、王巖叟所以極言其害歟？然則征戍繁多，禁廂闒弱，募兵太廣，虛費資糧，祖宗舊法既大壞矣，亦不足變乎？曰：物窮則變，已日乃革也，通變宜民，民以不倦，夫立君而爲之張官置吏，所以通天下之變也。然必有關雎、麟趾之意，而後可行周官之法度。雖有其位，苟無其德，不敢作禮樂焉；雖有其德，苟無其位，亦不敢作禮樂焉。安石之欲變法，雖以得君可行，所謂「愚而好自用」者也，烏在其能宜民哉！故當其時，且因自然之利，而撙節愛養，以從民欲，毋有更張，此休養生息之道，司馬光輩諸賢之見，不可以爲非治體也。聖人論治國，而曰「敬事而信，節用而愛人，使民以時」，未遽及於爲政，正欲以得民心爲本耳，然非止於此而已。由救偏補弊而立法創制，以計久行遠，乃爲井養不窮也。先王之良法，豈遂眞不可復哉！故時其不當變也，變法之害固大；時其當變也不變，法之害亦深。司馬光不免拘迂儒之見，而尚未達聖人之權，道不爲能格君心，言不爲能通衆志，徒滋議論，姑濟驩虞，身沒未幾，而保甲遂復矣。至於靖康之後，則保甲日衰，而民兵繼用，非募收虛費，則抽取强充，卒亦無善術焉。由今觀之，苟非通變宜民之學，不爲計久行遠之圖，則罷亦敗，不罷亦敗，直五十步百步之間耳，皆何足以語王道之成哉！〇又按：朱子曰：「保甲之法，什伍其民，使之守護里閭，覺察姦盜，誠古今不易之良法也。然既許其蓄藏兵仗，備置金鼓，則其節制階級，似亦不可不嚴。今但有團結教習之文，初無戒令糾禁之法。鄉里豪右平居挾財恃力，已不可制，一旦籍此尺寸之權，妄以團集教閱爲名，聚衆弄兵，凌弱暴寡，拒捍官司，何所不至。欲行約束加罪，庶幾豪强知畏。」如此則保甲聽民自爲，亦當有害。使有三老主教化，必不至此。此古人爲治，所以先設里宰職歟？

宋史兵志曰：自元豐而後，民兵日盛，募兵日衰，其募兵闕額，則收其廩給，以爲民兵教閱之費。元祐以降，民兵亦衰。崇寧、大觀以來，蔡京用事，兵弊日滋，至於受逃亡，收配隸，猶恐不足。政和之後，久廢蒐補，軍士死亡之餘，老疾者徒費廩給，少健者又多冗占，階級既壞，紀律遂亡。童貫握兵，勢傾内外，凡遇陣敗，恥於人言，第申逃竄。河北將兵，十無二三，往往多住招闕額，以其封樁爲上供之用。陝右諸路兵亦無幾，种師道將兵入援，止得萬五千人。故靖康之變，雖畫一之詔，哀痛激切，而事已無及矣。

今按：受逃亡，如大觀三年招誘逃亡廂禁軍，有投換改刺之令。收配隸，如政和二年廣西兩將兵闕額，許以本路及鄰路，有犯徒杖以下者免決刺補之類。童貫本宦官，以政和七年領樞密院事。宣和元年，將秦、晉兵深入河、隴，備夏，命大將劉法取朔方，爲夏人所殺。童貫隱其敗，以捷聞。舊制，熟羌不授漢官，貫故引援之，有至節度使者。弓箭手失其分地而使守新疆，禁卒逃亡不死而得改隸他籍，軍政盡壞。住招者以費不充，而兵難募也。闕額不補，而又住招，則何以爲備禦邪？至紹興二十七年，三衙招效用兵令住招，率以爲常，而楊存中以爲若不招填，兵數日損。淳熙間，招填南康禁軍，軍額五百人，而朱子乞住招三百人者，蓋自宣和中住招河西、陝右兵始也。种師道入援，在靖康元年正月金人圍京師時。畫一之詔，謂本年二月，詔自今並遵祖宗舊制也。十一月，又下哀痛詔，徵兵于四方，雖悔何及哉！

將兵者，熙寧之更制也。先是，太祖懲藩鎮之弊，分遣禁旅戍守邊城，立更戍法，使往來道路，以習勤苦、均勞逸。故將不得專其兵，兵不至於驕惰。淳化、至道以來，持循益謹，雖無復難制之患，而更戍交錯，旁午道路。議者以爲徒使兵不知將，將不知兵，緩急恐不可恃。神宗即位，乃部分諸路將兵，總隷禁旅，使兵知其將，將練其士，平居知有訓厲而番戍之勞，有事而後遣焉，庶不爲無用矣。熙寧、元豐之間，分置將官，由河北始，總天下爲九十二將。凡諸路將各置副一人，東南兵三千以下唯置單將；凡將副皆選内殿崇班以上、曾歷戰陳者充，且詔監司奏舉；及各以所將兵多寡，置部將、隊將、押隊、使臣各有差；又置訓練官次諸將佐。春秋都試。此將兵之法也。元豐八年，司馬光言：「自古以來，凡置州郡，必嚴其武備，設長吏，必盛其侍衛。所以安百姓，衛朝廷也。夫兵者，所以威不軌而昭文德，誰能去兵？州縣無虞，則國家安矣；州、縣不守，則國家危矣。臣切見國朝以來，置總管、鈐轄、都監、監押〔二〕爲將帥之官，凡州、縣有兵馬者，未嘗不兼同管轄。蓋知州即一州之將，知縣即一縣之將故也。邇者諸州兵官不精訓練，士卒懈弛，於是有建議者，請分河北等路諸軍若千人爲一將，別置將官，使之專切訓練。其逐州總管以下及知州、知縣皆不得關預。及其差使，

〔二〕「都監、監押」，續資治通鑑長編卷三百五十五神宗作「都監押」。

量留羸弱下軍及剩員，以充本州官白直及諸般差使。其餘禁軍，皆制在將官，專視教閱。臣愚以爲職事脩舉，在於擇人，不在設官，苟得其人，雖總管等皆訓練士卒，不得其人，雖將官亦何所爲？況今之將官，即向之爲總管者也，豈爲總管等則不能舉職，爲將官乃能舉職乎？此徒變易其名，無益事實，兼復有害。凡設官分職，當上下相維，如身之使臂，臂之使指，綱紀乃立。今爲州、縣長吏及總管官，而於所部士卒有不相統攝、不得差使，殆如路人者。至於倉庫守宿，街市巡邏，亦皆乏人，雖於條許差將下兵士，而州、縣不得直差，須牒將官，將官往往占護，不肯差撥。萬一有非常之變，州、縣長吏何以號令其衆，制禦姦宄哉？臣願悉罷將官，其逐州、縣禁軍，並委長吏與總管等官同共提舉教閱，及諸多差使，其有不能精勤，致士卒懈弛者，委提舉刑獄常切按察聞奏。如此力可以守，然後遇寇盜之至，責其棄城等罪而誅之，彼亦甘心矣！」元祐元年，光又言：「近歲災傷，盜賊頗多，州郡全無武備。長吏侍衛軍寡，禁旅盡屬將官，多與州郡爭衡，長吏勢力遠出其下。萬一有寇乘間竊發，攻陷州縣，豈不爲朝廷憂！祖宗以來，諸軍少曾在營，常分番出戍。自置將以來，惟是全將起發，然後與將官偕行，其餘常在本營，飲食嬉遊，養成驕惰，歲月滋久，不可復用。又每將下各有部隊將、訓練官等一二十人，而諸州又自有總管、鈐轄、都監、監押，設官重複，虚破廪禄。知兵者皆知其非。臣愚欲乞盡罷諸路將官，其禁軍各委本州長吏與總管、鈐轄、都監〔二〕等，如未置將以前，使州郡平居武備有餘，然後緩急可責以守死。」諫議大夫孫覺亦以爲言，於是稍省諸路鈐轄及都監員，仍以將官兼州都監職事，卒不罷將、副。至紹聖間，仍依舊法，並隸將司，州縣一無關預，兵愈驕，無復可用矣。

朱子曰：「太祖置都監、監押，以奪藩镇支郡之兵；又有路分、鈐轄、總領等員。神宗又增置諸將；離乱之後，又有都統、統領、統制之名。大抵今日之患，又却在於主兵之員多。朝廷知其無所用，姑存其名。自費國家之財，不可勝計，且刻剝士卒，困怨於下。若更不變而通之，其害未艾也。要之，此事但可責之郡守。他亦自分明謂之郡將，若使之練習士卒，脩治器械，築固城壘，以爲一方之守，豈不隱然有備而可畏哉！」

今按：熙寧將官之置，所以改更戍之法，亦王安石之議也。不能擇人以脩舉職事，而惟欲增官以分制事權，非徒無益，而又害之，司馬光之言，可謂明且盡矣。至於宣和，浙江盜起攻陷州邑，東南將兵，望風逃潰。

〔二〕「都監」，宋史卷一百八十八兵志作「都監、監押」。

童貫奏言：「東南三將，類皆孱弱，全不知戰，虛費糧廩，驕惰自恣。平時主領占差營私，大半皆工藝。遂致寇盜橫行，流毒一方，重費經畫。」則將官之置，果何益哉！○又按：諸路將官所統，謂屯駐、駐泊、就糧教閱之兵，皆在外之禁軍也。其藩漢，如鄜延五路弓箭手，則亦隸焉。然又有不係將禁軍屬其指揮者。蓋全將則與將官偕行，謂之係將；其半將以下，不及全將之數者，謂之不係將。即司馬光所謂「其餘常在本營飲食遊戲」者也。淳化、至道，太宗年號。紹聖，哲宗年號也。提舉官，熙寧初置，元祐初，司馬光奏罷，併其職於提點刑獄司，掌察所部之獄訟及刺舉官吏之事。東南三將，謂江南東路、兩浙東西路，時童貫以江浙宣撫使討方臘，故云。

高宗建炎元年五月，置御營司，以中書侍郎黄潛善兼御營使，同知樞密事汪伯彥兼御營副使。自國初以來，殿前、侍衛馬步司三衙禁旅，合十餘萬人。靖康末，衛士僅三萬人，及城破，所存無幾。至是殿前司以殿班指揮使左言權領，而侍衛二司猶在東京，禁衛寡弱。諸將楊惟中、王淵、韓世忠以河北兵，劉光世以陝西兵，張俊、苗傅等以帥府及降盜兵，皆在行朝，不相統一。於是始置御營司，以總齊軍中之政令，因其所部爲五軍，以王淵爲使司都統制，韓世忠、張俊、苗傅等並爲統制官，又命劉光世提舉使司一行事務。潛善、伯彥别置親兵各千人，優其廩給，議者非之。

李心傳朝野雜記曰：「祖宗以來，内外諸軍惟廂、禁二色而已。禁軍皆隸三衙，而更戍於外；廂軍者所在有之，以守臣節制。若禁軍在邊上，則文臣爲經略使者統之，武臣但爲總管。熙寧間置將，其法甚備。崇、觀後，朝廷取其闕額之數以上供，故闕而不補者幾半。軍與以來，所存無幾。高宗在元帥府，始招潰卒、收群盜，以爲五軍，後又得王淵、楊惟中等兵，以立御營五軍。」

今按：城破，即靖康元年潤十一月，金人圍汴京而陷也。東京，即汴京開封府也。是月，高宗尚爲康王，奉使磁州，還次相州，命爲天下兵馬大元帥使，盡起河北兵入衛，乃開大元帥府於相州，初募兵近萬人。王旅寡弱，始招潰卒，收群盜以補之，時張俊、苗傅、楊沂中皆從信德路守臣梁揚祖入援，遂隸帥府。高陽關路總管楊惟中、真定路總管王淵，皆以所部河北兵從。及次年五月，康王即位於南京，南京者，應天府，即歸德軍也。鄜延總管劉光世、西道宣撫司統制官韓世忠，皆以兵來會，故御營司即以爲將領。行朝，即南京也。御營之外，又置親兵，蓋所謂御前軍也。議者非之，謂親兵當隸殿前司，今三衙之外，別置親兵，則兵柄不一矣。自熙寧置將，外兵使隸將官，然禁旅猶屬於三衙也。及爲御營，以諸將統禁旅，專主行幸，而所部皆諸路來會之兵，雖承三衙禁旅之舊，而三衙多遥帶別銜，官皆虚設矣。觀前所載洪邁三衙劄子意可見焉。楊沂中，即楊存中也。

紹興四年，詔改御前五軍爲神武軍，御營五軍爲神武副軍，其將佐並隸樞密院。既而用左僕射趙鼎言，廢神武中軍隸殿前司，以楊沂中主管殿前公事，又以都督府兵分隸之，於是殿司之兵柄始一。

今按：御營，即三衙禁旅之兵，二御前則別置親兵也，今俱改爲神武軍，則併而爲一矣，但有中軍、副軍之分耳。當紹興二年，楊沂中進爲神武中軍統制時，御前已名神武，不知此何以爲四年始詔改邪？御前舊止三軍，意必紹興初年已增五軍，分列行營，故張俊稱前軍，韓世忠稱後軍，岳飛稱左軍，劉光世稱右軍，楊沂中稱中軍，而神武中軍隸殿前司又當在後。或以爲楊沂中爲殿巖，始增五軍，則其事不相直矣。意必御營之司，初本不關樞密，至與殿前俱故神武隸樞密院，則四年事也。而詔以改御前五軍爲神武，總言於此耳。沂中雖爲神武中軍統制，而廢神武中軍隸殿前司，則又在五年。蓋沂中以五年十二月庚子主管殿前公事，而趙鼎又於次日辛丑奏「應都督府軍馬，並撥隸三衙」，上曰：「祖宗故事，軍馬未有不隸三衙者。今釐正之，甚善。他日差出，即降指揮聽其將節制。」則可以見神武隸殿前之在後矣。都督府兵，即元帥舊府内兵也。初已撥三衙爲御營司，今則改隸於殿前司耳。御前隸於殿前，而三衙之制始復矣。不言侍衛司者，侍衛二司，俱在東京，而扈從者惟殿前司也，故遂以總三衙耳。

紹興十一年，行營諸軍改稱某州御前駐劄諸軍，皆不隸三衙，由是御前軍又在禁軍之外矣。

今按：此即諸將部曲駐劄於外者。御前軍在禁軍之外，趙鼎嘗非之矣。

建炎後，諸大將兵寖盛，因時制變，屯無常所。及楊沂中將中軍總宿衛，江東劉光世、淮東韓世忠、湖北岳飛、湖南王𤫉四軍共十九萬一千六百，亦未嘗有屯。乾道之末，分屯列戍，增損靡常。至於水軍之制，則有加於前，南渡以後，江、淮皆爲邊境故也。建炎初，李綱請於沿河、江、淮置帥府，凡十有九，帥府兼都總管[一]，守臣兼鈐轄、都監，總置軍九十六萬五千人[二]。別置水軍七十七將，造舟江、淮諸州。隆興以後至於寶祐、景定間，江、淮沿流堡隘相望，守禦益繁，民勞益甚。迨咸淳末，廣東藉蛋丁，閩海拘舶船民船，公私俱弊矣。

今按：建炎之後，諸將更戍無常，志稱「南渡屯駐大軍即舊將兵之類，而其駐劄之所則異於前」，正謂此耳。劉光世、韓世忠、岳飛、王𤫉四軍，所謂四屯駐大兵。蓋屯駐大軍，皆諸將之部曲，部曲既虛，復何以處。當李綱之初議置帥府也，即奏：「禁旅單弱，何以捍强敵而鎮四方，莫若取財於東南，募帥於西北。若得數十萬，付諸將以時練之，不久皆成精兵，此最爲急務。」於是詔陝西、河北、京東西路募兵十萬，更番入衛。此詔

[一]「帥府兼都總管」，宋史卷二十四高宗紀作「帥守兼都總管」。
[二]「九十六萬五千人」，宋史卷二十四高宗紀作「九十六萬七千五百人」。

之下，民必難堪，然此但可以備宿衛耳，至於分屯，不復能賴之矣。故水軍之置，至於籍蛋丁、拘舶船民舩，尚安得而不擾哉！隆興，孝宗年號。寶祐、景定，理宗年號。咸淳，度宗年號。

宋史兵志曰：「三代遠矣，秦、漢而下得寓兵於農之遺意者，惟唐府衛爲近之。府衛變而召募，因循姑息，至於藩鎮盛，而唐以亡。更歷五代，亂亡相踵，未有不由於兵者。太祖起戎行有天下，收四方勁兵，列營京畿，以備宿衛，分番屯戍，以捍邊圉。於時將帥之臣入奉朝請，獷暴之民收隸尺籍，雖有桀驁恣肆，而無所施於其間。凡其制，爲什長之法，階級之辨，使之内外相維，上下相制，截然而不可犯，是雖以矯累朝藩鎮之弊，而其所懲者深矣。咸平以後，承平既久，武備漸寬。仁宗之世，西兵招刺太多，將驕士惰，徒耗國用。神宗奮然更制，於是聯比其民以爲保甲，部分諸路以隸將兵，雖不能盡拯其弊，而亦足以作一時之氣。時其所任者，王安石也。元祐、紹聖遵守成憲。崇寧、大觀間，增額日廣而乏精鋭，故無益於靖康之變。時其所任者，童貫也。建炎南渡，收潰卒，招群盜，以開元帥府。其初兵不滿萬，用張、韓、劉、岳爲將，而軍聲以振。及秦檜主和議，士氣遂沮。孝宗有志與復而未能。光、寧以後，募兵雖衆，土宇日蹙，况上無馭將之術，將有中制之嫌。然沿邊諸壘，尚能戮力效志，相與維持至百五十年而後亡。雖其祖宗深仁厚澤有以固結人心，而制兵之有道，綜理之周密，於此亦可見矣。」

今按：宋初所重，惟在禁軍。至真宗時，則有廂、禁軍。神宗時，以廂、禁軍不足用，則爲保甲之法。高宗時，保甲又廢，而置帥府水軍，則所用皆土兵矣。故自禁軍變而爲廂、禁軍，自廂、禁軍變而爲保甲，自保甲變而爲帥府水軍，此又宋軍之三變也。

四庫全書總目

讀禮疑圖六卷兩江總督采進本

明季本撰，本有易學四通，已著録。是書辯論周禮賦役諸法，祖何休、林孝存之説，以爲戰國策士之所述。前三卷以其疑周禮者爲圖辨之，後三卷依據孟子立斷，因及後代徭役軍屯之法，論其得失。大旨主於輕徭薄賦，其意未始不善，説亦辨而可聽。然古今時勢各殊，制度亦異，有不得盡以後世情形推論前代者。至其牽合魯頌「公車千乘，公徒三萬」，則欲改小司徒「四井爲邑，四邑爲丘，四甸爲縣，四縣爲都」之文，謂「四」當作「五」，又增「四都爲同」一語，則更輾轉竄亂矣。蓋本傅姚江之學，故高明之過，末流至於如斯也。